武汉大学自主科研项目（人文社会科学）研究成果，
得到“中央高校基本科研业务费专项资金”资助

词类与句式

Word Classes & Clause Patterns

杨旭　著

上海三联书店

目　录

第二部分 词类实践问题

第三部分　句式理论问题

第四部分 具体句式问题

图目录

表目录

引　　言

本书探讨两个议题，词类和句式。第一和第二部分讨论词类，第三和第四部分讨论句式，思路都是先理论后实践。至于词类和句式之间的关联，可以从第 12 章提出的“基于使用的动词和句式动态循环模型”察出端倪。

先看词类问题。在语言范畴研究中，词类问题尤其是兼类问题一直是语言学研究中的难点和热点。汉语词类问题被称为一个老大难问题(陆俭明 2013：34)，而兼类则被称为“长期以来困扰语法学界而得不到妥善解决的老大难问题”(胡明扬 1996：215)。兼类作为一个理论和实践问题处理起来都特别棘手，分别体现在语文词典(程荣 1999；赵大明 1999；王仁强 2013；郭锐 1999、2015)和对外汉语教材(方清明 2007；马宏基 2008；王弘宇 2001、2013)的词类标注实践中；另外它也影响到了语料库的词性标注，例如兼类词“自信”在国家语委现代汉语语料库中的标注矛盾重重(Wang & Huang 2015)。

在我们看来，兼类指一个多义的概括词在社群语言系统层面词库中兼属两个或两个以上词类范畴的语法多功能现象，在语文词典中体现为兼类词(王仁强 2013)。而词典作为处理社群语言系统的重要语言学著作(Ilson 1985：1)，便成为研究兼类问题的最佳依托：一方面我们可以借助词典洞察一门语言的兼类现状，另一方面也可以发现词典在处理兼类上的策略与问题。在诸多的汉语单语、汉外双语学习词典中，被誉为权威的《现代汉语词典》在词类标注方面尤其备受关注，成为近十年来汉语语法学界和汉语辞书界共同关注的热点问题。《现代汉语词典》系列是国内最为权威的母语规范词典，畅销60年而不衰，在国内外享有盛誉，但是从第5版才开始全面标注词类，只有十余年的历史。十余年背后是近50年的酝酿：《现代汉语词典》1960年版的主编吕叔湘先生在"前言"中指出，未能区分词与非词和未能标注词类是该词典的两大缺憾，这也成为近60年《现代汉语词典》修订与完善的方向。这个目标随着第5版的出版而实现了，就此成为《现代汉语词典》编纂史上的里程碑，但也存在诸多不足之处。遗憾的是，第6版只是"在保持原有词类标注体系的基础上，对少数词的词类标注做了修订"（江蓝生2013），而从第6版到第7版只作了规模较小的修订（见"第7版说明"）。为此这两个版本相对第5版有哪些改进？兼类词处理情况如何？这些问题都值得研究。

再看句式问题。句式问题也是汉语学界一直关心的一个热点。汉语学界对"句式"的认识经历了从单维到多维、从分析到整合、从抽象到具体的过程，但不论在描写上还是解释上，都有进一步扩展或深化的必要。本书这方面的理论框架是卢英顺教授提出的认知图景理论和新句式观（卢英顺2005、2008、2015、2016a、2017、2020a）。认知图景理论是作者汲取认知语言学有关思想独立提出的一套本土理论，与框架语义学等西方理论有相通之处，但在研究视角和方法上又独具视角，所提出的"认知图景""认知要素""两次凸显"等概念，对句式生成可以做出简洁而合理的解释。新句式观在句式研究向多维、整合和具体前进的背景下，进一步强调句式是基于某一特定动词（或一类动词）的认知图景所激活的认知要素经过凸显以后在句法上的排列格式。由此可见，新句式观是认知图景理论的自然结果。

在具体的句式问题上，我们主要关注了非常规“动词-名词”结构和双动词结构，另外也初步探讨了认知图景理论较少涉及的名词问题和虚词问题。“动词-名词”结构，也即所谓的动宾结构或述宾结构；非常规指的是不及物动词出现了后带宾语的及物用法，或者及物动词带了非典型宾语。对于这种现象有各种称谓，如“不及物动词带宾语”“代体宾语”“旁格宾语”“角色误配/论元异构”“非受事宾语”“状语/补语提升”“宾语化/述题化”“通格动词/非宾格动词”“关系宾语句”“换价”等。关于非常规“动词-名词”结构，至今文献迭出、热度不减，各种理论轮番上阵，各显神通（详见正文）。

双动词结构也称之为“动补结构”“述补结构”“动结式”。对于此类句式的生成存在较多争议，这涉及我们如何看待双动词结构的问题，即是尝试根据前后动词的语义结构计算或预测出整体的语义结构——还原路径，还是整体上涌现出了新的语义结构——整合路径。其中尤为特殊的是“吃饱饭/喝醉酒”，其中“饱/醉”从语义上指向施事，但“吃饱/喝醉”却带上了宾语“饭/酒”，违背了此类语义指向一般用拷贝结构（即“吃饭吃饱了”“喝酒喝醉了”）的规律，因此被视为例外。但是这种所谓的异类并非只限于“吃饱饭/喝醉酒”，如“吃腻了大鱼大肉”“睡醒一觉”“听烦了演讲”“唱够了曲”等等。如果这种现象并非如他们所说的极少，那么我们应该关心的问题是：它们的分布范围有多广？这种语言现象的理据在哪里？应该如何处理这种现象？

明确了两个议题的背景，下面简要介绍各章内容。第一部分为“词类理论问题”，包括第1—4章。

第1章试图回答“为什么要研究词类范畴”的问题。我们从词类范畴化研究历史中寻找答案，区分为“面向文学或修辞的词类范畴化”“面向二语习得的词类范畴化”“面向自然语言处理的词类范畴化”,详细阐述了各个面向的特征及问题,并分析了三者关系,发现:词类范畴化既具有“上帝真理派”所宣称的客观性,也具有“变戏法派”所宣称的主观性,它和其他类型的范畴化一样是一个主客互动的过程。

第2章特别关注了兼类研究中的几个关键问题,包括兼类的本质和成因是什么,同一性的判断标准是什么,以及词性-词类的判断标准是什么。

第3章提出了词类研究中的“十字”模型。词类研究中隐含一个“十字”,上下分别是语法层面和修辞层面,左右分别是语法构式和修辞构式。修辞层面的非常规个体词词性,有可能随着使用频率增加沉淀或规约化为常规的概括词词类,从而最终进入语法层面。如“研究”的名词用法既有较高的共时频率,也有久远的历时分布,说明其已经规约化。此外还区分了构式研究中的语法层面和修辞层面,描写了“语法框架构式→语法实体构式→修辞实体构式→修辞框架构式”的循环圈,并讨论了它们之间的关系。

第4章从二八定律视角重新评价了向心结构理论。最近十来年出现了否定向心结构理论的倾向,否定的依据是存在异化结构(即例外),但他们并未注意到数量上的差别,更未注意到概括结构和个体结构以及与此对应的类型数和个体数之间的差别。以关联标记模式为框架,发现只有20%的常规结构符合向心结构,但它们却可能覆盖大约80%的个体结构,因此向心结构理论仍然是个成功的理论。这启示我们,二八定律为评价一种理论提供了基石,如果它能解释某一语言特征体80%的实例,那么它就是一个成功的语言学理论。

第二部分为“词类实践问题”,包括第5—9章。

第5章综述了《现代汉语词典》兼类词词类标注的研究情况。首先简述现代汉语兼类研究现状,在此基础上梳理《现代汉语词典》(第5/6版)兼类词词类标注研究现状,发现包括“蜻蜓点水”

式和“漫天撒网”式两类，前者就某些词条提出质疑和修改建议，后者为系统定量研究和纵横对比研究。《现代汉语词典》(第5/6版)兼类词词类标注的争议焦点为是否为自指用法设立义项，目前学界还未达成统一意见。

第6章系统考察了《现代汉语词典》(第6版)的兼类词表征策略。宏观结构上，《现代汉语词典》(第6版)的兼类词数量和比例与第5版相比虽改进明显，但6.65%的兼类比例相对同为分析语的现代英语而言仍然较低，且并未真实反映现代汉语的兼类现状；微观结构上，存在疑似词类缺标、释义与词类标注不协调及配例与词类标注不协调三类问题。背后的主要动因是坚持兼类要尽可能少的“简约原则”，但是该原则在理论和实践上都面临严峻挑战。

第7章调查了《现代汉语词典》(第7版)中的(偏)自指用法。自指和转指并非排除性的对立关系，而是一种包含性对立关系。转指可细分为典型转指、自指和偏自指三种类型，其中偏自指处于自指、转指中间地带——后两者可称为“广义自指”。《现代汉语词典》(第7版)针对自指用法的处理策略是系统删除，主要动因是固守“简约原则”；针对“偏自指用法”则出现了“横向处理不一”“纵向变动不一”和“微观结构不一”的矛盾处理，原因在于固守“自指”和“转指”的二元划分，且偏自指用法具有模糊性。

第8章考察了《现代汉语词典》从第5版到第7版在词类标注修订上的变化。《现代汉语词典》从第5版到第7版有增加和减少两大类，增加包括义项增加、词类更改、增收新词和条目合并四种致因，减少包括删改名词、动词、形容词、副词标记，以及条目分开和条目删除等致因。我们以具体词条分析了这些修订，在此基础上对《现代汉语词典》的兼类词词类标注修订作出评价和反思，最后以“怀疑/信任”的使用模式调查为例，提倡结合大型平衡语料库的概括词使用模式调查来标注词类。

第9章考察了《发展汉语》(第二版)综合教材的词类标注情

况。该教材在词类标注上存在漏标、错标和多标三类错误；此外还存在与词类标注相关的释义与词类形类不一致问题。这些问题的产生多是由于不正确地参考语文词典造成的。对外汉语教材和语文词典从根本上隶属于不同的层面，但两者也存在双向互动，尤其是对外汉语教材中存在类似于词典的功能块——生词总表，故要在承认“唯一性”为首要原则的基础上，做到生词表自始至终遵循“唯一性”原则，而生词总表则遵循“两步走”原则。

第三部分为“句式理论问题”，包括第 10—13 章。

第 10 章介绍了第三、四部分的理论基础——认知图景理论。该理论在解释语言现象时有诸多优势，但也存在一些不足，我们在其基础上进行了扩充和完善，明确了“认知”“认知图景”“认知要素”等概念的内涵，详细刻画了两次凸显的过程、机制和动因，最后讨论了认知图景与动词、句式之间的区别及联系。认知图景理论兼具描写和解释潜力，可对如今方兴未艾的构式语法做出有益补充。

第 11 章介绍了本书所持的句式观——新句式观。汉语学界对“句式”的认识经历了从单维到多维、从分析到整合、从抽象到具体的过程，在此背景下，卢英顺教授提出了“新句式观”，包括四点要义：(1)以动词为枢纽，以小句为基础；(2)聚焦于某一特定动词(或一类动词)；(3)具体到语义成分；(4)区分典型句式和扩展句式。新句式观一方面弥补了论元角色过于抽象的不足，更有利于发现动词(类)之间的句式异同；另一方面兼顾动词、构式及其互动，能对句式生成作出更合理的描述。

第 12 章讨论了动词、句式及其动态循环关系。我们在基于使用的构式语法视角下，把动词区分为个体动词和概括动词，把句式区分为句子、具体句式和抽象句式，在此基础上提出了“基于使用的动词和句式动态循环模型”。该模型主张正视动词和句式之间循环互动的语言事实(而不是犯循环论证的逻辑错误)，但不把这种循环绝对化：不论是从抽象句式到概括动词的固化/规约化(即句式对动词的影响)，还是从个体动词到抽象句式的固化/规约化(即动词对句式的影响)，语言使用都在其中扮演着重要角色。

第13章探讨了从不及物到及物的机制、理据和规约问题。我们"基于使用的语言观"提出了一个新的及物性研究框架，在此框架下总结了汉语中的七种及物句式，尤其讨论了存现句、事件存现句和非典型事件句之间的关系。不及物动词出现在这七种及物句式中即可实现"及物化"，其理据包括焦点、语篇、协同和语体等因素。但是由于动词和句式之间的互动存在不对称，因此只有一些机制能突破临时压制，促成动词从不及物规约化为及物。

第四部分为"具体句式问题"，包括第14—17章。

第14章调查了"(心灵)鸡汤"的句法、语义特点。"(心灵)鸡汤"随着使用频率上升出现了多种效应，尤其是多功能用法。在指称用法中，"(心灵)鸡汤"频频出现在消极语境中，证明它的语义向消极一端偏移。这种语义变化反映了语言背后的社会、文化及观念变化：隐喻义受到《心灵鸡汤》系列丛书的影响，后进一步泛化并规约化；消极义则受到网络时代快餐文章风行的影响，是人们对此反思和批评的结果。

第15章是非典型事件句"王冕"句。首先是"死"的问题：我们从共时分布、历时分布、句式交替和认知语义四方面调查了动词"死"及物用法的规约度，并与相关动词"生、老、病"作了比较，发现"死"有三种及物用法，包括"死＋死者""处所＋死＋数目＋死者""受损者＋死＋死者"分别属于事件存现句、存现句和非典型事件句。其中前两类句式属于独立构式，永远无法促成"死"及物用法的规约化；非典型事件句虽有促成及物用法规约化的潜势，但因其共时、历时分布有限，句式交替自由度低，语义关系较为抽象，因此其规约度并不高。其次探讨了"王冕"句句义问题，从客观、主观和交互主观三个维度进一步挖掘该句意义，发现“王冕”句客观上表示“父亲死了”的真值语义，主观上表示“说话人认为事情有关得失并计较这种得失”的主观意义，交互主观上表示“王冕成为孤儿，童年很惨”的推论语义。“王冕”句的使用动因包括传递特定的消息、提高语言的论证力以及协同或与读者实现共鸣等。最后尝试性地解构了“王冕”句牵涉的三个难题。

第 16 章是双动词结构“吃饱饭/喝醉酒”句。对于双动词结构，我们倡导兼采还原路径和整体路径之长：还原路径可在前后动词与语义成分关系的基础上，概括出双动词结构的微观语义结构类型及其交替关系；整体路径则把双动词视为临时复合词，把整体与语义成分的关系视为宏观语义结构，由此出发对双动词结构予以描写和解释。以“吃饱饭/喝醉酒”为例，它们向来被视为双动词结构中的“异数”，因为违反了所谓“补语的语义指向施事时不能再带宾语”的规则。但调查发现，V 位置还有不少其他动词，N 位置还有不少其他名词，证明了“吃饱饭/喝醉酒”并非唯一例外。另外，在把“吃饱/喝醉”视为复合动词的前提下，可以基于认知图景理论更好地描述其句式生成过程。总之，综合路径让我们对双动词结构层级、双动词结构生成以及“吃饱饭/喝醉酒”等问题有了新的认识。

第 17 章是“同”字句。我们基于认知图景理论调查了“同”字句的形式、语义特点，发现：“同”经常出现在“(NP_1＋)同＋NP_2＋VP”“NP_1＋同＋NP_2”“同＋NP”和“同＋V”结构中；虚词“同”的语法意义可以概括为“表示引进其他参与客体”，所在结构 VP 位置包括交互、融合和比较三类动词。在“同”字句中，核心动词(语)的中心认知图景可以激活“至少两个(组)参与客体”，虚词“同”的非中心认知图景可以激活“客体$_1$＋同＋客体$_2$”这一表示参与义的构式，两者之间的兼容决定了“同”字句的句法、语义特点。

第一部分
词类理论问题

第 1 章 词类范畴化的三个面向及其关系

对于现代汉语词类研究历史，过去已有不少回顾和评析，但是对于词类范畴的动因，还有一些问题需要澄清。郭锐(2002)综合过去研究，区分了“上帝真理派”和“变戏法派”：前者是为了揭示语言结构的客观存在(如陆宗达 1953；文炼、胡附 1954；郭锐 2002)，其表述如“划分词类的目的是把语法性质相同或相似的词归在一起”(郭锐 2011)；后者是为了讲语法的方便(如吕叔湘、朱德熙 1951/2002；王力 1955；吕叔湘 1955；袁毓林 2010a)，其表述如“词类作为一种认识和描述语言结构的概念系统，应该追求简单、好用等实用的目标，而不必斤斤计较于‘客观存在’等形而上学的教条”(袁毓林 2010a：408)，陆俭明(2013：47)根据研究、运用的不同需要为“兼类词”所下的三个定义也是这种态度的体现。实际上，词类范畴化是一个主客互动的过程，在不同的发展阶段有不同的优先面向，分别为面向文学或修辞的词类范畴化、面向二语习得的词类范畴化和面向自然语言处理的词类范畴化。

1.1 词类范畴化研究的三个面向

1.1.1 面向文学或修辞的词类范畴化

在词类范畴化的最初阶段，文学或修辞动因最为突显，中外皆不例外。首要的词类划分标准是语义。例如，中国早在先秦到南北朝即有对虚词的零散研究，主要服务于经书研究；从北宋开始又从文学角度区分了虚字、实字两大类，甚至细分为"半实""半虚""活""死"等（黄文龙 1998）——从其得名即可看出都是从笼统的语义角度划分的。西方语言学史"第一个认真研究语法的人"柏拉图，把希腊语句划分为 ónoma（名词性成分）和 rnêma（动词性成分），前者的本意是"名称"，后者的本意是"话"或"格言"，都是把语义作为标准；后来的亚里士多德（公元前四世纪）、斯多葛学派，乃至传统和现代词类体系，都是在此基础上发展起来的（罗宾斯 1997：44）。"语义"是个很笼统的标准，可以服务于很多现实目的，比如吕叔湘（1955）所概括的编词典、编"义典"、作诗、编韵书、讲修辞学等。

1.1.2 面向二语习得的词类范畴化

对于语法本体和二语习得的关系，学者多强调前者对后者的"哺乳"作用，如"对外汉语教学有赖于汉语本体研究，汉语本体研究为对外汉语教学提供了支撑"。后有学者指出二者是一种互动关系（陆俭明 2005；邵敬敏、罗晓英 2005），但只强调了共时的一面，忽视了在历时层面上如果没有二语习得就不可能有语法本体。也就是说，正是因为二语习得的现实需求，人们对自身语言的觉悟才日渐增强（罗宾斯 1997：1）。这得到了历史的印证：据西方学者考证，第一本希腊语法《语法术》（*Technē grammatikē*）是为外语教学而编写的，第一部在英国出版的英语语法书的对象是在英国的说法语者，而中国 16 世纪之所以出现了语法研究以及外汉词典编纂研究，也是因为当时西方的传教士来华进行文化交流（姚小平 1999）。

随着“汉语热”在全球进一步升温，对外汉语教学对汉语本体研究提出了更高的要求。据孔子学院年度发展报告：截至 2015 年底，全球已建立 500 多所孔子学院和 1000 个中小学孔子课堂，分布在 135 个国家。全年新建孔子学院 25 所，新建孔子课堂 149 个。所谓“不识庐山真面目，只缘身在此山中”，在对外汉语教学这个新的参照点之下，汉语本体研究意识到很多过去忽略的问题和细节，使得汉语研究不得不进行进一步的细化研究（陆俭明 2005）。具体到汉语词类问题，二语习得产生了三方面的影响：首先，对外汉语教学促使确定了词类划分标准。在把汉语作为第二语言的习得过程中，学习者最大的需求是句法规律，而句法规律的基础便是词类范畴，这就必须把词类标准统一为功能标准。[①] 需要指出的是，在“划分词类的目的”中，持“为了讲语法的方便”的观点的学者并未明确限定“讲语法”的对象，其实严格来说只能是对外汉语学习者，因为母语学习者是“先理解，后分析”，而对外汉语学习者在初学时其实有“先分析，后理解”的倾向。

其次，对外汉语教学促使确定了兼类词的定义。陆俭明（2013：53－59）认为出于不同的需要，可为兼类词下三个定义：从本体研究的需要出发，兼类词为“同一个概括词兼有两种词类特性的词，即指同音同义而词性不同的词”；从汉语教学的需要出发，兼类词为“同字形、同音且意义上有极为密切关系而词性不同

---

① 在西方语言学史上，从语义标准走向功能标准，中间还有一个形态标准，因为希腊语、拉丁语恰是形态丰富的语言。但形态标准和功能标准其实是统一的，前者只是后者的外部形式标志，人们是先认识到外部形式后才更深入地认识到了功能，体现为在西方语法学史上是先出现形态学，后出现句法，前者比后者早了两个世纪（罗宾斯 1997：32）。这些都说明词类划分标准的语义和功能（形态）是有历史先后关系的。

的词”；从中文信息处理的需要出发，兼类词为“同字形、同音而意义不同或词性不同的词”。这种出于不同需要的定义有其现实意义，但是从语言类型学与语言共性研究的视角来看，只有从对外汉语教学出发的定义是基本正确的（王仁强、周瑜 2015）。这也启示我们，很多语法问题只有面向汉语作为二语习得，才能找到最终的确立标准。

最后，促使对外汉语教材和汉外双语学习词典进行词类标注。根据 Schimidt（1990）提出的关注假设，二语习得需要更多的显性语法知识。而对于对外汉语学习者来说，词类偏误是最基本的偏误类型之一。例如“我从小就兴趣踢足球”把名词“兴趣”和动词“爱好”混同；“老师搞教育了我”则不知“教育”兼属名词和动词。这就要求对外汉语教材和汉外双语学习词典提供足够的显性语法知识。对于对外汉语教材而言，是否标注词类的问题基本没有分歧，分歧主要在具体的处理原则和对兼类词的标注上（王弘宇 2013；马宏基 2008；参第 9 章的讨论）。而对于汉英词典这样的对外汉语学习词典，王仁强、章宜华（2006）通过实证研究证明，显性的词类标注有助于提高译义准确性；汉英词典译义的准确性是实用性的前提，而正确的词类识别是汉英词典准确译义的关键。

面向二语习得虽然促使确定了词类划分标准，但设置多少词类、多少附类，仍然是个因人而异的问题。例如郭锐（2002）设置了 20 个词类，徐艳华（2007）设置了 676 个实词词类，差别之大可见一斑。可以肯定的是，词类数量要适度，不能太多也不能太少（Hunstion & Francis 2000：197）；尤其因为面向二语习得即等于面向二语学习者，所以过多或过少的词类数量都不利于二语习得。过于细致的词类体系对于二语学习者不实用，它们只有在中文信息处理中才有用武之地。

1.1.3 面向自然语言处理的词类范畴化

在计算机和人工智能出现之前，很难想象人类要把语言知识

"教"给非生命体，但这种以前听起来是天方夜谭的想象现已变为现实，从而为词类范畴化研究带来了新的需求和挑战。2015年，得益于深度学习算法的快速进展和大规模社交文本数据以及语料数据的不断积累，中文信息处理技术发生了突飞猛进的变化。比如，科大讯飞发布了自然语言处理云平台，百度在高考期间推出了小度机器人，搜狗数据科学研究院提出了基于字根的中文自然语言处理的深度学习技术(Shi et al. 2015)，等等。尽管如此，中文信息处理仍然面临一些瓶颈。首先，语料库标注体系的粗细标准不统一。"语料库的标注体系往往难以把握，类别划分过粗，则无法全面、细致地描述语言，类别划分过细，则标注信息过于庞大、降低标注效率，统计数据的稀疏问题严重，训练出来的模型健壮性差。"(董志南 2016)相对于面向二语习得的词类体系，划分标准应保持不变，仍然是语法功能，只不过在分类的颗粒度上要更细，在大类之下还要划分附类或次类。但是要有多细，这个问题并未解决。例如，LDC标注语料库中，汉语词类一级标注集划分为33类；北京大学计算语言学研究所开发的语料库加工规范中有26个基本词类代码，74个扩充代码，标记集中共有106个代码。

其次，语料库已有的词类标注，尤其是兼类词标注问题重重。以"自信"的词类标注为例，在语委语料库中，做句子主宾语的指称用法、实体的修饰用法被标为名词、形容词和动词并存，形容词"自信"的陈述用法被标为动词，加"地"的"自信"有的被标为形容词，有的被标为动词，等等(Wang & Huang 2015)。在现代汉语研究中，由于"简约原则"被奉为金科玉律，《现代汉语词典》(第5版)存在人为减少兼类条目数量的嫌疑，因此5.40%的兼类比例很有可能低估了现实情况。此外，因现代汉语概括词的兼类现象与词频呈正相关(俞士汶 2003；安华林 2005；王仁强、周瑜 2015)，所以兼类词比例整体虽不高，但兼类类型多样、词频高从而覆盖面广，其标注准确度将对整个语料库的标注准确性造成影响。

1.2 三个面向之间的关系

上述三个面向除了是一个历时涌现的过程，更是一个逐步深化和细化的过程，呈现为一个连续统。三者关系如下：

1. 三个面向的主体不同，分别是母语者、二语学习者和计算机。

2. 语法需求不同，持母语者熟练掌握母语，对语法需求最小；二语学习者对语法尤其是句法需求很大；计算机最为“愚笨”，所以对语法需求最大。

3. 由于主体的需求不同，促使“词类判断标准”和“词类划分体系”不同。

如表1-1所示，母语者对语法需求最小，所需学习的是阅读和书写技巧——语法(grammatikós)在希腊语中的本意即是懂得使用字母的人，这也导致该阶段的词类范畴化以服务于文学或修辞为主；二语学习者对语法尤其是句法的巨大需求，导致词类标准偏于比较客观的语法功能，进一步导致当时的语法书内容详细，篇幅增加；服务于计算机的词类范畴化，词类判断标准不变，但对词类划分体系的细化依赖性很强，否则就很难处理某些复杂的语言现象，尤其是语言中看似矛盾的歧义现象(如兼类、反义同词等)。这些不同导致母语者是“先理解，后分析”，二语学习者具有“先分析，后理解”的倾向，计算机就完全是“先分析，后理解”。

表1-1 三个面向的词类范畴化

面向	主体	语法需求	词类判断标准	词类划分体系
非语法	母语者	小	语义优先	视标准而不同
二语习得	二语学习者	中	功能为主	粗
自然语言处理	计算机	大	功能为主	细

词类范畴化动因并非“上帝真理派”和“变戏法派”的二元分立，而是一个主客互动的过程，兼具“上帝真理派”所宣称的客观性和“变戏法派”所宣称的主观性。首先，词类范畴化有客观基础。比如，因人类都处于客观空间之中，都会有事体（thing）和关系（relation）的区分，所以名动区分也许是语言的共性（沈家煊 2015）。此外，Croft（1991、2000）提出普遍语法可通过类型学所发现的跨语言变异模式得到揭示，词类的类型学标记理论正是这样一种变异模式，认为名词、动词和形容词这些句法范畴属于类型共性，说明词类范畴化具有跨语言的普遍性。其次，范畴化是一种基于体验的心智过程，所以词类范畴化也带有主观性。词类范畴化属于一种命名过程，而“命名活动多用转喻”（王寅 2009），故符合“命名转喻论”（王寅 2014）的命名机制。假如说词类是一头大象，那么我们都在盲人摸象，“以偏概全”地确定词类。这种词类的不同可用认知语言学中的“识解”“凸显”“转喻”等概念予以解释。这种兼具主客、主客互动的解释才更符合词类范畴化的实际。

我们以“雕塑家的故事”结束这一章。“雕塑的故事”出处不详，但它常被用来作为高中语文的作文材料，比如要求以“雕刻心中的天使”为话题，写一篇不少于 800 字的文章。故事如下：

一位雕刻家正在雕刻一块尚未成形的大理石，一个小男孩好奇地在一旁看着他。雕刻逐渐成形，头部、肩膀、手臂、身躯、眼镜、鼻子、嘴巴……一个可爱的小女孩出现在面前。小男孩万分惊讶地问雕刻家：“你怎么知道她藏在里面的呢?”雕刻家哈哈大笑，告诉孩子：“石头里原本什么也没有，只不过是我用刻刀把我心中的天使搬到这里来了。”

小男孩自然有一点天真，但雕塑家也未免极端，因为石头里毕竟有石头的存在——只有石头（客观）和雕塑家的匠心（主观）相结合，才可能产生出“可爱的小女孩”。

第2章　兼类研究中的几个关键问题

在现代汉语兼类问题当中，有几个问题值得特别关注，是解决兼类问题的关键和前提：兼类的本质和成因是什么？同一性的判断标准是什么？词性-词类的判断标准是什么？为了保持前后统一，我们选择“管教”作为案例。在《现代汉语词典》(第6版)中有两个“管教”：【管教】[1]〈方〉动管保。【管教】[2] ❶动约束教导：严加～。❷动管制并教育：～所|解除～。❸名指负责管制、教育的人员。可见它潜在地涉及同形词、自指和典型转指问题，正适合于我们的讨论。

2.1　兼类现象的本质和成因

对于老大难的词类问题，一定要深刻认识到“词类是概括词的分类”(陆俭明 2013：35)。“概括词”是相对“个体词”而言的，是“个体词的抽象和综合，是具体的语言片段以外的东西”(朱德熙等 1961)。与“概括词”和“个体词”相对应，一定要严格区分“词类”和“词性”①：词类是概括词在社群语言(即视为人群属性之一

① 对于这两个概念，吕叔湘、朱德熙(1951/2002：29)已有区分：“就许多词来说，哪些词属于哪一类，这是词类；就一个词来说，它属于哪一类，这是这个词的(转下页)

的语言)层面词库中所隶属的范畴或类别;词性是个体词在个人语言(即视为个体属性的语言)层面句法中的语法性质或属性。例如"我/pro 花/v 钱/n 为/pre 我/pro 自己/pro 买/v 了/a 一/n 束/q 花/n"这个例句(自造),有 11 个个体词、11 个词性,但只涉及 10 个概括词、6 个词类。区别之外亦有联系:词类来自词性,社群语言层面词库中概括词或词项的词类属性是随着个体词例在个人语言层面句法中(即各种命题言语行为构式中)的反复使用而发生演变的(Wang 2014;王仁强、黄昌宁 2017);词性受词类的制约,词性虽接受"句管控"之后才能落实(邢福义 2001),但具体词性的落实乃至活用都是从"定类"中派生而出的,从词类到词性的实现遵循一定的关联标记模式(Croft 1991;沈家煊 1999/2015)。可见,词类是一个跨层面的问题,跨及社群语言层面词库和个人语言层面句法。

个体词范畴化之后形成概括词,以兼属词类(即规约化后的词性)数目为标准对概括词进行再范畴化,则形成了兼类现象。既然词类问题属于社群语言层面,那么从逻辑上讲,兼类问题也只能属于社群语言层面。为此兼类的定义只能是"一个词项或曰概括词(type word)在社群语言系统层面词库中兼属两个或两个以上词类范畴的现象"(王仁强 2013)。

兼类现象并非空中楼阁,它是个人语言互动的结果,其成因从较高层面可以概括为语言接触产生的欧化语法现象、对方言用法的吸收合并以及语法化现象,从较低层面可以追究到词义引申、词类活用(李向农、陈蓓 2015)。兼类既非自然现象(natural phenomena),也非有目的的人造行为(artifactual phenomena),而

(接上页)词性。"遗憾的是,这里的"词"都指概括词,没有涉及个体词。鉴于许多词典和语法书都存在混用情况(冯志纯 2007),这里建议在应用中作出如下区分:词典中为"词类标注",语料库中为"词性标注",对外汉语教材两者都存在,文中为"词性标注",生词表尤其是生词总表为"词类标注"。

是一种由有意识行为导致的无计划结果——Keller(1994)称之为第三种现象(a phenomenon of the third kind)。存在于日常交际行为中的词类活用,因新鲜而获得了局部环境(如家庭或朋友圈)的认可,被重复一段时间后可能很快被遗忘(负反馈),也可能不断扩展到整个社群网络中从而规约化为兼类词(正反馈)。因言语复杂系统具有初值敏感性,由此导致的非线性表现决定了兼类现象的不可预测性,也就是说谁都无法预测这种局部偶然的词类活用是否会导致该词成为社群语言中的兼类词(假设该词开始并非兼类)。此外,事物存在并不代表人们就一定会意识到它,假如没有语言学家对混沌的言语万象进行归类(即范畴化),那么兼类现象也将埋藏其中而不为人知。从这个角度来讲,语言学家在兼类现象的涌现中也扮演着一定的角色。总之,兼类现象是个人语言互动所涌现出的附带现象或副产品,正是言语复杂系统的非线性特征导致了兼类问题的复杂。

2.2 同一性判断

同一性判断标准需要解决两大难题:一是词和短语的区分问题,比如"出版社",有人认为它是短语,那么就要为"出版"和"社"标注词性,有人认为它是词,那么"出版"和"社"只是个语素(组),不涉及词性标注;二是同形词问题,该依据意义标准、功能标准还是两者结合?又或者这两个标准从根本上是统一的?这里以后一个问题为主。

同一性判断将影响到兼类的类数乃至有无。"管教"在CCL语料库中共有1382条索引(2016年10月2日16:12检索),其中有像例(1)一样的不合格索引(294条),也有像例(2)一样的短语(5条),都需要排除掉。

(1) 爸,我懂了。不**管教**书有多么辛苦,它都是至高无上的职业。

(2) 情理交融,**管教**并举。

对于剩余的 1083 条,同一性认识不同会有不同的结果:假如认为 1083 个“管教”都是独特的个体,那么就会采取做法一,表示为“管教[1]、管教[2]……管教[1083]”,也就不存在兼类问题;如果不这么极端,就可以进一步抽象出 4 个同形词,采取做法二,表示为“【管教】[1] 动 管保。【管教】[2] 动 约束教导。【管教】[3] 动 管制并教育。【管教】[4] 名 指负责管制、教育的人员”,这时也不存在兼类问题;进一步仔细观察,发现做法二中有些同形词具有语义联系,那么就可以采取做法三,抽象出两个同形词,表示如下:

【管教】[1] 动 管保。

【管教】[2] ❶ 动 约束教导。❷ 动 管制并教育。❸ 名 指负责管制、教育的人员。

甚至可以不顾语义联系,采取做法四,只就其形式同一而处理为一个词:

【管教】❶ 动 管保。❷ 动 约束教导。❸ 动 管制并教育。❹ 名 指负责管制、教育的人员。

可见,对于“管教”的同一性有四种认识,从 1083 到 4 到 2 再到 1,其概括性越来越强。其中从 1083 到 4 是一次质的飞跃,是从个体词到概括词的飞跃;而在同为概括词的“4＞2＞1”当中,4 个同形词被称为“语法词”,2 个同形词被称为“词汇词”,此时“语法词”降格为“词汇词”的义项(郭锐 2002: 156;莫彭龄 2004)。从认识上来说它们都是允许的,但在实际的处理中(比如纸质词典编纂)却各有优劣。以纸质词典编纂为例,假如把词典编纂视为一种动态交际行为的话(雍和明 2003),那么它理应受到言语交际过程中两个互相竞争因素的支配,即信息最大化原则和经济最大化原则,前者指词典有责任传达给读者最大量的语言知识,后者指要以最小篇幅容纳最大量的内容。两个原则既然是相互竞争的,那么就应该追求两个原则的平衡。以此来看四种做法,做法一可谓是两个原则都不符合;做法二比较经济,但却忽略了语义联系,读者无法受益;做法四最为经济,但却把不同源的"管教"混为一谈,不符合信息最大化原则;只有做法三在两个原则之间取得了平衡,也是多数词典采纳的方式。

在同一性问题当中,自指和转指最受关注。典型转指用法的词类改变,词义发生了明显变化,所以在后三种做法中,都单独给予了一个义项或词的身份;但是对于自指用法的处理则分歧甚大。"管教"也存在这个问题,如下例句:

(3) 可是让我受不了的是,他们对我的**管教**到了严厉甚至苛刻的地步。

(4) 在监狱的**管教**下,他才一步一步走上正确的道路。

从语义上来看,例句中的"管教"可理解为"约束教导/管制并教育的行为";从句法上看,它们都是前加修饰语做主宾语。对此,有学者(郭锐 1999;程荣 1999;王惠 2004)主张语义并未发生变化,动词本身可以作主宾语,所以还是动词的"管教",可表示为"同一语义=同一词类=功能^1+功能^2……功能^n";有学者(胡明扬 1996;苏宝荣 2002)主张功能改变导致词类改变,但语义也未发生变化,所以也还是同一个词,可表示为"功能变化=词类变化≠语义变化";有学者(李尔钢 2006;任鹰 2008;王仁强 2006、2009)主张功能变化即等于语义变化,因为从认知角度来看,"管教"之"过程"被识解为一种"虚拟事物",过程和事物两种语义成分范畴融合，进而导致词汇意义也发生了一定的改变，但词类是否改变则需要判断其是否规约化，可表示为“功能变化＝语义变化＝？词类改变”。我们认同第三种主张。

如何理解“功能变化＝语义变化”呢？这里的“语义变化”有程度之别，可能是量变阶段的微变，如广义自指；也可能是质变之后的巨变，如典型转指。就算同是微变的广义自指，也存在程度之别，有的只是偶然使用，有的则已经规约化了。有的规约化的案例比较容易判断，因为它们蕴含着一定的转指成分（即“偏自指”，详见第7章的讨论），还有一些不太容易判断的，我们只能提出一些参考标准（详见第2.3节）。总之，过去判断同一性多在意义和功能标准之间争论，或各执一端，或主张综合，但实际上两者是统一的，只不过在量变阶段有一些难以分辨罢了。

2.3　词性-词类判断

对于词性-词类判断标准，过去多自上而下地从“词类”入手。其程序为：先验地认定某概括词属于某词类，然后调查该词类的功能和分布，总结为一套格式，用这套格式来套其他概括词，判断它们是否隶属于该词类。但是语言复杂系统的多样性决定了不是每个词都能符合这套格式，因此总结出的格式对于相应词类只能是充足条件，而不是必要条件（邢福义1999：90－91）。

如前文所述，词性不等于词类，那么它们的判断标准也不能混为一谈。比如给定一个概括词“副”，我们能够基于常识指出它是形容词，这时得到的是它的“词类”归属；但在例句“副了多年，想当正职”中，我们又会把“副”标为动词，这时其实是个体词“副”的词性。句中标为动词并不意味着词典中标为动词，因为这类用法并未规约化。因此，在判断言语层面句法中某词的词性时，我们可以采取一些灵活的符合实际的判断标准，不能拘泥于语法书上总结出的一套格式，更不能盲目跟随词典中的词类标注。但这并不是说词典就一无用处了，否则会陷入“无政府主义”的泥潭，因为言语层面句法中的诸多修辞用法都是以词典中所呈现的规约用法为中心拓展出来的（这也符合语言复杂系统存在双向过程的观点，可参 Pickering 2016）。那么如何把两者结合起来？Croft（1991）结合内外标准提出的关联标记模式可以作为一个框架。

表 2－1 词类、语义类、语用功能和句法成分之间的原型关联

词类	名词	动词	形容词
语义类	实体	动作	属性
语用功能	指称	陈述	修饰
句法成分	主宾语	谓语	定语

该理论认为，从语义上可把世间万物划分为实体、属性和动作，它们典型的或无标记的词类归属分别是名词、形容词、动词——属于自然关联，但在句法中却是功能方面的万金油，实体除了无标记的指称还可以修饰和陈述，属性除了无标记的修饰还可以指称和陈述，动作除了陈述还可以指称和修饰——属于非自然关联，因而都是有标记的。沈家煊（2009a、1999/2015：289）更是在此基础上，把与句法成分之间的关联也容纳了进来，如表 2－1。该理论可以拿来解释汉语词类中的变异模式，表 2－2 便以汉语为例证展示了词类、语义类和语用功能之间的关联标记模式，灰色背景表示无标记关联，“＞”表示标记性从强到弱的递减关系。有三点需要注意：首先，标记性程度是一个连续统，有标记、无标记只是相对而言，故在“有标记”的表格中出现了以“＞”表示的标记性程度区分。其次，标记有显性、隐性之分（显性标记以粗体显示），“有标记”和“无标记”的判定，除

了依靠狭义的形态标志(包括组合标准和聚合标准),也可以依靠广义的形态,包括分布范围和使用频率(Croft 1991; Givón 1995: 28;沈家煊 1999/2015: 34-36)。王仁强、陈和敏(2014)更是在此基础上具体化为可操作的四条标准:个例频率、类型频率、历时分布和语域分布。最后,汉语形容词的无标记用法是做谓语还是定语向来有争议,这里暂取沈家煊(1997、1999/2015: 348)的观点,即汉语中典型或无标记的形容词是性质形容词,而性质形容词的无标记用法是做定语,故形容词的无标记用法是做定语。

表2-2 词类、语义类和语用功能之间的关联标记模式

	指称	修饰	陈述
实体	A: 实体指称做主宾语: 无标记名词	B: 实体修饰做定语: 加"的"(领属关系: 这本书**的**封面; 属性关系: 景泰蓝(**的**)花瓶)或"介词"(床**上**用品)>[2+2]音步(儿童服装)	C: 实体陈述做谓语: 系词(小王**是**老师)、助词(文章十八万字**了**)、副词(园子里**净**杂草)、数量词语(桌上**许多**灰尘)>无显性标记,但语义上限于时间、天气、籍贯、年龄、容貌口语短句(今天星期三)
属性	D: 属性指称做主宾语: 修饰限定语(她**的**美丽、白昼**的**虚伪)>并列结构(白昼的虚伪、诱惑、堕落、残忍)>限于固定形式(再创/造辉煌)>自指且频率低(心里的紧张)	E: 属性修饰做定语: 无标记形容词	F: 属性陈述做谓语: 系词(是: 地球**是**圆的)、副词(很、挺、极、非常、特别、比较: 巩俐**很**漂亮)、助词(了: 花红**了**)>形态变化或状态形容词(AA、ABB、ABC、AXYZ: 屋里黑魆魆的)>主谓谓语(他头发蓬松)或动补结构(吃饱、煮熟)

续　表

	指称	修饰	陈述
动作	G：动作指称做主宾语： 受定语修饰或出现于"N的V"结构（这本书的出版，她的来）＞双音节动词或出现于［2＋2］音步（学术研究）＞谓宾动词或形式动词（进行研究）	H：动作修饰做定语： 加"的"（吃的东西、奔腾的骏马）＞［2＋2］音步且为凝固形式（领导方法）	L：动作陈述做谓语： 无标记动词

基于以上论述，我们对1083条索引逐条分析。意为"管保"的"管教[1]"共有16条，因它们和"管教[2]"的语义区别很大，所以我们先把它们排除，这样就剩下了1067条。如表2-3，"约束教导"是"管教[2]"的基本用法，动作陈述做谓语为主，做形式动词的宾语次之（如"严加管教"）；构词用法最少（如"管教方法"），不涉及词性标注。① "负责管制、教育的人员"是"约束教导"的典型转指用法，两者语义区别明显，标为名词（51条，4.78%）。"管制并教育"是基本用法的派生用法，关联于看守所、监狱等单一语境，从认知上讲比无标记的"约束教导"更为复杂，但鉴于其个例频率很高（425条，39.83%），仍然把它视为独立的用法。需要注意的，"管制并教育"单独发挥句法作用的很少，只有48条，多是与其他语素构成临时词再发挥句法作用。情况较为复杂的是"管教[2]"的自

① 词和短语向来难以区分，我们采纳赵元任（1979：144）的提议，把这种两部分都属自由而又没有轻声的主从结构一律视为复合词。这样我们就把"管教所""管教方法"等视为一个词汇性的整体，"管教"即成为里面的一个语素组，属于它的构词用法，也就不存在标注词性的问题了。比如赵元任（1979：194）举到A-V复合词（如"小看"）时说"既然这些都是词汇性的，就没有必要说成形容词转成副词了"。

指用法。从单个例句(如例4)来看,其中的“管教”属于动作指称做主宾语的有标记用法,但这类用法的个例频率很高(167条,15.65%),类型频率也很高,做主语的共有66条,后出现了[严格]类的“不严、太严、极严、严格、严厉”等,和[否定]类的“不当、不够、无方、失当、无济于事”等;做宾语的共有100条,前面有从[监管人]出发的“给予、放弃、放松、负责”等,有从[被监管人]出发的“不服、不满、缺乏、逃避、违背、挣脱”等。这些数据说明“约束教导的行为”的用法规约化程度很高,可以把这类例句中的“管教”视为规约化的名词,而不仅仅是动词临时活用为名词。

表2-3 “管教^{2}”在CCL语料库中的使用模式分布

	管教^{2}								总计
语义	约束教导(424)			负责管制、教育的人员	管制并教育(425)			约束教导的行为	
词类	动			名	动			名	
句法成分	谓语	宾语	构词	主宾语	主宾语	谓语	构词	主宾语	
数量	348	63	13	51	26	22	377	167	1067
比例(%)	32.61	5.90	1.22	4.78	2.44	2.06	35.33	15.65	100
词性	动	名		名	名	动		名	

第3章　词类研究中的“十字”模型

构式语法兴起之后，词类也被视为构式（高航、张凤 2008；张韧 2009），且存在修辞构式[1]和语法构式的区分，从前者到后者也就是规约化（conventionalization）[2]的问题。词类的规约化问题备受关注，讨论较多的是影响规约化的因素（张伯江、方梅 1996：208；方梅 2011）。有所缺憾的是，一方面，没有明确判断规约化的操作标准；[3]另一方面，局限于名词转类为动词，而对于动词转类为名词，虽然承认动词做主宾语时具有指称性，但并未明确指出或完全否定了这种指称用法会规约化为名词。如任鹰（2008）指

---

① 词类的修辞构式就是所谓“词类活用”。有学者把“词类活用”视为一种修辞手法，如吕叔湘（1989）指出古文中的词类活用似乎是文章家的一种修辞手法，陈望道（1932/1997：190）则把词类活用称之为“转类辞”。

② 有学者使用“固化”（entrenchment）这个术语，但它是和“规约化”有关但不同的概念：固化针对的是个人认知系统，可以称之个人认知；规约化针对的是集体社会系统，可以称之为社会认知；一个是个人言语层面，一个是社群语言层面（Schmid 2015）。

③ 影响词类规约化的因素包括高生命度、高具体性、有指（张伯江、方梅 1996：208）以及文化和事件语义因素（方梅 2011）等，但它们并不能作为判断规约化的标准。同样，影响修辞构式规约化为语法构式的因素，如刘大为（2010）所指出的“重复使用”和陆俭明（2016a）在其基础上指出的“符合交际的需要”也无法作为判断规约化的标准。

出，名物化主要同语义模式（动作→实体）和表述功能（陈述→指称）的转化有关，不一定非要有形式标志，“与其相对稳定的词类功能相比，词语的功能转化只是获得一种临时功能，应为词语的非常规用法。”张韧（2009）在“词类多功能性的动态分析”一节中涉及了动词转指用法、名词动用和名词做谓语问题，唯独对动词自指用法举了例子却未作任何分析。

上述问题也反映到了具体实践当中，例如对于“研究”的名词用法，对外汉语教材和语文词典都未收录，理由是为了照顾到“简约原则”（陆俭明 1994、2013：57）。事实上，针对“简约原则”的商榷意见已有不少，有来自构式语法视角的（高航、张凤 2008；高航 2009），有来自汉外语言对比或类型学视角的（王仁强 2014；黄和斌 2014），还有来自中文信息处理的（黄昌宁等 2009；Wang & Huang 2015）。这一章将基于大型平衡语料库的使用模式调查，从共时频率和历时分布两方面来论证“研究”名词用法的规约化；同时基于已有的实证调查指出，相对“简约原则”，“兼类词关键少数”定律或许更符合语言事实。

3.1　词类研究中的“十字”

词类研究要区分两对概念：一对是“语法层面”和“修辞层面”，一对是“语法构式”和“修辞构式”。这两对概念虽然都有“语法”和“修辞”，但它们的含义并不一致：前一个“语法”表示“语法上的”，或曰“社群的”（communal），后一个“语法”表示“合乎语法的”；前一个“修辞”表示“言语的”，或曰“个体的”（idiolects），后一个“修辞”表示“具有修辞色彩的”。值得一提的是，不管是在汉语中，还是在英语中，它们都是同一个词（英语中分别是 grammatical 和 rhetorical）。

在构式语法的视角下，词类也被视为构式：词类是从语言使用中抽象出来的图式单位，不过其抽象程度较高、复杂性程度较低(高航、张凤 2008)。张韧(2009)指出，传统词类概念是一种抽象的词汇范型(即“图式”)，是高层次构式范型对词目进行抽象范畴化的结果，其下囊括下层次词目、半抽象构式范型、抽象构式范型以及高层次抽象词汇范畴，之间形成了相互范畴化关系的复杂网络。我们把这个复杂网络简化一个层级系统(图 3-1)，其中从个体词“研究/v”到概括词“研究/V”(以字母大小写区分概括词和个体词)、再到“动词”和“词类”，涉及的词类概念越来越抽象。这个词类层级系统包括 4 层，但一般做法都是分为两层，即从概括词的词类到个体词的词性[①]——这就是我们熟悉的词类分层思想。最早有关词类分层思想的陈述来自 Jespersen(1924：62)：“孤立地看，英语中很多词都可以兼属一个以上的词类，但在每个特定的应用中，它们都只能归属某个单一词类。”国内也有类似的观点，如朱德熙等(1961)：“词类是概括词的分类，不是个体词的直接分类。”郭锐(2000)区分为词汇层面的词性和句法层面的词性；Wang(2014)区分为社群语言层面词库中概括词的词类范畴化和言语层面句法中个体词的词类范畴化；等等。

我们结合“研究”一词来看“语法层面”和“修辞层面”。在

① 这是因为概括词(“研究/V”)是基本层次范畴。如图 3-1 所示，动词及以上范畴只是抓住了下位范畴的原型特征，因包括太多概括词而使得范畴之间的差别很大(如动词和名词之间)；而个体词之间的差异又太小，语言学家在分辨它们时都很吃力，更别说语言使用者了；只有概括词(“研究/V”)既能和其他概括词区别开来，又能最大限度地把其下个体词的属性显示出来，从而成为基本层次范畴。基本层次范畴符合认知经济性(cognitive economy)，所以我们建议在讨论词类问题时最好基于概括词；如果基于动词乃至词类会显得过于宽泛，如果基于个体词又显得过于具体。这个问题看似简单，但很多争议正是来源于此。比如说到语法多功能现象，试比较“词类/动词/‘研究’/‘认真研究’中的‘研究’具有多功能性”这 4 种说法，其中只有“‘研究’具有多功能性”的提法合适。针对“词类具有多功能性”，我们可以反驳说介词的功能很单一；针对“动词具有多功能性”，我们可以反驳说某个动词从未出现在谓语之外的位置；而“‘认真研究’中的‘研究’具有多功能性”明显是错误的。

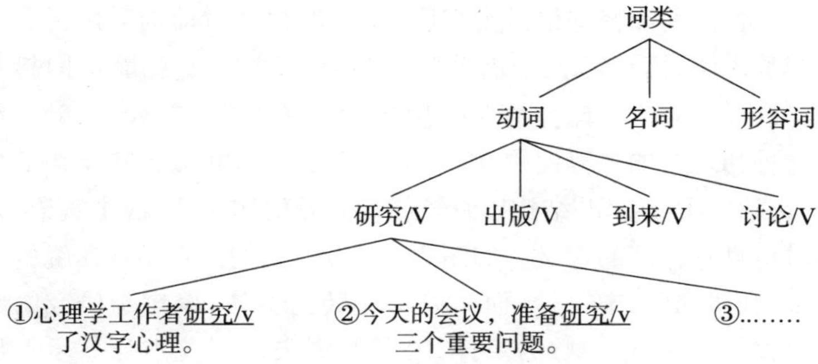

图3-1　词类范畴化的层级网络

图3-1中，“研究/V”处于语法层面，语文词典收录为动词；“研究/v”处于修辞层面，处于具体的句法环境中，发挥陈述功能。“研究/V”和“研究/v”是框架和实体的关系（该表述见刘大为2010），前者是在后者基础上抽象的结果，后者则是前者的具体实现。共同点是两者都是“语法构式”，即“合乎语法的构式”，因此具有社会显著性（social salience）：“研究/V”在语法层面被汉语社群存储为动词，致使“研究/v”在修辞层面可以不经过运算直接存取。尽管如此，前者实现为后者仍然增加了特定的修辞性，如图3-1中的两个例句：在主语的语义上，例①是有生命实体，例②是无生命实体；在时态上，例①的“了”说明已发生，例②用“准备”修饰说明尚未发生。

再来看“语法构式”和“修辞构式”。如前所述，图3-1中涉及的都是“语法构式”，但在其基础上又拓展出了如下用法：

(1) ……比如，某些学者的研究表明，在一些智力超常者中间……（荣开明、赖传祥《论矛盾转化》）

(2) ……涌现出了许多新情况、新问题，需要我们进行认真的研究和积极的探索……（《解放日报》1987年）

“研究”前加修饰语做主宾语，在初现时可谓动词活用为名词的修辞用法，其动因在于借助“NP的VP”框架实现篇章回指功能，其中的“VP”具有引述性元语的性质（方绪军、李翠2016）。由于这种初现时的修辞性质，语言使用者必须借助“研究”所在的框架，包括“NP的VP”结构以及该结构所处的句法位置（主宾语）来实时计算“研究”的含义。如图3-2所示，它的焦点不在研究的时间维度（研究前、中、后），而是以动作转指实体，聚焦于研究的整个过程或结果（被识解为事体，时间性消失），因此本身显示不出所指事件是否已经发生。这类非常规用法就被称为“修辞构式”，具有异于语法构式的认知显著性（cognitive salience）。修辞构式也有框架和实体的区别，但其框架构式并未规约化，因此未能进入语法层面，这也是很多语文词典未收录“研究/N”的原因（当然它已经规约化，下一节讨论）。

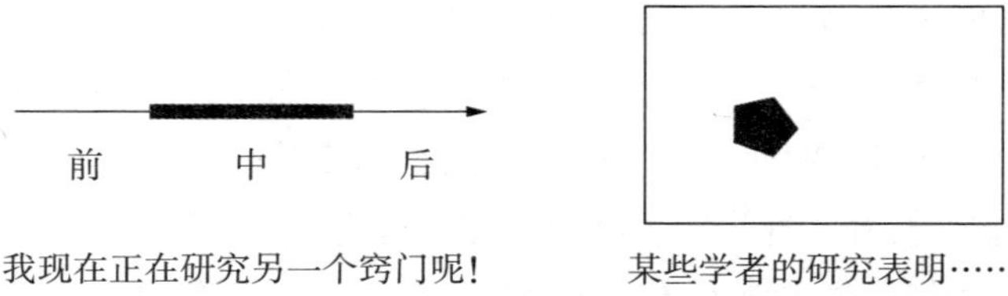

图3-2 针对动词“研究”和名词“研究”的不同识解

两对概念弄清楚了，词类研究中的“十字”也就呼之欲出了（实际上是错位的十字，见第3.4节）。如图3-3所示，上下为语法层面和修辞层面，左右为语法构式和修辞构式。A表示概括词词类，如“研究/V”；B表示常规的个体词词性，如“研究/v”：两者都是语法构式。C表示非常规的个体词词性，如“研究/n”，D表示未规约化的词类，如“研究/N”（标为灰色表示未完全进入语法层面）：两者都是修辞构式。因此，我们把“词类的语法构式”定义为“社群语言中规约化的词类知识，体现为语法层面上概括词所隶属的词类范畴，当它落实为修辞层面的个体词词性时，在认知上可以不经过运算直接存取”，把“词类的修辞构式”定义为“基于语法构式拓展出的非常规实体用法，必须借助于语境实时计算其真实语义，也即借助更大的构式‘依句辨品’，从实体用法中抽象出的框架构式处于规约化过程中”。

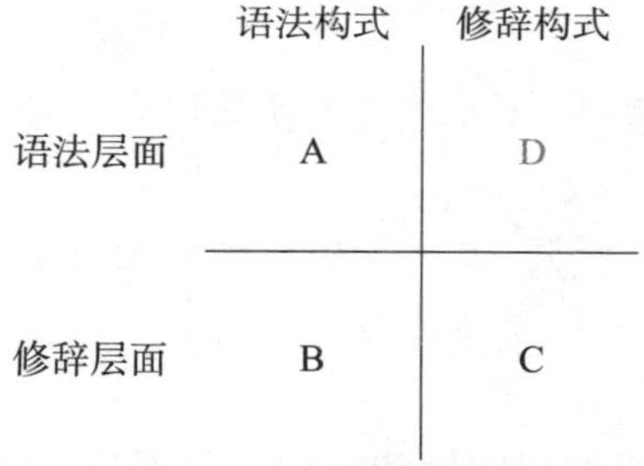

图3-3　词类研究中的“十字”

3.2　“研究/N”的规约化考察

“研究/N”初现时符合了当时的交际需要，由此被一小部分关系紧密的群体所采用并不断模仿，最后可能有两种结果：或者昙花一现，只起临时的修辞作用；或者被广泛使用，逐渐规约化为新的语法构式。过去虽以“简约原则”为由否认“研究/N”已规约化(陆俭明 1994、2013：57)，但有两点理由可以推翻这个观点，分别是共时频率和历时分布。

3.2.1　共时频率

共时频率包括个体频率和类型频率。个体频率方面，“语料库在线”中共有 8657 条“研究”的关键词索引(2017 年 6 月 20 日检索)，我们利用“Concordance Randomizer1.2”[①]抽样分析了 500

① http://iresearch.unipus.cn/info/method/keyangongju_2.html

条，发现陈述用法居首，共有220条，占样本的44.0%；其次是指称用法，共有209条，占样本的41.8%；还有一些构词用法（如“研究生、研究所”等），共有71条，占样本的14.2%。“研究/N”的比例如此之高，足见其在语言社群中使用得非常频繁。

类型频率方面，“研究/N”出现在多种结构中，与之搭配的词汇多种多样，最为关键的是“研究/N”可以单独做主宾语，如：

(3) 研究表明，这种关系是十分复杂的。（陈宝林、穆夏华《现代法学》）

(4) 均须加强研究，力求较快地达到先进水平。（河北农业大学《果树栽培学各论》）

动词名词用法的规约性和标记性呈反比：标记性强的规约性弱，如“来”做主宾语必须受定语修饰或出现于“N的V”结构（如“她的来”），说明“来”的名词性很弱；标记性弱的规约性强，一般可以单独做主宾语的动词其名词性就很强。

“研究/N”还出现在了很多唯名词享有的格式中，如：

(5) 这些研究对育种实践起了很大的指导作用。（刘祖洞《遗传学》）

(6) 我希望这项研究能继续进行下去。（胡起望、范宏贵《盘村瑶族》）

(7) 这一定律在科学史上的意义还在于破除了18世纪科学研究上的机械论（人民教育出版社历史室《世界历史》）

(8) 现代修正主义者已经把他们的理论渗入到党史、工人运动史、国际关系史的研究里面（尹达《必须把史学革命进行到底》）

(9) ……的改变与其生物活力之间的定量关系；开创了活性

不可逆变动力学的理论和研究。(《人民日报》1995年)

例(5—8)中的“研究”以动作转指实体,其实体性通过指示代词和方位词得到彰显:例(5—6)中以“这些、这项”修饰,说明它具有可计数性,我们很少在单纯的动词之前看到这类修饰语;例(7—8)中“研究”后的“上、里面”等方位词表明实体性很强。在例(9)中,我们可以利用“并列类推法”来鉴别“研究”的词性,即“根据处于同一句法槽中具有并列关系的两个或两个以上的词语的同现信息,由一个或两个已知词的类别推知出现在这个并列关系中某一词的类别。”(温锁林、刘开瑛 1998)它和名词“理论”并列恰恰说明了它的名词性。借吕叔湘、朱德熙(1951/2002)的话来说“这不是一般动词和形容词所能有的格式”,就应该承认它们已经变成了名词。①

3.2.2　历时分布

“研究/N”的用法历时久远,根据语料库,远在魏晋六朝即已出现:

(10) 督邮贱吏,非能异于官长,有案验之名,而无研究之实。(梁·沈约《宋书》)

但这种名词用法不太典型。从明朝开始,“研究/N”用法才逐渐增多;到清末民初始,这种用法就更多了,如:

① 这是吕叔湘、朱德熙(1951/2002)分析“打击”和“方便”具有规约化名词属性的原话:“在‘给他一个重大打击’和‘给他种种方便’里,一方面‘给’字寻常不用动词或形容词做动词宾语的,一方面‘打击’前面的‘一个’,‘方便’前面有‘种种’。这不是一般动词和形容词所能有的格式,就应该承认‘打击’和‘方便’已经变成了名词。”可惜《现代汉语词典》到第7版仍未给予“方便”一个名词义项(参第6.3节的详细讨论)。

（11）曾任法兰克福大学讲师，并参加法兰克福社会研究，或奉对诏策，事犹近古。（明·宋濂、王祎《元史》）

（12）自比岁变法已还，裂冠毁冕，旧制荡然无存，二三十年后，或欲从事研究而苦无凭藉。（清·况周颐《餐樱庑随笔》）

（13）科举止凭一日之短长，学堂必尽累年之研究。（民国·赵尔巽《清史稿》）

最能体现“研究”名词性的是和“有”的搭配，这种用法最早见于明朝：

（14）博闻强记，对天文、数学、历史、水利、地理均有研究。（明·宋濂、王祎《元史》）

“有研究”最初不过是“研究过”的意思，“有”是完成体标记，“研究”是动词（石毓智 2004）。但在频繁使用的过程中，语言使用者存在“既然研究过肯定精通”的语境推理，因而随着使用频率的进一步提升，该语境意义被吸收进去（absorption of context），成为整体的一部分。自此，“有研究”表示“精通”，整个结构被重新分析为述宾关系，“有”是动词，“研究”名物化为名词。以此为中心扩散，就有了以下说法：

（15）吊膀子的学问，周正勋本来有些研究，这日更是聚精会神的巴结。（民国·向恺然《留东外史》）

（16）蔡谙连忙摇头说道：“这却不能，一来我们是五荤杂乱惯的人，二来对于经忏一门，毫无研究，只好请收回成命罢。”（民国·徐哲身《汉代宫廷艳史》）

（17）口里则除家常应用几句话以外，辩论法理的言词，谁有

多少研究？所以交涉总是失败。（民国·不肖生《留东外史续集》）

例(15)中“有”后加补语“些”，表示精通的程度；例(16)中“有”被替换为反义词“无”，表示不精通；例(17)甚至可以用“多少”来提问，表明“研究”具有可计数性。这些都说明至少从清朝起，“研究/N”的实体性即很强了。

总之，“研究/N”既具有较高的个体频率，又具有很高的类型频率，再加上其久远的时间跨度，可以认定其名词用法已经规约化——这样“研究”就成为一个动名兼类词。其实，既然现代汉语兼类与词频呈正相关（王仁强、周瑜 2015），“研究”作为一个超高频词（在《现代汉语常用词表》（草案）中，“研究”的频序为 201）发展为兼类词不足为怪。

3.3　从词类的新语法构式到兼类

讨论到词类问题，避免不了要涉及兼类，它被视为“长期以来困扰语法学界而得不到妥善解决的老大难问题”。（胡明扬 1996：215）在兼类问题当中，“规约化”的概念异常关键：如果——比方说“研究”的动、名用法——已经规约化，就应该把它处理为兼类词，在语文词典（尤其是对外汉语学习词典）中同时标注为动词和名词；如果新用法没有规约化，也就难以对语法层面的词类归属产生影响。如“副”：

(18) 副主席/副班长/副食品（《现代汉语词典》第 7 版）

(19) 副了多年，想当正职（李佩甫《羊的门》；转引自邢福义 2001）

例(18)是“副”的常规用法,是人们脱离语境时首先想到的,语文词典都予以收录,如《现代汉语词典》(第7版)标注为“形属性词”。在例(19)中,“副”出现在一个全新的句法格局“X了+时间补语”格式框架当中,该框架把“副”管控为动词,①属于并未规约化的超常配置,语文词典都未予以收录。所以说,修辞构式只有规约化为新的语法构式,和旧的语法构式结合才能形成兼类现象;兼类是语言历时演变的产物,只能处于语法层面(或曰社群语言层面)。

过去针对兼类套了一个紧箍咒,即“兼类要尽可能少”的“简约原则”。该原则又被称为“词义不变,词性不变”(方光焘1956/1986:208)、“简约原则”(沈家煊2009a)、“同型策略”(郭锐2002:159)、“奥卡姆剃刀原理”(沈家煊2012)等,较早可以追溯到王力(1943/1985:15):“咱们要看词之应否分隶(即兼类),不该看它是否有两种地位或职务,而该看它是否有两种相差颇远的意义”。吕叔湘、朱德熙(1951/2002:10)予以具体阐发:“一个词的意义不变的时候,尽可能让它所属的类也不变。”之后观点有所变化:“凡是在相同的条件下,同类的词都可以这样用,不算词类转变;凡是在相同的条件下,同类的词不是都能这样用,而是决定于习惯的,是词类转变。语义变化可以作为参考,不作为判断的标准。”(吕叔湘1979:39)这样主张的理由有两点,一是从分类角度而言的,即兼类过多证明分类是失败的(吕叔湘1955:158;赵元任1979:229;朱德熙1982:39);二是从汉语的特点而言的,即汉语词类具有多功能性,以动词为例,“汉语里几乎所有的动词都可以做主宾语而无须词形变化”,那么就无须说它“名词化”了,否则违背简明的要求(沈家煊2012)。

---

① 正如邢先生所言,判断词性要根据词所在的句法格局,因为“句法格局是一种具有规定性的‘框架形态’,是词性判别的‘检验场’”。

"兼类要尽可能少"原则几乎获得了学界的一致认同，从"尽可能少的"的规劝到成为一条"原则"、"戒律"乃至禁忌！但对此也有异议，如王仁强(2009、2010、2013)、王仁强、周瑜(2015)、高航(2009、2013)、高航、张凤(2008)等。其中王仁强的观点最具代表性，但也经历了一定的深化过程：如王仁强(2009)只是指出该原则造成了汉语(汉英)词典编纂中对于自指义项的处理"自相矛盾、互相矛盾、错漏迭出"的问题；之后在举著名的"出版"的例子时，主张有所弱化，认为"只有把高频词'出版'在语言层面(而非言语层面)处理为动词兼名词才能同时满足'简约原则'和'扩展规约'"；但是王仁强(2013)态度鲜明地指出，该原则"在理论和应用两方面都是行不通的"。王仁强、周瑜(2015)更是以复杂系统语言观为理论基础，基于语料库对现代汉语兼类和词频的相关性进行研究，系统地评价了该原则：

主张兼类要少的"简略原则"违反了兼类词的基本定义，不恰当地运用了矛盾律，同时与兼类与词频的相关性背道而驰……从复杂适应系统语言观来看，鉴于语言知识源于语言使用，兼类是社群语言系统层面词库中的语法多功能现象，概括词的兼类现象与词频的相关性是言语交际的经济性和象似性动因相互作用的结果，那么主张现代汉语兼类要少的"简略原则"就站不住脚，而采用"简略原则"来指导汉语词典词类标注中的兼类处理更是一种僭越……汉语等分析语的词类范畴化问题之所以成为一个数百年久攻不破的"哥德巴赫猜想"，关键就在于前人把作为文化传承产物的语言当成了与使用无关的自然产物进行范畴化。

语言学家从分类角度提出"兼类要尽可能少"的原则无疑是合理的，但在具体语文词典词类标准实践中出现了滥用行为，出现了系统删除自指用法的做法(参第 7 和 8 章)。删除属于一种义项合并做法，和语文词典义项明细化的实用要求背道而驰，甚至可以说是一种偷懒的做法。在该原则的指导下，忽视基于语料库的使用模式调查也就成了自然结果，导致某些因使用频率增加而造成的规约化用法被排除在词典之外，词典也就很难做到与时俱进和实事求是地反映社群语言知识。另外，该原则在表述上也存在语焉不详之处，例如这里的“兼类”指的是概括词还是个体词？“尽可能少”暗示不控制必然泛滥，但现实中是否存在因不控制而超标的现象呢？要对这些问题做出解答，光是理论反省是不够的，也应该做一些实证调查，解决“兼类词分布模式”的问题。语法层面的分布模式已有基于语文词典的调查，比如基于《现代汉语词典》(第 6 版)的调查发现，现代汉语中共有 3746 个兼类词，占词条总数的 6.65%(参第 6 章)；基于《牛津高阶英语词典》(第 7 版)的调查发现，现代英语中共有 4861 个兼类词，占词条总数的 10.48%(王仁强 2014)：两个数据都表明语法层面的兼类词是少数派。而修辞层面则需要做新的调查。

我们从“语料库在线”网站下载了“现代汉语语料库分词类词频表”(表 A)和“现代汉语语料库词频表”(表 B)，以 13 个一级类(名词、动词、形容词、区别词、数词、量词、代词、副词、介词、连词、助词、叹词、拟声词)作为判断兼类的标准，从表 A 中筛选出所有兼类词并标注于表 B，然后对表 B 涉及的 14629 个概括词、8643287 个个体词进行了统计。结果如表 3-1 所示，该子库总共有五种兼类类型(把单类也算作一种)，单类最多，共有 13728 个，占比 93.84%；兼二类、兼三类、兼四类、兼五类依次减少，加总共有 901 个，占全部概括词的 6.16%。把兼类类型与个体词数量关联，发现了失衡现象：单类的比例高达 93.84%，其个体词数量却只占总数的 68.63%；兼类词比例尽管只有 6.16%，其个体词数量比例却高达 31.37%(见图 3-4)。英语也表现出类似的失衡现象：布朗语料库中 11.5% 的兼类词覆盖了 40% 的个体词

(DeRose 1988;转引自 Jurafsky & Martin 2009: 135)。

表3-1 “现代汉语语料库词频表”中兼类词数目和频率统计表

兼类情况	单类	兼类词					合计
		兼两类	兼三类	兼四类	兼五类	小计	
概括词数量	13728	748	135	15	3	901	14629
比例(%)	93.84	5.11	0.92	0.10	0.02	6.16	100
个体词数量	5931809	1912043	591170	168903	39362	2711478	8643287
比例(%)	68.63	22.12	6.84	1.95	0.46	31.37	100

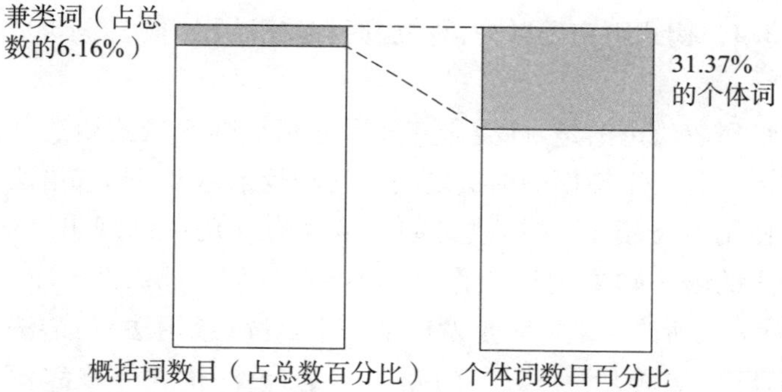

图3-4 901个兼类词(占总数的6.16%)占总个体词数的31.37%

综合以上数据,我们发现:兼类词的数目和比例虽然不高,但由于它们多数都是常用词,导致对应的个体词数目非常多;也就是说,兼类词虽是少数,但却是“关键少数”,可以称之为“兼类词关键少数”定律。该定律明确了三点内容:(1)兼类词,不管是在语法平面还是修辞层面，都是少数，根本无须人为限制其数量。(2)兼类词的分布模式符合“幂律”分布模式或二八定律，[①]兼类词(概括词)虽是少数，但却是“关键少数”。原因在于现代汉语概括词的兼类现象与词频呈正相关，这是言语交际的经济性和象似性动因相互作用的结果，也是复杂适应系统语言观的真实体现(王仁强、周瑜 2015)。(3)大部分概括词是单功能的，根本无须担心兼类泛滥的情况，潜在具有多功能的是某个具体的概括词而非“词类”。这样，我们就能更为理智和开放地处理兼类了。恰如黄昌宁等(2009)所言：“如果我们不必担心兼类的比例会‘超标’，那么直截了当地采用兼类说，是最明晰、最有效的策略。”对于具体的词我们应该采取务实的态度，是兼类就是兼类，不是就不是，而不应该预先基于逻辑原则将其排除(高航 2009；王仁强、杨旭 2017)。

3.4 构式研究要区分语法层面和修辞层面

最后想讨论的是，词类研究成果亦可反哺于构式语法。当前构式语法和基于使用的语法之间的互动越来越多：构式语法采纳基于使用的路径，关注构式是如何从动态使用中涌现出来的；基于使用的语法则采用构式作为基本单位(如 Bybee 2010；Perek 2015)。互动的成果之一是发现了一个修辞(或用法)与语法的演变循环圈，如刘大为(2010)勾勒了一个“语法构式→修辞构式→新的语法构式”的演变路径，陆俭明(2016a)则在此基础上更加细化了从修辞构式到语法构式的演化，而王晓辉(2018)更是从构式语法和涌现语法(Emergent Grammar)相融合的视角出发，指出构式语法和涌现语法之间具有连通性和相融性，用“用法→语法→用

① “二八定律”见第 4.1 节的介绍。

法”的连续统同时概括了语法的先期形成与后期变异。我们想补充的是，如果构式语法能够区分语法层面和修辞层面，那么以上循环圈将变得更为充实和立体，同时也能对语法构式和修辞构式两个概念有更为全面和深刻的理解。

上述词类讨论对构式研究的启示是：不仅要区分语法构式和修辞构式，也要把它们定位到语法层面和修辞层面。语法构式虽然都合乎语法，但存在框架和实体的区别，框架构式处于语法层面，而实体构式处于修辞层面。修辞构式也有框架和实体之分，实体构式如刘大为(2010)所言：“任何临时形式都是实际存在的话语实体，不可能是一个抽象的格式，所以将临时形式也视为构式的话，一定是实体性的构式。”随着使用频率的增加，实体构式可能规约化为框架构式(刘大为 2010 称之为“半实体构式”)以至语法构式，并最终进入语法层面。为此，我们主张区分四个概念：

语法框架构式：合乎语法的抽象的构式框架。

语法实体构式：合乎语法但增加了修辞性的“实际存在的话语实体”。

修辞实体构式：基于语法构式拓展出的临时的“实际存在的话语实体”。

修辞框架构式：从实际话语中提取出的处于规约化进程中的构式框架。

图 3-5 展示了它们之间的关系：语法框架构式是“关键少数”(critical minority)，统辖着修辞层面诸多的语法实体构式，这些实体构式是基于语法规则产生的常规用法；出于表达的特殊需要，在语法构式的基础上拓展出了少数修辞实体构式，这是对常规的偏离；修辞层面的修辞实体构式虽然数量不多，但它们类型多样，因此从中抽象出了较多的修辞框架构式，它们具有规约化为语法框架构式的潜势(图中标为灰色)。有三对关系需要详加说明：

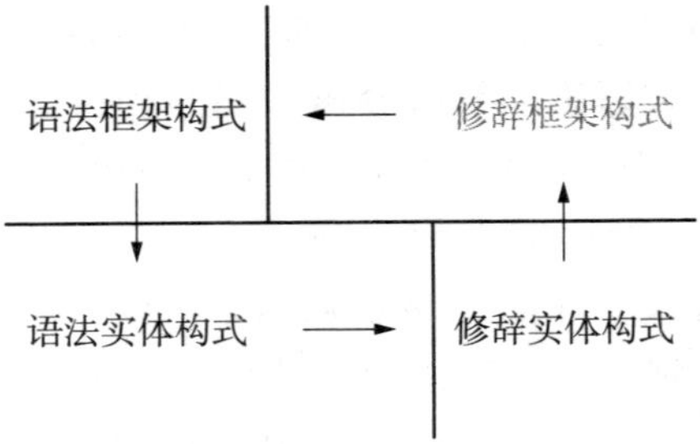

图 3-5 修正的词类研究中的"十字"

首先是有无关系。在语法研究中,很多学者只重视偶发的修辞构式,忽视了居于中心的语法构式。他们认为常规用法不值得研究,只有例外和特异现象才值得研究,甚至不惜为此臆造奇怪的例句,沉溺于幻想出的可能性大杂烩中(Hanks 2013: 4)。但是一方面,语法构式的实体数量多于修辞构式,是我们最可能输出和(被)输入的用法;另一方面,偶发的修辞构式可能随着历时演变规约化为语法构式,很多所谓难题只要从规约化的视角思考就能化繁为简。这要求我们发挥伽利略的实证精神,拿起自己的"望远镜"去看一看——即基于大型平衡语料库去统计分析词语的配价结构和偏好搭配集,这样才能与时俱进和实事求是地反映语言社群知识。[①]

其次是主次关系。修辞(或用法)和语法孰先孰后,孰重孰轻?我们认同涌现语法的主张:修辞是语法之源,语法是修辞随着使用频率增加沉淀或涌现的产物(Hopper 1987: 169-170)。但也要看到,涌现出的语法特征也会限制修辞层面的具体用法,修辞用法再偏离也要受制于语法层面的常规。以词类构式为例,

① 美国作家沃克·珀西(Walker Percy)曾批评过语言学重理性、轻实证的研究现状:"这些语言学家让我想起了学院派与伽利略的论战,当学院派花费数千个小时试图在头脑中证明木星没有卫星以及地球是宇宙的中心的时候,伽利略却拿起了自己的望远镜,说'为什么不亲自去看一看呢?'"(见 Kretzschmar 2015: 56)

概括词的词类属性既非“先验存在”，也非“词无定类”，而是随着个体词在言语层面句法中（即各种命题言语行为构式中）反复使用而发生演变的（Wang 2014）；同时，个体词词性也要受到概括词词类属性的制约，个体词词性虽接受“句管控”之后才能落实（邢福义 2001），但具体词性的落实乃至活用都是从“定类”中派生而出的，不可能脱离原有的词类常规而肆意扩张。

最后是多少关系。多少的问题只有在特定层面上才是成立的：语法构式的框架少于修辞构式（语法层面），但实体多于修辞构式（修辞层面）。这种错位分布是由已被诸多实证研究所证实的“幂律”分布模式或二八定律所决定的，因此我们画成了一个扭曲的十字。常规的少于非常规的（语法层面），这似乎不太符合人们的直觉，但事实上，这是语言作为复杂适应系统的表现之一：语言如果要适应周遭环境的话，必须具备足够多的备选措施（alternative actions），以提供必需的变异（即 Ashby 的“必要多样性法则”①）；但也要足够有限和稳定，这样才能从中作出有效挑选以应对系统外部的扰动（Pickering 2016）。这个策略通俗来讲就是“不要把鸡蛋放在一个篮子里”。

3.5 小结

词类研究中隐含一个“十字”，上下分别是语法层面和修辞层面，左右分别是语法构式和修辞构式。修辞层面的非常规个体词词性，有可能随着使用频率增加沉淀或规约化为常规的概括词词类，从而最终进入语法层面。“研究”的名词用法既有较

---

① “必要多样性法则”（the law of requisite variety）是指只有多样性才能摧毁多样性，这意味着系统的适应能力和进化能力。该法则由英国神经生理学家及控制论学家威廉姆·罗斯·艾什比（W. Ross Ashby）提出。

高的共时频率，也有久远的历时分布，说明其已经规约化。构式研究也应该区分语法层面和修辞层面，其中包含以一个“语法框架构式→语法实体构式→修辞实体构式→修辞框架构式”的循环圈。

第4章　从二八定律看向心结构理论

“向心结构”的定义在原著中如下：

> 譬如，poor John 是一个专有名词短语，John 这个成分也是这样；John 和 poor John 这两个形式，从整体来看，具有同样的功能。因此，我们说英语的特性-实体(character-substance)结构(如 poor John，fresh milk，等等)是一个向心(endocentric)结构(Bloomfield 1933：194；中译本 1980：239)。

在原文当中，“形类”一词一以贯之，指的是语法形式所属的类别，判断标准是语言的特征或共同功能。所谓“共同功能”，指的是形式所占据的位置(Bloomfield 1926：36)。某个词或短语所出现的环境，不管是抽象的句法位置，还是具体的词语环境，都可归为“位置”。比如作者讲到汉语词类问题时，说在三种常见语法结构主谓、偏正、述宾或介宾结构中，类似于英语中体词词语的汉语形类可以分别用作主语、中心语和宾语(Bloomfield 1933：199；中译本 1980：246)，就是以句法功能作为判断标准。而讲到 fresh milk 和 milk 的功能完全相同时，说前面可以添加其他形容词(如 good、sweet)和限定词(如 this、that)，就是以具体的词语环境为标准。

汉语界对于该理论有不同的态度，大致有维护派、修正派和否定派三派。多数学者属于维护派（如施关淦 1981、1988）或修正派（如朱德熙 1984；郭锐 2000），但千禧年之后出现了一股否定的倾向，包括司富珍（2006）、石定栩（2007）和徐阳春等（2017）。如徐阳春等（2017）指出，汉语界之所以在“N 的 V”问题上争执不下，主要是盲目地以英语词形变化作参照，但是通过对比英语词和汉语词的分类异同，发现英语和汉语大同小异，在入句获得所在句法位置临时赋予的句法位义之后，都保持了词形和词性的统一，英语词只有在有标记组配中的不规则变化中才会发生词性改变，在其他的无标记组配和有标记组配中的规则变化中词性都未发生变化，最后得出了向心结构理论对英语的“N 的 V”也缺乏解释力的结论。他们否定的角度和理由各异，但有一点是一致的，即都主张“存在例外”。司富珍（2006）认为，向心结构有不向心的情况，离心结构有不离心的情况。徐阳春等（2017）则认为，“这种不符合向心结构理论的情况在英语中不在少数，因为英语的动名词复合结构（即‘N 的 V’）使用频率很高”。

对于以例外来否定向心结构理论，周国光（2016：92）提问道：“在现代汉语的向心结构里，中心语和其所在的整体的功能不一致的情况有多少？在离心结构里存在着足以表现整体语法特性的语类的情况又有多少？”并接着说，如果明白了“数量上的差别”，就应该明白向心结构和离心结构区分的意义了。这种质疑方向是正确的，但还存在三个问题：（1）未作实证调查；（2）“情况”的表述模糊不清，是类型数还是个体数？因为类型数量少不代表个体数量少；（3）以类型数还是个体数来作为判断一个理论成功与否的标准不明确。这一章尝试从二八定律的视角回答这些问题，首先简述二八定律在语言学中的应用情况，接着以关联标记模式为基础，调查向心结构理论中的常规结构和异化结构，在此基础上区分概括结构和个体结构，并以二八定律重新评价向心结构理论，并在前人基础上提出我们的修正案。

4.1　二八定律和语言学

二八定律又名80/20定律、帕累托法则、长尾理论、省力法则和不平衡原则等。1897年，意大利经济学家维弗雷多·帕累托(Vilfredo Pareto)偶然观察到19世纪英格兰地区的财富和收益模式，发现少数人占有着大部分的财富，再结合其他不同时期和不同国家的相关资料，他发现这种模式持续而重复地出现：社会上20%的人占有80%的社会财富。二八定律是一条经验法则，后来被证明具有广泛的适用性，但帕累托并没有做出很好的解释。混沌理论诞生后，有学者发现两者存在很强的相关性。混沌理论不再把世界归结为一种有序的、可预测的线性关系，而是认为整个系统大于部分之和，各组成部分呈现为非线性关系。混沌理论强调复杂系统对初始条件的敏感性，由于反馈过程的存在，有些扰动即使很微小，一旦得到正面反馈就会被无限放大，从而导致系统的巨大变化(Koch 1997：13－17；中文版2014：13－17)。因此，正是这个过程导致二八定律所概括的失衡现象，也使得复杂系统的具体行为很难预测。

语言学和二八定律别有渊源。1949年，哈佛大学语言学教授乔治·齐普夫统计发现，文章中单词的频次与其排列的序号之间存在着定量关系。省力原则(power law)可谓是对二八定律的再发现和详尽阐述。2015年，美国佐治亚大学Kretzschmar教授出版了专著《语言与复杂系统》，系统地运用了二八定律。他基于"美国方言地图项目"的实证数据，发现任何语言特征变体都存在少数常用变体、较多次常用变体和大量非常用变体，其中展现出的非线性A曲线分布模式正体现了齐夫定律和二八定律。以二八定律来重新反思语法的概念，发现正是二八定律催生了语法的概念，因为既然语法如索绪尔所说是个社会现象，依赖于语法学家对人们语言行为的感知，那么这种感知势必是偏颇和不全面的。恰如 Sapir 所言，“所有语法都有漏洞。”(Kretzschmar 2015：第 4 章)他进一步断言：

> 事实上，例外不是稀有事件，因为我们可以提前预知，例外会占我们研究的任何特征体的实例的 20%。此外，它会占任何特征体的不同结构的 80%。……二八定律是复杂系统的基石。……语法规则不是法则，更像是指南(Kretzschmar 2015：95)。

在具体的运用方面，“兼类词关键少数”定律正是二八定律的体现(第 3.3 节)。

4.2 关联标记模式与向心结构

如果要利用二八定律审视向心结构理论，最好放在一个封闭的框架里，以关联标记模式(Croft 1991)为基础可以做到这一点，因为可以借它区分出常规结构和异化结构。

布龙菲尔德在定义向心结构时，使用到了形类(词类)标记、语义类别和句法成分等概念，但一来基本没有涉及语用范畴(表述功能)，二来没有明确这些范畴之间的关系。针对这个问题，从项梦冰(1991)初步引入语用范畴，到郭锐(2000)的进一步拓展，这方面的研究越来越深入。词类的本质是表述功能或言语行为功能(Croft 1991)，这能解释为什么词类具有跨时代和跨语言的可比性。而对于汉语而言，更需要重视这类语用范畴，因为从语言类型学的角度讲，汉语是以概念的直接组合为构造手段的话语驱动型语言(吴长安 2006)。由于缺少显性或狭义的形态区分，汉语中词类和句法成分的关系比英语自由得多，以至脱离语用层面就很难讨论某些语法现象。引入这类范畴还不够，还要搞清楚与其他范畴的关系，否则就会出现周国光(2007、2016)单单根据表述功能重构现代汉语句法结构系统的极端做法。只有关联标记模式做到了这两点。前面第2.3节已经介绍过关联标记模式及其在汉语中的体现，下面来看该模式体现出的二八定律。

如表2-2(见第2.3节)所示，4类范畴之间存在9种关联，除了斜向的3种原型关联(即A、E、L)，其他6种都是非原型关联(即B、C、D、F、G、H)。由原型关联造成的结构，包括偏正结构的a+n、双项并列结构的n+n、v+v、a+a和述宾结构的v+n，[①]都符合向心结构的定义和要求。例如，偏正结构"新鲜牛奶"，整体和核心("牛奶")的形类一致(都是名词性)，只有一个核心且处于正常位置；双项并列结构"幸福安康"，整体形类和两个核心都是形容词性；述宾结构"整理材料"，整体形类和核心("整理")都是动词性，有一个核心且处于正常位置。我们把这类结构称之为**常规结构**。但是由非原型关联造成的结构都不符合向心结构，我们称之为**异化结构**，因为它们是在常规结构基础上拓展出来的。下面我们结合例句来一一考察。这些例句都出自BCC语料库，相关结构以下划线标出，组成成分的词类小写，整体结构的形类大写，词类标注依据《现代汉语词典》(第6版)。

(1) ((绝对)a的(公平)a)N是不可能的，但应尽量合理。

(2) ((健康)a的(享受)v)N是人生的进步。

(3) 真心喜欢((木头)n(房子)n)N。

(4) 铃兰在寂寞山谷等待自己((春天)n的(到来)v)N。

① 由于d+v(即副词+动词)结构涉及副词，并列结构中的多项并列情况较为复杂，所以暂不讨论。针对述宾结构，汉语界普遍认同是向心结构。

(5) 队员在查阅和整理资料中感受到了((长城)n 的(伟大)a)N。

偏正结构的情况：受非原型关联的影响，常规偏正结构 a+n 异化为零核心的 a+a、a+v，双核心的 n+n，以及核心失位的 n+v、n+a 三种情况。如例(1)，由于属性指称做主宾语(D)，形容词"公平"出现在了 a+n 中 n 的位置，异化为 a+a。如例(2)，由于动作指称做主宾语(G)，出现了 a+v 的偏正结构。这两例都是零核心的情况。如例(3)，由于实体修饰做定语(B)，出现了文献经常讨论的双核心的情况。如例(4)和例(5)，分别由于 B 和 G 以及 B 和 D 的共同影响，造成了核心失位的情况。

(6) 两者都具有((低矮)a 而(流线)n)A 的车身。

(7) 创造出不同的效果，就变成了这些((美丽)a 和(惊叹)v)A 的照片。

(8) 同样是迷离的眼神，同样是((裸露)v 而(野性)n)A 的双臂。

双项并列结构的情况：以 a+a 结构为例，非原型关联会造成单核心和零核心两种情况。如例(6)和例(7)，由于实体修饰做定语(B)和动作修饰做定语(H)，分别造成了 a+n 和 a+v 并列表修饰的情况，这时只剩下了一个核心。在例(8)中，由于 B 和 H 的共同影响，造成了 v+n 并列修饰但无核心的情况。n+n 和 v+v 的情况可类推，现在略举几个例子："我只给你((打电话)v 和(微信)n)V""隐藏起来的((美丽)a 和(伤痛)n)N""要((热爱)v 和(忠诚)a 于)V 信仰"和"带来((帮助)v 和(便捷)a)N"等。

(9) 记者((电话)n(余华)n)V，其手机一直处于关机状态。

(10) 所以((快乐)a 着(你的快乐)n)V，追逐着你的追逐。

（苏芮歌曲《牵手》）

（11）小妞子还是立了一功，成了“((抵制)v(迷信)v)V，移风易俗”的英雄鸟儿。

述宾结构的情况：受非原型关联的影响，常规述宾结构 v+n 异化为零核心的 n+n、a+n，双核心的 v+v，以及核心失位的 n+v、a+v 三种情况。如例(9)，“电话”本来是个名词，由于实体陈述做谓语(C)，这里表示“给…打电话”的意思。在例(10)中，由于属性陈述做谓语(F)，形容词“快乐”表示“感受某人的快乐”，是动词性的。这两例都没有核心。在例(11)中，述语和宾语都是动词，造成了两个核心。至于 n+v 和 a+v 核心失位的情况，笔者暂未找到这类例句。

表 4-1　由关联标记模式造成的常规和异化结构

结构	常规结构		异化结构			
	单核心	双核心	零核心	单核心	双核心	核心失位
偏正结构	a+n		a+v		n+n	n+v
			a+a			n+a
（双项）并列结构		n+n	a+v	n+a		
				n+v		
		v+v	a+n	v+n		
				v+a		
		a+a	n+v	a+n		
				a+v		
述宾结构	v+n		n+n		v+v	n+v
			a+n			a+v
小计	5(20.8%)		19(79.2%)			

综上所述,在由原型关联造成的 5 种常规结构和非原型关联造成的 19 种异化结构中,只有常规结构符合向心结构的定义,占比 20.8%,而异化结构都不符合,占比 79.2%。如果按照这个"数量上的差别",那么周国光(2016: 92)所问的问题("在现代汉语的向心结构里,中心语和其所在的整体的功能不一致的情况有多少?")的答案应该是"很多",这对向心结构理论是极为不利的,也成为某些学者否定该理论的最大理由。

4.3 为向心结构理论正名

某些学者以例外存在或居多贸然否定向心结构理论,问题出在两点:第一,没有区分概括结构和个体结构;第二,没有注意到二八模式的存在。在此基础上,向心结构理论才能得到公正评价。

概括结构是指去语境之后存在于语言层面语汇中的抽象结构,如表 4-1 所总结的 24 种结构;个体结构是指概括结构落实为言语层面句法中的具体表达,如 a+n 落实为"打扮得像一朵**鲜艳的花**"——这个区别类似于概括词和个体词的区分(朱德熙等 1961;参第 2.1 节)。与之对应,是类型数和个体数的区分:类型数是概括结构的数目;个体数是个体结构的数目,需要基于大型平衡语料库去统计。在明确两者区别的基础上,只有结合二八定律才能对向心结构理论作出公正评价。

首先,二八定律允许例外的存在。对于一般规则和例外的关系,石毓智(2003)和卢英顺(2014: 第 5 章)都有很好的讨论。卢英顺(2014: 86)说:"语言现象是极其复杂的,任何规则都有例外。这例外就是一些与一般规律不一致的特殊语言现象。特殊现象的存在本身并没有什么大不了的问题。"例外存在的根源在于:语言学家总结语法规则的过程受制于二八定律,他们更容易关注到那些高频或链接度较高的结构,而忽略那些低频或链接度较低的结构，假如以此规则去覆盖所有的语言现象，势必造成理论和事实难以契合的后果。这样来看，向心结构遭遇到例外的挑战是很正常的。

其次，例外的类型数很多。向心结构中有19种异化结构，占比79.2%，这可能不太符合人们的预期。但前面讲过，这是语言作为复杂适应系统的表现之一：语言如果要适应周遭环境的话，必须具备足够多的备选措施，以提供必需的变异；但也要足够有限和稳定，这样才能从中作出有效挑选以应对系统外部的扰动。这个策略通俗来讲就是"不要把鸡蛋放在一个篮子里"。

最后，个体数是决定一个理论成功与否的标准。只有大约20%的结构符合向心结构，但这些常规结构却是"关键少数"，它们可能覆盖80%的个体结构（即语言实例）。我们暂时没有做出全面统计，但基于BCC语料库对双项并列结构"X和Y"的调查发现：3种常规结构占全部12种结构的25%，但它们在语料库中出现了2497675次，占总数（3224970次）的77.4%；而异化结构的类型数虽然很多，它们只能覆盖很少的个体结构（22.6%）。这5种常规结构可谓是句法结构中的"富人"。

总之，向心结构理论能解释大约20%的常规结构，这些结构能够覆盖大约80%的个体结构，因此它是一个成功的理论。

4.4　向心结构定义的修正

许多学者只是注意到了异化结构类型数之多，就去贸然否定向心结构理论，这无疑是不公正的。然而，"成功"不代表"完美"，向心结构理论仍然需要修正。本节首先择要梳理过去的修正案，在此基础上提出自己的修正案。

4.4.1　过去的修正案

朱德熙（1984：402）在向心结构的定义中加入了语义选择限

制:“向心结构指的是至少有一个直接成分与整体在语法上功能相同、在语义上受到相同的语义选择限制的句法结构。向心结构中与整体功能相同并受到相同的语义选择限制的直接成分是它的核心。”但修正之后又遇到了其他问题,所以又引入了“自指、转指”的概念(相关评述可参考石定栩 2007)。引入这些语义相关概念是对布龙菲尔德立足形式排除意义干扰的一种逆反,也顺应了汉语学界越来越关注语义问题和不满足于描写而更加注重解释的趋势,但加入了语义选择限制之后又出现了新的问题,以至还要在此基础上继续不断地修正,向心结构理论似乎就变得繁冗起来,显然和理论追求简洁的目标相悖。

没有求助于语义的是郭锐(2000)。他把表述功能(陈述、指称、修饰)区分为固有和临时两个层面,既然两个层面的表述功能可以互相转化,那么对应于这两个层面的词性——词汇层面的词性和句法层面的词性——也能够转化,在此基础上他提出了自己的修正案:“向心结构应定义为结构整体的词汇层面的词性与至少一个直接成分的句法层面的词性相同,比如‘这本书的出版’整体的词汇层面的词性是名词性的,其中的‘出版’的词汇层面的词性虽是动词性的,但句法层面的词性是名词性的,因而是向心结构。”我们按照这个定义来看“木头房子”。按照施关淦(1988)的主张,“木头”是个兼类词,在充当定语修饰“房子”时就具有了形容词的地位,可现实是,几乎没有哪部词典会收录“木头”的形容词用法。而按照郭锐(2000)的观点,“木头”同样具有两个词性,但一个是固有的词汇层面的(名词),一个是临时的句法层面的(形容词),这样“木头”就是一个可有两个乃至多个词性的非兼类词。学界不太认同郭锐的分层思想,认为这种区分增加了不必要的步骤,增加了分析的复杂性,而且坚持“词在句子层面的语法功能就是词固有词性的表现”(沈家煊 2009a;王红旗 2015)。实际上,分层思想符合索绪尔语言和言语二分的语言学思想,是进一步解决词类的问题的根本出发点，只是他割裂了词库层面词类和句法层面词类的关联（王仁强、陈和敏 2014），从而导致学界难以接受他的观点。

周国光一开始也求助于语义，他把向心结构修正为："一个句法结构 S 由直接成分 a 和 b 构成，如果 a 或（和）b 的表达功能同 S 的表达功能相同，并且受到相同的语义选择，那么 a 或（和）b 就是 S 的核心。S 是一个向心结构。"（周国光 2007）后来他删掉了"并且受到相同的语义选择"（2016：167）。周国光抛弃了形类（词类）标记，完全把判断标准委托给了表达功能（即郭锐所说的表述功能），并在此基础上尝试重构现代汉语句法结构的整个系统。这种尝试大胆而新颖，但同时也有点过于极端，为此而推翻原有的表达，必将遇到重重障碍，且代价巨大。

4.4.2　新的修正案

我们的修正案如下：

向心结构指的是至少有一个直接成分与整体在表述功能上相同的句法结构，当这个直接成分的词类与该表述功能呈现为原型关联，可以在词类标记的基础上讨论问题；当不同时只能在表述功能上讨论问题，但是如果承认临时词类的概念，那么也能在词类标记上讨论问题，比如可以把"出版"标为 N_t。向心结构中与整体表述功能相同的直接成分是它的核心。

相对 Bloomfield(1933)，这个定义引入了表述功能；相对朱德熙(1984)，这个定义无须求助于语义；相对郭锐（2000）和周国光(2016)，这个定义区分了原型关联和非原型关联。如此看来，所谓"修正"更像是一种扩展，好比爱因斯坦的相对论也能囊括牛顿的经典力学。也就是说，原本的向心结构理论是有条件的，限于词类与表述功能呈现为原型关联的时候，它只有在上述框架里才具有完全的合理性。

至于"出版"在句法层面的指称功能或临时名词和词汇层面

的动词之间的关系，笔者认同王仁强、黄昌宁(2017)的主张："概括词的词类属性会随着词例在言语中反复使用而发生演变，概括词的兼类现象与使用频率(包括个例频率和类型频率)密切相关。"也就是说，随着"出版"名词用法使用频率的增加，它极有可能(甚至已经)规约化为词汇层面的名词，当然是否规约化需要"描写语言学家基于语料库使用模式调查，抽样分析有关概括词在言语层面句法中的命题言语行为功能，并根据其规约化程度"来决定是否要在语文词典中进行标注。那么"出版"的名词用法是否规约化了呢？

4.5 "出版"名词用法的规约化

"这本书的出版"在汉语学界可谓经典例证，由它引发的词类和向心结构是非之争此起彼伏。主流的观点认为做主宾语是汉语动词的主要功能之一，因而该例中的"出版"仍然是动词。然而，这就导致汉语词类研究陷入两大困境：困境一，做到"词有定类"就"类无定职"，做到"类有定职"就"词无定类"；困境二，满足"简约原则"就违背"扩展规约"，满足"扩展规约"就违背"简约原则"(胡明扬 1996；沈家煊 2009a)。为了解决这两个困境，众学者提出了各种方案，争论的焦点在于向心结构理论的是与非，因为"扩展规约"就是向心结构理论，主张"所成短语与其成分之一属于相同的形式类"(Bloomfield 1933：104－105)。

"这本书的出版"中的"出版"具有名词性，似乎已经没有什么争议了，这能从构式压制理论和概念整合理论得到解释(李云靖 2008；沈家煊 2009a；高航 2013)。但是，对于"出版"名词性的规约化程度却有不同意见。任鹰(2008)指出，名物化主要同语义模式(动作→实体)、表述功能(陈述→指称)转化有关，不一定非要有形式标志，"与其相对稳定的词类功能相比，词语的功能转化只是获得一种临时功能,应为词语的非常规用法”。黄和斌(2014)则从英汉对比的角度提出了不同意见:一方面,英语中也有很多词没有形态变化(即兼类词),我们不能放大两者之间的差异;另一方面,可以借鉴英语的做法,尝试把那些频率很低的名词用法也收入词典。王仁强(2010)则指出,只有把高频词“出版”在语言层面处理为动词兼名词才能同时满足“简约原则”和“扩展规约”。遗憾的是,他们都未对“出版”名词用法的规约化程度作出具体调查。

上述理论上的纷争在现代汉语词典词类标注和现代汉语语料库词性标注中也有反映。《现代汉语词典》(第 5/6/7 版)和《现代汉语规范词典》(第 1/2/3 版)都把“出版”都只标注为动词,这无疑是“简约原则”的直接反映。然而,在国家语委现代汉语语料库中,“出版”的词性标注却存在以下困惑:

一、同样是做主宾语用法的“出版”,有的标注为动词(如例 12 和例 14),如有的标注为名词(如例 13 和例 15):

(12) 《/w 邓小平/nh 文选/n 》/w 的/u 出版/v ,/w 是/vl 全/a 党/n 和/c 全国/n 人民/n 政治/n 生活/n 中/nd 的/u 一/m 件/q 大事/n 。/w

(13) 林奈/nh 的/u《/w 自然/n 系统/n 》/w 一/m 书/n 的/u 出版/n ,/w 结束/v 了/u 过去/nt 对于/p 生物/n 种类/n 所/u 存在/v 的/u 混乱/a 现象/n 。/w

(14) 列宁/nh 所/u 说/v 的/u “/w 写作/v 事业/n ”/w 包括/v 理论/n 、/w 宣传/v 、/w 新闻/n 、/w 出版/v 等/u 各方面/n 的/u 事业/n ,/w 当然/d 也/d 包括/v 文学/n 事业/n 。/w

(15) 其/r 主要/a 手段/n 有/v :/w 扩大/v 军费/n ,/w 增加/v 赋税/n ,/w 举/v 借/v 内外/nd 债/n ,/w 充当/v

军火/n 买办/n ，/w 垄断/v 全国/n 金融/n 及/c 工业/n 、/w 商业/n 、/w 农业/n 交通/n 运输/n 乃至/c 电影/n 、/w 广播/n 、/w 新闻/n 出版/n 等/u 文化事业/n 。

二、"出版"与其同位语所标注的词性不同。比如，在例(16)中，处于同位语位置的"言论"和"集会"均标注为名词，而"出版"却标注为动词。同理，在例(14)中，处于同位语位置的"理论"和"新闻"均标注为名词，而"出版"却标注为动词。

(16) 资本主义/n 法律/n 虽然/c 规定/v 了/u 公民/n 享有/v 言论/n 、/w 出版/v 、/w 集会/n 等/u 自由/a 权利/n ，/w 但是/c ，/w 这些/r 自由/n ，/w 只/d 限于/v 在/p 有利于/v 资产阶级/n 统治/v 的/u 范围/n 内/nd 。/w

三、同样是语素组用法，有的未标注词性(如例 17)，有的却标注词性(如例 18 中标注为动词)：

(17) /w 原/a 中央人民政府出版总署/ni 的/u 工作/n 移交/v 给/p 文化部/ni 。/w

(18) /w 国务院/ni 不/d 设立/v 人事部/ni 、/w 法制/n 委员会/n 、/w 扫除/v 文盲/n 工作/n 委员会/n 、/w 出版/v 总署/n 。/w

有鉴于此，我们选取国家语委现代汉语语料库对"出版"的用法进行检索和分析，根据王仁强、陈和敏(2014)所提出的规约化标准，主要从个例频率和类型频率两方面对其用法的规约化程度进行分析。在数据处理过程中，首先区分开"出版"的词用法和构词用法(语素组用法)，然后分析作为词的"出版"在句法中的命题言语行为功能，分别标注为陈述、指称、修饰，最后针对“出版”词用法中的指称用法，统计出其个例频率和类型频率，以期对其指称用法的规约化程度作出判断。调查结果如下。

4.5.1　个例频率

经过检索，“出版”在“语委语料库”中共有 1573 条索引，有 1 条不合格索引(即“一方面体现出版画在黑白转换上……”)，有效率为 99.94%。鉴于其总数不多，我们进行全样本分析。如表 4-2 所示，其中“出版”的词用法共有 1319 例，占 83.91%；语素组用法的有 253 例，占 16.09%。

表 4-2　“出版”在语委语料库中的用法分布

出版	词用法	语素组用法	总计
数量	1319	253	1572
比例	83.91%	16.09%	100%

如表 4-3 所示，在“出版”为词的命题言语行为模式中，陈述用法居首，共有 1170 例，占总数的 88.70%。其次是指称用法，共有 149 例，占总数的 11.39%。

表 4-3　“出版”为词的命题言语行为功能分布

用法模式	陈述	指称	合计
数量	1170	149	1319
比例	88.70%	11.39%	100%

4.5.2　类型频率

如表 4-4 所示，“出版”的指称用法不仅出现在“NP+的+出版”的结构中，还出现在“Adj+出版”、“出版+的+NP”、并列等结构中。其中“NP+的+出版”居首位，占 81 例，占总数的

54.36%；其次是“Adj＋出版”“出版＋的＋NP”“并列”，分别是22例、17例和15例，占总数的14.77%、11.41%、10.08%。进一步调查与“出版”的搭配，发现在各个结构中搭配的词汇类型多样。

表4-4　“出版”的指称用法在各类结构中的分布情况

	数量	比例	搭配
NP＋的＋出版	81	54.36%	[图书]
Adj＋出版	22	14.77%	电子(21)、迅速(1)
出版＋的＋NP	17	11.41%	技术现代化、可能性、立法、事、自由；方面、管理条理、管理、活动、管理规定、成就展
并列	15	10.08%	整理、研究、制作、发行、复制、编辑、印刷、校对、编写
VP＋出版	5	3.36%	等于、搞、从事
出版＋VP	4	2.68%	发达、困难、有利于……、电子化
其他	3	2.01%	以……为例；在……之外；在……前
合计	149	100%	

注：[图书]表示属于图书一类的词。

以上调查表明，做主宾语表达指称命题言语行为功能的“出版”既具有较高的个例频率又具有很高的类型频率(出现在7类句法环境中，每种结构搭配的词语都很多样)，说明“出版”表达指称的名词用法已经具有很高的规约化程度，概括词“出版”在汉语社群语言层面词库中兼属动词和名词，大中型现代汉语词典应该把“出版”处理为动名兼类词。根据国家语委2008年发布的《现代汉语常用词表》(草案)，概括词“出版”是一个1000以内的超高频词(频序：825)。鉴于现代汉语兼类与词频呈正相关(王仁强、周瑜 2015)，超高频的概括词“出版”在汉语社群语言层面词库中具有兼类属性不足为怪。

4.6　小结

吴长安(2007)说：“布龙菲尔德基于印欧语提出的向心结构理论更应该叫假说，它需要不断接触其他语系的语言来检验其正确性。因此，汉语中几十年的向心结构理论汉语化的讨论，与其说是理论的落实，不如说是对该理论的检验。”可惜的是，因没有合理的评判标准，导致出现了贸然否定向心结构理论的倾向。我们以二八定律重新评价向心结构理论，结论是：既然大约 20%的常规结构符合向心结构，而且它们能够覆盖大约 80%的个体结构，那么它就是一种成功的语言学理论。这个发现进一步验证了 Kretzschmar(2015：95)的断言，同时启示我们：二八定律为评价一种理论提供了基石，即如果某理论可以解释某一语言特征体 80%的实例，那么它就是一个成功的语言学理论。

第二部分
词类实践问题

第5章 《现代汉语词典》兼类词词类标注研究综述

汉语单语、汉外双语学习词典的词类标注一直被学界视为一个老大难问题，而被誉为权威的《现代汉语词典》在词类标注方面尤其备受关注，成为近几年来汉语语法学界和汉语辞书界共同关注的热点问题之一。《现代汉语词典》在词类标注上走过了一段漫长曲折的道路：《现代汉语词典》(1960)主编吕叔湘先生曾在初版“前言”中指出，未能区分词与非词和未能标注词类是该词典的两大缺憾。因此《现代汉语词典》第1版至第4版只标注了虚词和少量实词，直到2005年推出第5版才在区分词与非词的基础上实现了全面的词类标注，终于弥补了吕叔湘先生指出的重要缺憾，从而成为《现代汉语词典》编纂史上的里程碑。2012年，《现代汉语词典》(第6版)推出，又复查了词类标注，在保持原有词类标注体系的基础上，对少数词的词类标注做了修订。在《现代汉语词典》的词类标注中，兼类词是一个异常棘手的问题，理论上争论不断，词类标注实践上更是分歧较大。这一章对《现代汉语词典》(第5/6版)的兼类词词类标注研究成果进行梳理，首先简述现代汉语兼类研究现状，在此基础上梳理《现代汉语词典》(第5/6版)兼类词词类标注研究现状，指出存在问题和未来方向，以利于今后研究的拓展和深入。

5.1 第5/6版之前的词类标注研究

20世纪80年代已有对中文文本进行分词和词类标注的实践,但因受汉语语法研究的制约,语文词典一般都没有标注词类。首先尝试为词典标注词类的是服务于对外汉语教学的外向型学习型汉语词典,如北京语言学院(现北京语言大学)组织编纂的《简明汉英词典》,但该类词典的词类标注只能算是摸爬滚打,很多问题没有得到较好解决,所以影响并不大。与此相适应,相关研究也多为理论探讨,侧重于解决怎样标注词类的问题。成果包括:(1)标注词类是必要的。标注词类不仅可以注明词义,还可以注明词的用法,有助于词的义项分合的确定或发现新义项,有助于准确地释义,有助于配例与词类的协调等(陈瑞国 1994;郭锐 1999;赵大明 1999)。董秀芳(1999)则指出,词类标注可以表现汉语中普遍存在的谓词性成分体词化这一现象。(2)标注词类是可行的。如郭锐(1999)认为,词类区分是世界语言的共性,汉语也有词类区分;汉语词类划分研究已有大量积累,已找到了汉语词类划分的一套可行标准。(3)标注词类面临一定的困难,包括词的同一性问题(赵大明 1999),个别词用法不明、不好归类(郭锐 1999)等。此外还就现代汉语的内部分层和词类标注(郭锐 1999)、词类标注可能引发的相关问题(程荣 1999)等进行了讨论。

5.2 第5/6版兼类词词类标注研究可分为两类

2005年,《现代汉语词典》第5版推出,成为继《应用汉语词典》和《现代汉语规范词典》之后第三部全面标注词类的中型语文词典。2012年,《现代汉语词典》第6版推出,又复查了词类标注,在保持原有词类标注体系的基础上，对少数词的词类标注做了修订。有关《现代汉语词典》（第5/6版）的兼类词词类标注研究可分为两类，一类为“蜻蜓点水”式，即就某些词条提出质疑和修改建议，且论文题目多有“指瑕”二字（王晖2006；周荐2007；潘彦彩2011）；一类为“漫天撒网”式，即系统定量研究和纵横对比研究。下面着重介绍后者。

5.2.1 系统定量研究

对兼类词词类的系统定量研究开始较早（莫彭龄、单青1985；胡明扬1996），但因当时语文词典的词类标注尚不成熟，所以很难依托大中型汉语词典开展研究。但苏新春（2001）提倡依托《现代汉语词典》语料解决某些词汇理论问题，对词类研究亦有启发。《现代汉语词典》第5版推出之后，对兼类词词类的系统定量研究多依托于此，如对单音节兼类词（陈蓓2009）、动名兼类词（方清明2010）、双音节动名兼类词（姜自霞等2011）、甚至所有兼类词（陈蓓2010；王仁强2013）进行统计描写。其中值得关注的是有关“兼类要尽可能少”原则的讨论。姜自霞等（2011）人考察了a—d条目下的双音节动名兼类词，发现当所指称的内容是抽象概念时，在是否设立名词性义项上标准较严，恪守“兼类词少数”原则。王仁强（2013）基于自建数据库调查了兼类总体情况，结果显示共有3479个兼类条目，占词典收录条目总数的5.29%；作者认为这个比例较小，《现代汉语词典》第5版在兼类问题的处理上略显保守，坚持兼类要少的“简约原则”行不通。

《现代汉语词典》第6版于2012年推出，以它为依托的系统定量研究主要包括：徐汉英（2015）系统研究了双音节动名兼类词，在定量统计的基础上探讨了现代汉语双音节动名兼类词的形成方式和缘由。汪锦绣（2013）考察了双音节形名兼类词的释义，归纳了形名兼类词的基本释义类型，发现该版《现代汉语词典》对形名兼类词判定的标准更为严格；作者还指出，在自指和转指方面，基本不存在单纯词类变化而语义不变的自指现象，说明第 6 版坚持兼类要少的“简约原则”，不认可自指用法的义项地位。

5.2.2 横纵对比研究

纵向对比指在时间维度上描写 6 版相对 5 版的变化，探讨其变化动因，评价其合理与否。如王博（2014）通过观察兼类词从 5 版到 6 版的发展状况，总结了兼类形容词的发展规律及成因；孟凯（2016）归纳了兼类词的修订类型，关注配例的功能凸显所体现出的《现代汉语词典》第 6 版系统照应；尹洪波（2016）对 6 版相对 5 版的词类标注变化做了全面统计，发现有调、改、增、删四类情况，并以“简约原则”对之分别做了评价，如对运动项目类词语统一标为动词持肯定态度。横向对比指在空间维度上对比《现代汉语词典》第 6 版和其他语文词典在兼类词处理上的异同，对比对象多为《现代汉语规范词典》，如马楠（2009）对两者词性标注的单位问题进行对比，指出语素、词和短语的界定原则和标注方法；此外也有和《应用汉语词典》（如姜文振 2009）等其他词典进行对比。

5.2.3 与之相关的释义、配例研究

释义方面，杨同用、何彦杰（2010）考察了《现代汉语词典》（第 5 版）的动名兼类词，总结出动名兼类词中名词义项的释义模式，其中还总结了少数自指义项的两类释义模式：一是直接将原来对动词的释义转换为一个名词短语，二是用已经解释的动词来解释名词，即“V 的行为（或其他名词）”。但是因目前汉语词典为兼类词自指用法设立义项的很少，故针对兼类词自指义项的释义模式研究不多见。配例方面，贺蒙（2014）对兼类词例证问题进行系统研究，发现配例词性和词条词性存在完全对应、不完全对应和完全不对应三种情况。胡静书（2015）认为《现代汉语词典》（第 6 版）中有不少例句不能准确说明词类，造成这类现象的根本原因是未能贯彻以语法功能为主要标准来确定词类的原则。

5.3 第5/6版兼类词处理中的焦点问题

对于《现代汉语词典》第6版的词类标注，各家评价不一。李开(2013)认为与5版相比，6版的词类标注在体例和内容上更为前后一贯，除新增词新标注外，仅有极少数的改动，说明5版的词类标注已经非常成熟。但郭锐(2015)认为6版相对5版多数修改是正确的，也有一些修改尚需斟酌；此外，5版中存在的一些问题仍然保留在了6版中，如“增加词类标记失当”“动词和名词的兼类处理不一致”等。邢福义(2015)也指出：“就目前情况来说，还不能给读者造成一个感觉，这就是，汉语的词类问题已经解决或者基本解决了。”所以说，《现代汉语词典》(第6版)并不意味着词类问题从此尘埃落定，而将进一步促进词类范畴化的大讨论。其中又尤属兼类词的处理最为棘手。

对于如何处理词的多功能现象，理论上至少有三种策略，即增设第三词类、处理为兼类词或处理为同形词(Harris 1946：165)。对于汉语词典采取何种策略，郭锐(1999)认为要考虑兼类尽可能少和句法规则简单两个因素，其实质即坚持吕叔湘、朱德熙(1951/2002)所倡导的“兼类要尽可能少”原则。其实在兼类词处理当中，转指用法几无争议，具有争议的是像“研究、检查”这类具有自指用法的词，也就是说是否要为兼类词自指用法设立义项。学界多数坚持“兼类要尽可能少”原则，不认可自指用法的义项地位(郭锐 1999；程荣 1999；苏宝荣 2002、2007；王惠 2004)，也有学者(李尔钢 2006；王仁强 2009)反对这种做法，主张应在分设义项的前提下为兼类词的各词类都分别标注词类。如“学习”一词(李尔钢 2006)：

【学习】❶ 动 从阅读、听讲、研究、实践中获得知识或技能：～外语|～先进经验。❷ 名 学习的活动：改进我们的～|外语～。

但李尔钢(2006)认为采用这种方式之后，辞典中因功能而增设的义项会增加许多。王仁强(2010)不认同这种观点，他指出已有研究表明兼类与词频呈正相关，低频动词是不大可能衍生出(自指)名词用法的。为了得到更让人信服的结论，王仁强、周瑜(2015)以复杂适应系统语言观为理论基础，基于语委语料库和《现代汉语词典》第5版词类标注数据库，对现代汉语兼类与词频的相关性进行实证研究，更加科学地证明了这个结论的正确性。王仁强、黄昌宁(2017)则指出，坚持兼类要少的“简约原则”词类观已对现代汉语词典的词类标注和现代汉语语料库的词性标注产生了消极影响，自指词项兼类禁令问题重重，取消自指词项兼类禁令是解决汉语词类问题的重要出路。

此外，也有词典学家担心自指义项释义元语言往往重复动/形容词的释义元语言，会占据词典的不少篇幅，增加制作词典的成本。王仁强、王端(2016)认为这个问题大可不必担心，尤其是电子词典和网络词典；即使存在也可采用省略释义元语言的做法来解决，即只标注词类，以短语和句子配例来隐性释义。如【学习】名 改进我们的～|外语～。

5.4 小结

《现代汉语词典》(第5/6版)虽然实现了全面的词类标注，相关研究的数量和质量都日渐提高，但仍存在几个问题：(1)理论上多恪守“兼类要尽可能少”原则，导致词类标注问题争论单一。多数研究并未从根本上反思“兼类要尽可能少”原则，导致得出的结论可能过于狭隘和不科学。(2)忽视概括词的使用模式调查，以内省法主观臆断词类的规约化程度。多数研究在给出词类标注建议时，只是给出一些个例，并未基于语料库进行大数据调查，从而导致给出的建议不具有可信度。Hanks(2013：23)指出，欲对意义进行充足描述，必须建立在词如何使用的证据上；单是真实用法的证据还不够，还需要有关常规的证据。也就是说，我们必须基于大规模语料库寻找出其规约化的使用模式。(3)王仁强(2013)虽然克服了前两个问题，但并未对该词典的微观结构表征作出具体调查，只是指出“兼类问题处理不好就容易导致词典微观结构功能义项缺失、词类标注不准确、词类标注与释义和配例不协调等问题”。

第 6 章 《现代汉语词典》(第 6 版)兼类词词类标注

语文词典兼类词表征策略体现在宏观和微观两个层面：宏观上指条目总体中的兼类比例和兼类词内部的类型和构成等，而微观上则指词类标注是否充分，释义、配例与词类标注是否协调等。针对《现代汉语词典》的兼类词表征策略，已有一些定量研究（参第 5.2.1 节），也有学者纵向对比了第 6 版相对于第 5 版的变化（参第 5.2.2 节）。第 5 版因首次全面标注词类而成为《现代汉语词典》编纂史上的里程碑，但也存在诸多不足之处（王晖 2006；周荐 2007、2011；王仁强 2009、2010、2013）。遗憾的是，第 6 版只是“在保持原有词类标注体系的基础上，对少数词的词类标注做了修订”（江蓝生 2013）。因此，第 6 版相对第 5 版有哪些改进，尤其是兼类词表征策略有哪些变化，值得深入研究。

这一章将对第 6 版的兼类词表征策略进行系统研究，并对策略背后的动因尤其是“简约原则”作出评价。我们以实证调查为主要研究路径，把第 6 版中所有条目的词类标注情况录入电脑，建成“《现代汉语词典》(第 6 版)词类标注数据库”。首先调查词典的宏观兼类情况，包括“总体兼类情况”和“兼类词内部构成”；然后逐一调查兼类词的微观结构，分析其词类标注是否充足，释义、配例与词类是否协调等。针对典型个例的词类归属不主观臆断,而是基于语料库使用模式调查,判断其规约化程度,并提出修改建议。

6.1 宏观层面的兼类词表征策略

第6版在区分词与非词的基础上对所收条目中的词(即概括词)标注了词类。在整部词典所收的69232个条目中,标注词类的条目共有56325条,占81.36%;未标注词类的非词条目12907条,占18.64%。以下是该词典所收词条兼类的详细情况,包括“总体兼类情况”“兼类词内部构成”两部分。

6.1.1 总体兼类情况

如表6-1所示,第6版中共有3746个兼类词,占词条总数的6.65%;单类词52579个,占词条总数的93.35%。

表6-1 条目总体兼类情况统计

兼类情况	单类词	兼类词						合计
		兼两类	兼三类	兼四类	兼五类	兼六类	小计	
数量	52579	3377	308	50	8	3	3746	56325
比例(%)	93.35	5.60	0.55	0.09	0.01	0.01	6.65	100

与第5版数据(见王仁强2013)相比,第6版中的兼类词绝对数目和比例都略有增加:第5版收录3479个兼类词,第6版达到3746个,增加了267个,兼类词比例增加了1.36%(增幅7.67%)。

值得一提的是,绝对数目虽然有所增加,但也有一些原本为兼类的词条变为了单类。该类词共有56个,包括:

比方、类比、演绎、譬方、归纳、判断、滑冰、滑雪、射击、射箭、游泳、清唱、实践、想象、警告、表示、表现、对话、记载、胡说、传承、长途、方尺、方里、公祭、不平、赤忱、便饭、雕漆、干打垒、沮丧、闹心、怕人、奇怪、签证、无何、新交、费事、固定、光大、兼任、恼怒、皮肤、私下、容许、霸气、编制、端详、教授、款款、大气、破烂、重利、重责、宗法、膈。

6.1.2 兼类词内部构成

在整部词典 3746 个兼类词中，以兼两类为主（占兼类词条总数的 90.15%），其次是兼三类，而兼四类、五类乃至六类的词条都非常罕见。详见表 6-2。

表 6-2 兼类词内部结构统计

	兼两类	兼三类	兼四类	兼五类	兼六类	合计
数量	3377	308	50	8	3	3746
比例(%)	90.15	8.22	1.33	0.21	0.08	100

在兼两类的 3377 个词条中，共有 38 种兼类情况，其中名动兼类词占 49.42%，然后依次是名形兼类（16.26%）、动形兼类（14.39%）、名量兼类（4.18%）、名副兼类（3.82%）、动副兼类（2.87%）和副形兼类（2.75%）。这七种情况占兼两类条目总数的 93.69%，即名动形副之间的兼类词占了绝大多数。

表 6-3 兼两类的词条内部结构

序号	兼类类型	数量	比例(%)	序号	兼类类型	数量	比例(%)
1	名动	1669	49.42	21	动助	5	0.15
2	名形	549	16.26	22	连介	5	0.15
3	动形	486	14.39	23	副数	4	0.12
4	名量	141	4.18	24	代连	4	0.12

续 表

序号	兼类类型	数量	比例(%)	序号	兼类类型	数量	比例(%)
5	名副	129	3.82	25	名介	3	0.09
6	动副	97	2.87	26	动叹	3	0.09
7	副形	93	2.75	27	副助	2	0.06
8	动量	29	0.86	28	形连	2	0.06
9	副连	23	0.68	29	代助	2	0.06
10	动连	19	0.56	30	数代	2	0.06
11	名数	18	0.53	31	名叹	1	0.03
12	动介	18	0.53	32	动代	1	0.03
13	名代	14	0.41	33	动数	1	0.03
14	形拟	11	0.33	34	叹代	1	0.03
15	动拟	9	0.27	35	叹助	1	0.03
16	名连	8	0.24	36	数助	1	0.03
17	副代	7	0.21	37	连助	1	0.03
18	名助	6	0.18	38	副介	1	0.03
19	叹拟	6	0.18	合计		3377	100
20	名拟	5	0.15				

在兼三类的 308 个词条中,共有 31 种兼类情况,其中名动形兼类占 26.62%,然后依次是名动量兼类(21.10%)、名形副兼类(10.39%)、名动副兼类(9.42%)、名动介兼类(6.82%)和动形副兼类(6.17%)。这六类情况占兼三类条目总数的 80.52%。

表6-4 兼三类的词条内部结构

序号	兼类类型	数量	比例(%)	序号	兼类类型	数量	比例(%)
1	名动形	82	26.62	17	名形数	2	0.65
2	名动量	65	21.10	18	名数副	2	0.65
3	名形副	32	10.39	19	名动代	1	0.32
4	名动副	29	9.42	20	名动助	1	0.32
5	名动介	21	6.82	21	名数助	1	0.32
6	动形副	19	6.17	22	名量助	1	0.32
7	名形量	11	3.57	23	名副介	1	0.32
8	名量副	4	1.3	24	动形介	1	0.32
9	名副连	4	1.3	25	动形连	1	0.32
10	名介连	4	1.3	26	动形助	1	0.32
11	动副介	4	1.3	27	动量副	1	0.32
12	名动数	3	0.97	28	动副连	1	0.32
13	名动连	3	0.97	29	动介助	1	0.32
14	名代副	3	0.97	30	动叹拟	1	0.32
15	名代连	3	0.97	31	副连助	1	0.32
16	代副连	3	0.97	合计		308	100

在兼四类的50个词条中，共有20种兼类情况，其中最为凸显的是名动形副兼类词(占34%)。

表6-5 兼四类的词条内部结构

序号	兼类类型	数量	比例(%)	词例
1	名动形副	17	34.00	白[1]、保险、干[5]、怪[1]、光、过、横、活、均、苦、老、满[1]、行、正、直、偏、甚
2	名动形量	4	8.00	堵、溜[1]、派、通
3	名动副介	4	8.00	可[1]、连、坐、侣
4	名动介连	4	8.00	跟、用、凭、如
5	名动副连	3	6.00	顾、脱、无
6	名动量副	2	4.00	重、顿[1]
7	名形副连	2	4.00	诚、自然
8	动副介连	2	4.00	并[2]、就
9	名动形介	1	2.00	顺
10	名动量叹	1	2.00	驾
11	名动量助	1	2.00	等[1]
12	名形量副	1	2.00	方
13	名形量介	1	2.00	头
14	名动量介	1	2.00	起
15	名形副介	1	2.00	准[2]
16	名动介助	1	2.00	被
17	名代副连	1	2.00	迺
18	名代连助	1	2.00	焉
19	动形副介	1	2.00	齐
20	动形代副	1	2.00	好
合计		50	100	

兼五类的 8 个词条有七种兼类情况，其中名动量介连兼类词占 25%，词条是“筦、管”，两者是异体字的关系。

表 6-6 兼五类的词条内部结构

序号	兼类类型	数量	比例(%)	词例
1	名动量介连	2	25.00	筦、管
2	名动形量介	1	12.50	对
3	名动形量副	1	12.50	火
4	名动量副介	1	12.50	顶
5	名动量介助	1	12.50	把
6	名量代副介	1	12.50	本[1]
7	名动副介助	1	12.50	将
合计		8	100.00	

兼六类 3 个词条有 2 种兼类情况：“多”兼属名词、动词、形容词、数词、代词、副词；“同”和“仝”(异体字的关系)兼属名词、动词、形容词、副词、介词、连词。

6.2 微观层面的兼类词表征策略

第 6 版的兼类词处理总体上做到了词类标注与释义、配例的协调，但仔细甄别还是发现不少存在疑似词类缺标、释义与词类标注不协调以及配例与词类标注不协调的问题。

6.2.1 疑似词类缺标

对于词类缺标问题，先进行主观判断，后客观验证。鉴于数量较多，不可能一一验证，我们只能把有缺标嫌疑的列出(表 6-7)。如“方便”似缺少一个名词义项；“表演”只有动词标记，但释义中的“戏剧、舞蹈、杂技等演出”和配例“化妆～”都是名词性的；“构思”只设立了动词义项，但类似的“构想”却为自指用法设立了名词义项。

表 6-7 有词类缺标嫌疑的词条举例

缺标	词 例
名	磁疗、递进、讽喻、伴唱、伴奏、伴舞、策划、发现、配乐、对比、比较、初恋、挫折、考试、发端、表演、比较、分析、防守、打击、考验、激战、预演、进步、解释、民调、设想、变动、表示、表现、实践、信任、祝福、祝愿、演习、奥妙、高速、方便、苦恼、抽象、安慰、成功、失败、腐败、概括、构思、革命、困惑、搭配、平衡、团结、温暖、应用、尊敬、检查、检讨、领导、交易、评论、翻译、告白、牺牲、存心、美、利市、麻烦
副	合理、过度、过分、随身、一般、直接、间接、轮流、虔心、全面、热情、神情、文明、系统、自由、环球、限量、耐心、口头、科学、具体、努力、明白、勉强、密切、联合、独立、平均、平行、统一、严肃、临时、大致、断然、轻易、率性、随机、专门、随便、自然
形	真心、规律、智慧、放松、永远、理性、和平、黑色、黄色、灰色、绿色、大写、残余、主导、兼职、独立、故意
动	不满
形＋名	刺激

6.2.2 释义与词类标注不协调

虽标注为动词，但释义元语言明显是名词性的，如“冷笑、罚金、对话、判断、雕塑、跳绳”。

【冷笑】动 含有讽刺、不满意、无可奈何、不屑、不以为然等意味或怒意的笑。～了一声|嘴角挂着一丝～。

【罚金】动 审判机关强制被判刑人在一定期限内缴纳一定数额的钱的刑罚。是一种附加刑，也可以独立使用。

【对话】动 ❶两个或更多的人之间的谈话(多指小说或戏剧里

的人物之间的)。他现在可以用英语～了|～要符合人物的性格。

【判断】动 思维的基本形式之一,就是肯定或否定某种事物的存在,或指明它是否具有某种属性的思维过程。在形式逻辑上用一个命题表达出来。

【雕塑】动 造型艺术的一种,用竹木、玉石、金属、石膏、泥土等材料雕刻或是塑造各种艺术形象。

【跳绳】动 一种体育活动或儿童游戏,把绳子挥舞成圆圈,人趁绳子近地时跳过去。

6.2.3　配例与词类标注不协调

配例中例词的词性与词类标注不一致主要体现在形容词和动词类。不少标为形容词的词条或义项只给出了做状语的用法,如:

【随便】……❷ 形 不加限制;没有明确的目的:～闲谈|～走走。

【密切】……❸ 形 (对问题等)重视,照顾得周到:～注意|～配合。

【勉强】……❷ 形 不是心甘情愿的:碍着面子～答应下来。……

【耐心】❶ 形 心里不急躁,不厌烦:～说服。……

因学界主流的观点坚持动词的多功能用法,所以在动词的词类标记下既有做状语的谓饰用法,如"独立"中的"～生活|～工作","轮流"中的"～值日|～坐庄";也有做主宾语的指称用法配例,如"独立"下的"宣布～";还有一些做定语的体饰用法,如"残余"词条中的"～势力","主导"中的"～思想、～作用"。其中出现指称用法的最为普遍,是实践"汉语里几乎所有的动词都可以做主宾语"主张的反映。

6.3 讨论

第6版的兼类词表征策略在宏观上(1)兼类词数量相对于第5版增幅7.67%,(2)兼类词绝对数量虽有所提升,但也删除了56条词类标记,导致原本为兼类词的变为了单类词,尤其是系统删除了"推理方法或思维形式"和"体育项目"的名词标记,如"比方、类比、演绎、譬方、归纳、判断"和"滑冰、滑雪、射击、射箭、游泳";微观上(3)尽管大多数词条处理合理,但不少词条也存在词类缺标嫌疑,存在释义、配例与词类不协调问题。研究表明,第6版的兼类词表征策略仍显保守。

从语言类型学的视角来看,现代汉语和现代英语同为典型的分析语(Crytal 2010:303),而现代汉语的分析性更高,那么现代汉语的兼类比例应略高于现代英语才符合言语事实。但是王仁强(2014)基于《牛津高阶英语词典》(第7版)的调查表明,现代英语中的兼类词高达4861条,占比10.48%,远远高于《现代汉语词典》第6版的兼类数量和比例。调查还显示,第6版共有98种兼类类型,其中以兼两类为主(占兼类词条总数的90.15%),其次是兼三类、兼四类,兼五类、兼六类的条目非常罕见;在兼两类的3377个词条中,名动兼类词占49.42%,然后依次是名形兼类(16.26%)、动形兼类(14.39%)、名量兼类(4.18%)、名副兼类(3.82%)、动副兼类(2.87%)和副形兼类(2.75%)等;在兼三类的308个词条中,名动形兼类占26.62%,然后依次是名动量兼类(21.10%)、名形副兼类(10.39%)、名动副兼类(9.42%)、名动介兼类(6.82%)和动形副兼类(6.17%);在兼四类的50个词条中,最为凸显的是名动形副兼类词(占34%)。可见,在兼二、兼三、兼四类中,以名、动、形、副4大开放词类之间的兼类最多;相对基于《牛津高阶英语词典》(第7版)中现代英语的81种兼类情况,《现代汉语词典》(第6版)所展现的现代汉语兼类类型更为丰富。尽管如此,又是什么原因导致《现代汉语词典》(第6版)兼类词数量和比例远远低于英语呢?笔者认为,这恐怕是坚持"简约原则"(即"兼类要尽可能少")造成的。

《现代汉语词典》一直在坚持"简约原则":第5版之前的版本虽然还未标注词类,但释义时以"合"为主,例如"战斗"一词在第5版中是区分了名动两个义项的:

【战斗】❶[名]敌对双方所进行的武装冲突,是达到战争目的的主要手段:一场激烈的～。❷[动]同敌方作战:～力|～英雄|同敌人～到底。

但在1978年的第1版中上述义项❶❷是合为一个义项的:

【战斗】❶敌对双方所进行的武装冲突,是达到战争目的的主要手段。

首次全面标注词类的第5版遵循了"简约原则"(高航、张凤2008;姜自霞等2011;王仁强2013;韩蕾2015)。姜自霞等(2011)人考察了a—d条目下的双音节动名兼类词,发现当所指称的内容是抽象概念时,在是否设立名词性义项上标准较严,恪守"简约原则"。王仁强(2013)对第5版所进行的全面调查发现,第5版在兼类问题的处理上略显保守,坚持"简约原则"行不通。我们的调查结果则表明,第6版一如既往地坚持"简约原则",尤其体现在系统地删除了自指用法的名词标记。

对于这类"系统变动",郭锐(2015)认为,"是合理的,因为汉语的双音节动词有相当一部分具有名词性,可以做主宾语、受定语修饰,如'研究、学习、检查、管理'等,朱德熙(1985)把这些词叫名动词。如果把这些词处理为动词和名词的兼类,势必导致兼类词过多,在语文性词典中,不处理为兼类为好"。尹洪波(2016)也认为,这种修订是"值得肯定的","这一修订,算得上是词类标注的一次重大改进,不仅体现了修订者对汉语名词、动词认识的深化,也很好地贯彻了词类划分的简约原则。”但是针对“简约原则”已有不少批评的声音(高航、张凤 2008;王仁强 2009、2010、2013;高航 2009、2013;王仁强、周瑜 2015)。如高航、张凤(2008)指出,尽量缩小兼类现象是一种理想化倾向,其原因在于汉语研究者对词库、形态和句法之间的严格划界;一个概括词是否兼类是一个实证问题,不能出于方法论考虑把语言事实排除在外。以“方便”为例:

【方便】❶形 便利:大开~之门|这里的交通很~|把~让给别人,把困难留给自己。❷动 使便利;给予便利:~群众。❸形 适宜:这儿说话不~|~的时候,你给我回个电话。❹形 婉辞,跟“手头儿”搭配使用,表示有富裕[①]的钱:手头儿不~。❺动 婉辞,指排泄大小便:车停一会儿,大家可以~~。

莫彭龄(2004)指出,“把~让给别人”中的“方便”似乎是名词,“方便”可受量词修辞,如“给他种种方便”。吕叔湘、朱德熙(1951/2002:11)很早即指出,“在‘给他一个重大打击’和‘给他种种方便’里,一方面‘给’字寻常不用动词或形容词做动词宾语的,一方面‘打击’前面的‘一个’,‘方便’前面有‘种种’。这不是一般动词和形容词所能有的格式,就应该承认‘打击’和‘方便’已经变成了名词”。我们基于国家语委语料库的使用模式调查也表明,在 626 条索引中,指称用法(23.37%)已超过了陈述用法(17.32%),仅次于体饰用法(54.58%),说明名词用法已经规约化。可惜近七十年过去了,《现代汉语词典》仍没有给予“打击”和“方便”一个名词义项。这正是坚持“简约原则”造成的结果:语文词典如果只是把本该分立的义项合并到一起,而不进行基于语料库的使用模式调查,那么将很难与时俱进和实事求是地反映社群语言知识,

① 词典中为“富裕”,应该是“富余”。

那些因使用频率增加而涌现的规约化用法将很难得到如实反映。

根据 Wang(2014),以往的兼类研究多混淆了社群语言层面词库(即语文词典)中概括词的词类范畴化与言语层面句法位置上个体词的词类范畴化。一系列相关实证调查,包括针对现代汉语(王仁强 2013)和现代英语(王仁强 2014)兼类现象的调查、基于语料库和词典数据库的现代汉语兼类和词频相关性研究(王仁强、周瑜 2015)、针对现代汉语词典的词类标注(王仁强 2009;王仁强、黄昌宁 2017)和现代汉语语料库的词性标注(Wang & Huang 2015;王仁强、黄昌宁 2017)的调查等表明:由于人为减少现代汉语词典中兼类词条数量,造成现代汉语兼类现象远远少于现代英语的假象;现代汉语概括词的兼类现象与词频呈正相关,这是言语交际的经济性和象似性动因共同作用的结果,而"简约原则"违反兼类词的基本定义,不恰当地运用了矛盾律,同时与兼类与词频的相关性背道而驰;由"简约原则"造成的各种假象乱象警示汉语研究者,取消自指词项兼类禁令是走出现代汉语词类"类无定职"困境的关键,同时也是解决汉语词典词类标注困境的重要出路。

6.4 小结

这一章对《现代汉语词典》(第 6 版)的兼类词表征策略进行了系统调查,发现它仍然坚持"简约原则"传统。该原则在理论上已遭到许多质疑,在实践上造成了宏观结构兼类比例较低,与现代汉语社群语言中的使用事实不符,微观结构上又出现了词类缺标,释义、配例与词类不协调等"牛头不对马嘴"的情况。现代汉语词典的兼类词标注应坚持合理的词类判断程序,妥善区分言语层面句法位置上个体词的词类范畴化和社群语言层面词库中概括词的词类范畴化,坚决摒弃"简约原则",只有这样才能真正走出词类标注实践中的困境。

第 7 章 《现代汉语词典》(第 7 版)中的(偏)自指用法

自指和转指又被分别称之为“事件名词”和“事物名词”(陆丙甫 2012;韩蕾 2015),最早由朱德熙(1983)注意到。这对范畴和现代汉语词类研究中的兼类现象密切相关。韩蕾(2010)指出,名动兼类中有 130 余条词例是事件名词与动作动词的兼类,如“病、伤、伤风、感冒、大战、血战、死战、冷战、巷战、摔跤、冬泳、长跑、合唱、初试、比赛、复赛、决赛、欢宴、集会、联展、辩论、运动、游戏、洗礼、消夜”等;它们是由动作动词语义自指造成的,语义变化十分隐蔽。很多学者认识到它们是一个连续统(史有为 1991;郭锐 2002;杨同用、何彦杰 2010;韩蕾 2015)。郭锐(2002: 39)指出:“典型的词汇化自指和典型的词汇化转指区别明显,但词汇化自指和转指之间的界限仍是较模糊的。”可惜忽视了它们之间更是一种包含关系——“包含关系”指两个范畴对立中,并非甲乙互相排除,而是甲包含乙,如英语中的 man 和 woman,man 就包含着 woman。

这一章将对自指和转指的关系作出进一步澄清,并区分出典型转指、自指和偏自指三种类型,在此基础上以《现代汉语词典》(第 7 版)为例,透视其相应处理策略和成因。因“典型转指”的意义发生了明显变化,为该类型设立义项没有争议,故此处不赘(可参考杨同用、何彦杰 2010；姜自霞等 2011）。此外，因典型转指、自指和偏自指多见于动词，形名兼类出现自指较少，语义都会发生明显变化（汪锦绣 2013），故讨论以动词为主。

7.1 典型转指、自指和偏自指三分法

吴怀成（2011）指出，自指和转指可统称为“转指”，因为“无论动词指称施事还是事件都属于转指，前者是动作转指施事，属于‘部分对部分’的转指，后者是动作转指事件，属于‘部分对整体’的转指”。因自指和转指的心理机制分别是隐喻（王仁强 2006、2009；Yang 2008）和转喻（沈家煊 1999a；王冬梅 2001、2004；王仁强 2006），所以这种认识也符合转喻比隐喻更具本原性的结论（Panther & Radden 1999：1；Barcelona 2000：4）。

在这种认识下来观察那些所谓“自指”的动词，就会发现其中总是蕴含或孕育着一定的转指成分。比如“游泳对身体有好处”中的“游泳”一词，一般会把它理解为动词“游泳”的自指用法，但事实上也可理解为用行为动作的称呼来转指一种活动项目（陆俭明 2013：50）。再如朱德熙先生所举的 kindness 除了有自指用法（a quality of being kind），还派生出了转指用法（a kind act），如例句 I can never repay your many kindnesses to me。有鉴于此，传统上二分的自指、转指可细分为典型转指、自指和偏自指三种类型，统称为“转指”；自指和偏自指可合称为广义自指。其中，“典型转指”指名词所充当的论元角色为具体的人或物，包括施事（如“编辑”）、受事（“贷款”）、与事（“同学”）、工具（“补贴”）等。“自指”指名词词义指向动作、行为、事件之“过程”——相当于陆丙甫（2012）所说的复杂事件名词——或人/事物性质、状态、特征、属性之“本身”——即形容词的自指用法。“偏自指”指由于认知区分“过程”和“结果”或“内容”困难，而处于自指和典型转指之间的

中间地带,导致人们抱传统二元对立观念时很难定义它们到底是自指还是转指。三者关系如图 7-1 所示,其中同时容纳了连续统关系和包含关系。

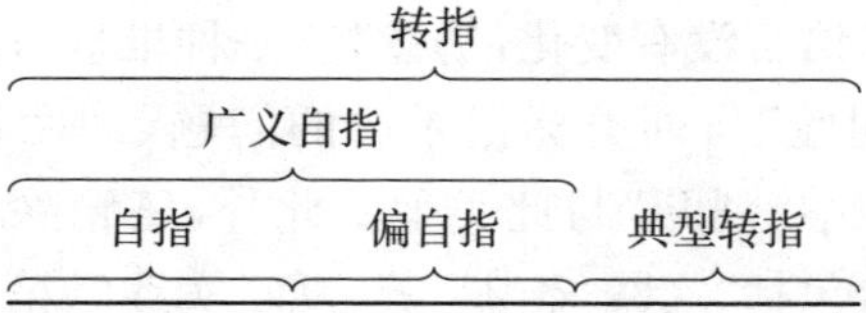

图 7-1 典型转指、自指和偏自指三分法

7.2 自指用法的处理策略及成因

与典型转指用法形成对立的是自指用法,对两者的处理策略也是严格对立的:前者系统保留,后者系统删除。《现代汉语词典》从第 6 版系统删除了第 5 版[1]中原本设立的自指义项,如与"推理方法或思维形式"相关的"比方、类比、演绎、譬方、归纳、判断"等。如"比方":

【比方】❶ 动 用容易明白的甲事物来说明不容易明白的乙事物:他坚贞不屈的品德,可用四季常青的松柏来~。❷ 名 指用甲事物来说明乙事物的行为:打~|这不过是个~。(第 5 版)

【比方】❶ 动 用容易明白的甲事物来说明不容易明白的乙事

① 这里的研究对象是《现代汉语词典》第 7 版,但它相对第 6 版的修订规模较小(见"第 7 版说明"),因此在作纵向比较时选择的是第 5 版。文中除非作了具体说明,那么第 6 版和第 7 版的词条是一致的。这造成的一个结果是,这里的许多内容适用于第 6 版,我们不过是选择了最新的版本罢了。

物：他坚贞不屈的品德，可用四季常青的松柏来～|打～|这不过是个～。（第 7 版）

第 5 版中的义项❷被删除，配例并入了义项❶。“譬方”与“比方”的情况类似。再如“类比”，义项❶中的词类标记由名词改为动词，但释义语言没有变化，仍然是“一种推理方法……”，出现了释义语言“词性”与词类标记矛盾的问题（即两者的形类不一致）。“演绎、归纳、判断”与此类似。此外，还删除了一些动作类词的自指用法，包括“实践、想象”等。如“实践”，第 5 版中义项❷的词类标记由“名”变“动”：

【实践】❶ 动 实行（自己的主张）；履行（自己的诺言）。❷ 名 人们改造自然和改造社会的有意识的活动：～出真知|～是检验真理的唯一标准。（第 5 版）

【实践】动 ❶实行（自己的主张）；履行（自己的诺言）。❷人们有意识地从事改造自然和改造社会的活动：～出真知|～是检验真理的唯一标准。（第 7 版）

两个版本中的义项❶都没有给出配例，那么实际中有没有典型的动词用法（即作谓语）呢？我们利用语料库在线进行检索，发现共有 2615 条索引，其中只有 65 条动词用法，占比 2.49%。类型频率方面，不及物用法 43 条，前面出现的词语有“勇于（9 条）、去（6）、亲自/身（4）、反复（地，3）、大胆（3）”等；及物用法 22 条，后面都是抽象的词语，如“道德、纲领、精神、决心、誓言、口号、理论、理想、诺言、学说、原则、主张、宗旨”等。可见虽然其个例频率比较低，但类型频率很高，标注为动词是合理的。但除了动词用法，剩下的几乎都是做主宾语的名词用法（97.51%），最典型的用法第 7 版反而没有保留，令人费解。

再如“想象”，第 5 版中的义项❶（ 名 心理学上指在知觉材料的基础上，经过新的配合而创造出新想象的心理过程）在第 7 版中移到义项❷(动 心理学上指在知觉材料的基础上,经过新的配合而创造出新想象的心理过程),词类标记由"名"变"动",出现了释义语言"词性"与词类标记矛盾的问题。

《现代汉语词典》(第 6/7 版)为什么要删除这类自指用法呢?原因有二。首先,认为某类词具有多功能用法,同类词"都"能这样用,不看作词的兼类现象(吕叔湘 1979: 39;陆俭明 1994)。如"劳动",可出现在谓语("他不劳动")、主语("劳动光荣")、宾语("爱劳动")三个句法位置,陆俭明先生说同类的词"大多数"都能占据这三个语法位置。其次,固守"兼类要尽可能少"原则。典型的例子是"研究",同时具有动词("研究语言")和名词("学术研究")的语法功能,但因它们不是少数(该类词占动词总数的 31%),所以不宜处理为兼类(吕叔湘、朱德熙 1951;陆俭明 1994;沈家煊 2009a)。汉语语法本体研究倡导这两个原则,语文词典词类标注自然跟进,虽然程度有所差异,但几乎都在显性或隐性地遵循这两个原则。以最为权威和流行的《现代汉语词典》系列为例,全面标注了词类的第 5 版遵循"兼类要尽可能少"原则(姜自霞等 2011;王仁强 2013;韩蕾 2015);就是早期版本,虽然还未标注词类,但在释义时也是以"合"为主,例如前面提到的"战斗"(参第 6.3 节)。

第 6 版在第 5 版的基础上修订而来,但在遵循"兼类要尽可能少"原则上并没有实质性变化。例如第 6 版修订主持人江蓝生(2013)介绍道,第 6 版在词类方面的变化是"复查了词类标注,在保持原有词类标注体系的基础上,对少数词的词类标注做了修订"。说明遵循"兼类要尽可能少"原则的做法延续到了第 6 版。此外一些专家学者的评价也透露出这一点,郭锐(2015)认为"汉语的双音节动词有相当一部分具有名词性,可以做主宾语、受定语修饰,如'研究、学习、检查、管理'等,朱德熙(1985)把这些词叫名动词。如果把这些词处理为动词和名词的兼类,势必导致兼类词过多，在语文性词典中，不处理为兼类为好”。尹洪波(2016)也认为，这种修订是“值得肯定的”，“这一修订，算得上是词类标注的一次重大改进，不仅体现了修订者对汉语名词、动词认识的深化，也很好地贯彻了词类划分的简约原则”。目前，针对《现代汉语词典》(第7版)的词类标注研究虽然不多，但既然修订规模较小——“第7版说明”中根本未提及词类标注，那么可以推测它也遵循了“兼类要尽可能少”原则。

7.3 自指义项的释义模式

对于兼类词自指义项的释义模式，因多数汉语词典遵循“词义不变，词类不变”的原则，所以为自指用法设立义项并标注词类的很少。王仁强(2009)指出，规约化的自指用法应该设立自指义项，但是汉语语法研究者和汉语词典编纂方面的学者尚未形成一种理论上的共识和实践上的自觉。杨同用、何彦杰(2010)总结了《现代汉语词典》(第5版)少数自指义项的两类释义模式：一是直接将原来对动词的释义转换为一个名词短语，如【预告】❶动 事先通告。❷名 事先的通告。二是用已经解释的动词来解释名词，即“V的行为(或其他名词)”，如【恋爱】❶动 男女互相爱慕。❷名 男女互相爱慕的行动表现。但是因《现代汉语词典》(第5版)自指义项实在太少，而且该文作者也接受“词义不变，词类不变”的标准，所以并未全面探讨针对兼类词自指义项的释义模式类型。

我们对过去文献、《现代汉语词典》(第7版)和处理上较为宽容的《现代汉语规范词典》(第3版)，乃至持开放态度的英语词典《牛津高阶英语词典》(第8版)进行了调查，总结和摸索出四种释义模式。

类型Ⅰ：转换释义，即把相关义项的陈述性语言转换为指称性的，典型的元语言是“的”。如《现代汉语词典》(第 7 版)中的“集会、误解”。例示如下：

【集会】❶ 动 集合在一起开会。❷ 名 集合在一起开的会：盛大～。

【误会】❶ 动 理解得不正确：我没这个意思，你～了。❷ 名 不正确的理解：这是一种～。

类型Ⅱ：名性释义，即名词或名词短语释义，后者的形式多为“动词性/形容词性释义＋的＋范畴词(行为等)”，类似于《牛津高阶英语词典》(第 8 版)针对动名兼类词自指义项最常采用的“名词释义”，“the/a/an＋范畴词(act 等)＋of＋动词释义”(王仁强、王端 2016)。出现的范畴词有“活动、行动、行为、表现、工作、事(情)、事件、事项、属性、情绪、时间、阶段、可能性”等，它们均是动/形义项的上位范畴，且属于一般性日常词汇。如《现代汉语词典》(第 7 版)中的“梦想”：

【梦想】❶ 动 幻想；妄想：这件事根本不可能，你别～了。❷ 动 渴望：他小时候～着当一名飞行员。❸ 名 梦想的事情：实现了自己的～。

类型Ⅲ：最简释义，指前面或[动词]这种[范畴词]，可以算是**类型**Ⅱ的一个附类，如“比赛、实验”。

【比赛】❶ 动 在体育、生产等活动中，比较本领、技术的高低：～篮球。❷ 名 指这种活动：今晚有一场～。

【实验】❶ 动 为了检验某种科学理论或假设而进行某种操作或从事某种活动。❷ 名 指实验的工作：做～|科学～。

我们发现，李尔钢(2006)针对“学习”和杨旭(2015)针对“出版”的建议就采用了这种释义模式，如下：

【学习】❶动从阅读、听讲、研究、实践中获得知识或技能：～外语|～先进经验。❷名学习的活动：改进我们的～|外语～。

【出版】❶动把书刊、图画、音响制品等编印或制作出来，向公众发行：那部书已经～了|录音录像制品由音像出版单位～。❷名指❶中所指行为：这本书的～。

类型Ⅳ：百科释义，利用举例、说明等手段具体解释。如“游戏、舞蹈、战斗、必然”等。

【舞蹈】❶名以有节奏的动作为主要表现手段的艺术形式，可以表现出人的生活、思想和感情，一般用音乐伴奏。❷动表演舞蹈。

【游戏】❶名娱乐活动，如捉迷藏、猜灯谜等。某些非正式比赛项目的体育活动如康乐球等也叫游戏。❷动玩耍：几个孩子正在大树底下～。

对于为兼类词自指用法设立义项并采用这些释义模式，学界有两种担心：一是采用这种方式之后，辞典中因功能拓展而增设的义项会增加许多；二是自指义项释义元语言往往重复动/形容词的释义元语言，会占据词典的不少篇幅，增加制作词典的成本。我们认为，这两者都是杞人忧天。首先，王仁强（2010）指出，鉴于已有研究表明兼类与词频呈正相关，低频动词不大可能衍生出（自指）名词用法。王仁强、周瑜（2015）更是基于语料库对兼类与词频相关性进行了更为科学的实证研究，同时指出避免兼类解释的“简约原则”词库观存在逻辑误用，值得商榷。其次，电子词典和网络词典逐渐流行，采用数据存储不存在太大的成本问题。更关键的是，诚如上面所指出的，只有高频词才可能衍生出（自指）

名词用法,像"撇开"(频序:19059)、"干掉"(频序:29740)这类低频词几乎没有做主宾语的指称用法(王仁强 2010)。如若确实存在篇幅或成本问题,那么可以采用另外一种释义模式,即"不完整释义":只标注词类,以短语和句子配例来隐性释义。如【学习】名 改进我们的~|外语~。这种释义模式一举两得,可称之为**类型**Ⅴ。其实,《牛津高阶英语词典》(第8版)就有395个动名兼类词条采用了类似的释义方式(王仁强、王端 2016)。

至于汉英等汉外词典,因其大多以汉语词典为蓝本,所以汉语词典针对兼类词自指义项的释义解决好了,也有助于解决汉英词典的类似问题。值得一提的是,汉英词典多为自指用法设立了义项,比如为"怀疑/信任"标注了名词,而且在译义方面也能做到"词类对译"(即在双语词典的词目翻译中尽可能使用和源语词词类相同的译语词,见黄建华 1998:10),如《新世纪》(2003)中释义动词"怀疑"的"suspect"在释义名词时换成了"suspicion"。

7.4 "偏自指"用法的处理策略及成因

针对上面区分出的"偏自指"用法,可利用"对称性原则"来窥探其处理策略。"对称性原则"指具有反义、同义或类义关系的词项(统称为"对称词条")的词类标注和释/译义一般具有对称性(王仁强 2005),因为这些词项通常会在词义演变方面发生类同引申情况(江蓝生 2000;张博 2004)。结果发现《现代汉语词典》(第7版)在处理这类词时并没有统一的策略,出现了矛盾重重的情况,具体表现为"横向处理不一""纵向变动不一""微观结构不一"三种"不一"。

"横向处理不一"是指某些对称词条的词类标记不一。如作为"修辞方式(方法)"的"比喻、比拟、夸张、排比、设问、借代、双关"都被标为名词,如"夸张":

【夸张】名❷修辞方式，指为了启发听者或读者的想象力和加强所说的话的力量，用夸大的词句来形容事物，如“他的嗓子像铜钟一样，十里地都能听见”。

但“对偶、讽喻、递进”却被标为动词，如“对偶”：

【对偶】动 修辞方式，用对称的字句加强语言的效果，如“下笔千言，离题万里”“沉舟侧畔千帆过，病树前头万木春”。

作为“艺术形式”的“舞蹈”被标为名词：

【舞蹈】❶名 以有节奏的动作为主要表现手段的艺术形式，可以表现出人的生活、思想和感情，一般用音乐伴奏。

但“雕塑、绘画”只标了动词，如下：

【雕塑】❶动 造型艺术的一种，用竹木、玉石、金属、石膏、泥土等材料雕刻或塑造各种艺术形象。

【绘画】动 造型艺术的一种，用色彩、线条把实在的或想象中的物体形象描绘在纸、布或其他底子上。

此外，同为“变化”类的“变化”被标为动名兼类，“质变、量变”只标为名词，“突变、渐变”只标为动词；[①]同为“表”字头且具有偏自指义(表示结果)的“表示、表述、表现、表扬”被标为动词(“表示”和“表现”在第 5 版中都有一个名词义项，到了第 6 版被删掉，第 7 版未变动)，“表征”则只标为名词。但基于语料库在线的使用模式调查发现，“表征”具有动词用法，如：

(1) 物质系统的每一种连续形式，由构成它的各个部分的相互联系的特殊类型来表征。(曾近义等《自然辩证法总论》)

---

① 郭锐(2015)指出，“变化”一词较难判断是自指还是转指，只能勉强地归为具有来源、结果、凭据关系的转指义。这类词的模糊性还体现在与其他语文词典的对比中，比如在《现代汉语规范词典》(第 3 版)中，这五个词均只被标为动词。

(2) 这里,功能显然表征着体系更一般的特性,而非仅仅属于要素的描绘。(张小军《社会场论》)

(3) 动机或诱因与其说是表征着个性的,倒不如说是表征着这一个性在生活中所遇到的情况。(周冠生《个性心理学》)

"纵向变动不一"指7版相对5版的变动存在矛盾,如大多数体育项目的名词义项被删除,包括"滑冰、滑雪、射击、射箭、游泳",如"游泳":

【游泳】❶动 人或动物在水里游动。❷名 体育运动项目之一,人在水里用各种不同的姿势划水前进或进行表演。(第5版)

【游泳】动 ❶人或动物在水里游动。❷体育运动项目之一,人在水里用各种不同的姿势划水前进或进行表演。(第7版)

但"比赛、单打"等仍然保留了名词义项,如"比赛":

【比赛】❶动 在体育、生产等活动中,比较本领、技术的高低:～篮球。❷名 指这种活动:今晚有一场～。

【单打】名 某些球类比赛的一种方式,由两人对打,如乒乓球、羽毛球、网球等都有单打。

此外,"警告"的名词义项(❸名 对犯错误者的一种处分)被删除,而类义的"处分"仍然保留了名词(❷名 对违法乱纪的人按情节轻重做出的处分决定)。"胡说、对话"的名词义项被删除,但"传闻、传说、创议、称呼、笑语"却予以保留。

"微观结构不一"指因固守自指、转指二元对立观念而难以区分时,编者倾向于转指而设立了名词义项,释义自然也是转指义,但所选配例却偏向于自指。如"投资":

【投资】❶动(-//-)为达到一定目的而投入资金：～办学|～建厂|～一百万元。❷名为达到一定目的而投入的资金：智力～|一大笔～。

义项❷表明“投资”可以是“资金”，但配例“智力投资”很难说它是否是一笔资金，百度汉语的释义“把人的智慧和能力作为一种巨大的资源来运用和开发”甚至是动词性的。例句“日本明治维新以来，非常重视智力投资”中的“智力投资”并非资金，而是动词短语“投资智力”的自指用法。再如“释义”，名词释义为“用来释义的文字”，但所给配例“～简洁”中的“释义”理解为动词释义“解释词义或文义”也似无不可，而且和所谓“动词可以做主宾语”的主张不矛盾。类似的词还有“工作、教训、客套、疏漏、说明、讲究、困难、阅历、指示、忠告、注释、注解”等。

之所以会出现自相矛盾的“不一”现象，一方面是固守“自指”和“转指”的二元对立观念，另一方面是偏自指用法具有模糊性。造成偏自指用法模糊性的致因有两种：一是关联于特殊语境或领域，体现为涉专词条。比如“滑冰、滑雪、射击、射箭、游泳”关联于体育语境，故以动作来指称这些“体育运动项目”；再如“清唱”关联于唱歌领域，故成为一种“演唱形式”等：虽然从释义语言来看属于典型转指，但实质内容又是自指。二是指向“结果”或“内容”的非典型动作，它们都是相对典型动作[①]而言的，比较抽象或动性较弱，我们在判断它们时容易出现迟疑，如想法感情类的“打算”“爱好”“仇恨”等。最典型当属言说类动词。姜自霞等(2011)总

① “典型动作”是指：在事件认知框里边，最典型的是“施事—动作—受事”认知框，施事和受事成为语法中最具代表性的论元(Dowty 1991；陈平 1994)，满足这个认知框的动作都比较具体(或者说动性较强)，还有完整的施事和受事，体现在句法中是便是结构复杂，易于与主、宾、补、状共现。这类动词容易衍生出自指用法(如“比赛”)和典型转指用法(如“编辑”)。

结了“传闻”“传说”“创议”“称呼”四个词,认为它们“是表示心理活动、抽象行为的动词,名词义所指称的语义内容都非常抽象,不是典型的名词,不占据一定的空间,视觉、触觉无法感知”。韩蕾(2015)则总结了 49 个词,进一步指出它们是非匀质的,其“意义就游走在动作义、自指义和转指义之间。词类定位也就徘徊在动词、事件名词和事物名词这些临界点的边缘”。两个原因导致编者在判断时出现“失误”,从而遗删了一些表面上是典型转指但实为广义自指中的偏自指用法。

7.5 小结

沈家煊先生在论证“名动包含”模式时,强调一定要破除两个范畴对立只有甲乙互相排除一种情形,除了排除关系还有一种包含关系,甲包含乙,如英语中的 man 和 woman,man 就包含着 woman。在我们看来,传统的自指和转指就属于包含关系,转指当中包含着自指。既然自指也就是转指,或者说自指蕴含或孕育着一定的转指成分,那么系统删除自指用法的做法也就值得商榷。而把转指视为一条连续统,再区分出“偏自指”用法,也有利于提高词典编纂者处理该类型的自觉性,从而能够更加精确地标注词类和释义。

第 8 章 《现代汉语词典》第 5—7 版词类标注修订例析

《现代汉语词典》从第 5 版到第 7 版一直在进行词类标注的修订工作，由于第 5 版是首次全面标注词类，所以从第 5 版到第 6 版的修订相对较多，而从第 6 版到第 7 版只做了规模较小的修订（见“第 7 版说明”）——江蓝生（2013）提到第 6 版的修订原则为保持原有词类标注体系不变，只对**少数词**的词类标注做修订。基于这个原因，这一章选择第 7 版作为研究对象，把第 5 版作为比较基础，必要时提及第 6 版的处理。文中除非作了具体说明，否则默认第 6 版和第 7 版的词条是一致的。在《现代汉语词典》词类标注当中，兼类词的标注争议较多，原因在于词类多功能现象的复杂性，牵涉名物化、向心结构、句法分析、句法范畴等众多问题，所以在学界并没有取得完全一致的看法。在兼类词词类标注的修订上，第 7 版相对第 5 版有增加和减少两大类，这一章将对这两大类作出具体分析，最后就《现代汉语词典》的兼类词词类标注作出评价和反思。

8.1 新增兼类词

新增兼类词有四种致因，分别是义项增加、词类更改、增收新词和条目合并。

8.1.1 义项增加

义项增加指因某些词条因补充新义项而相应增加了词类标记从而成为兼类词。如“自信”新增了名词和形容词义项：

【自信】动 相信自己：～心|～能够完成这个任务。（第 5 版）

【自信】❶动 相信自己：～心|～能够完成这个任务。❷名 对自己的信心：不能失去～|工作了几年以后，他更多了几分～。❸形 对自己有信心：他做事总是很～。（第 7 版）

如表 8-1 所示，一般都是增加了一类，少数增加了两类。需要补充的是，有一些词在第 5 版中本来就是兼类词，到第 7 版又增加了一个不同的词类标记，从兼 n 类词变成了兼 n+1 类词。如从兼二类变为兼三类的“保准、不足、附带、盖[1]、回头、委曲、有心、轴、怪[1]、均”，从兼二类变为兼四类的“过”，从兼三类变为兼四类的“保险、被”，从兼四类变为兼五类的“多”。①

表 8-1 义项增加分类细表

类别	词 条
单类→兼二类	把门、把牢、百事通、备料、奔(bèn)、壁挂、变化、标记、表层、布局、采编、菜、草灰、差额、长期、重叠、吃货、抽成、筹、初交、粗线条、大约、淡泊、澹泊、当下、垫话、㞎、独立、短期、多方、多么、多一半、讹传、恶作剧、儿戏、二百五、丰乳、丰胸、高调、搞笑、个别、骨感、光景、规律、鬼画符、过心、海量、红脸、忽闪、虎气、挥斥、积分[1]、几(jī)、忌讳、寄籍、际遇、檵、检讨、接连、接着、孑遗、近情、经纶、劲歌、劲舞、纠结、具文、决口、决算、开口[1]、库藏、捆子、烙花、雷、力证、轮渡、啰唆、裸体、没谱儿、迷糊、昵称、拧(nǐng)、偶感、陪客、配料、平衡、畦、签名、签字、枪战、强档、强力、清[1]、权威、全力、热心肠、人治、晒图、山寨、绅士、失败、失误、失着、数位、数字、松

① 这里并未把义项为“姓”的名词标记统计进去。

续 表

类别	词 条
单类→兼二类	僻、算是、所属、贪、摊子、谈吐、溏便、饕餮、替补、调协、挑战、贴边、铁杆、铁血、听闻、桶、痛痒、投向、退步、拖腔、歪、外感、外露、万事通、危险、问题、蜗居、卧底、衔[1]、下乘、现代、限额、谐声、信仰、行商、血腥、要不、遗患、疑惑、疑虑、意图、引港、有谱儿、预报、援手、铮铮、正点、正误、执行、直肠子、指定、智能、忠实、主持、主创、主刀、主讲、主使、铸币、转弯、撞锁、紫花、自称、扁、纯、黑、软、实
单类→兼三类	单身、自信

8.1.2 词类更改

词类更改指义项数目没有变化，但某个义项的词类标记和释义语言有一致变化，从而成为兼类词。包括“垃圾、赛艇、上上、实地、下下、应试、有关、御用、主导”。如：

【垃圾】名 ❶脏土或扔掉的破烂东西。❷比喻失去价值的或有不良作用的事物：～邮件|清除社会～。(第 5 版)

【垃圾】❶名 脏土或废弃物：倒～◇清除社会～。❷形 属性词。比喻失去价值的或有不良作用的事物：～邮件|～短信|～食品。(第 7 版)

词类标记虽然由名词改为形容词，但释义语言仍然是名词性的。此外，属性词一般只能做定语，但我们发现“垃圾”有做谓语的例句：“我是会做而做不对，那题错得太垃圾了。”

【赛艇】名 ❶水上运动项目之一，在比赛航道内用人力划桨使艇前进。分为担任、双人、四人和八人。❷赛艇运动用的小艇，形状像梭子，多用玻璃钢制成。(第 5 版)

【赛艇】❶动 水上运动项目之一，在比赛航道内用人力划桨使艇前进。分为担任、双人、四人和八人。❷名 赛艇运动用的小

艇，形状像梭子，多用玻璃钢制成。（第 7 版）

体育词汇属于系统变更项目，均把第 5 版中的名词更改为动词，但释义语言没有变化（仍为“水上运动项目之一”）。也就是说，释义语言为名词性，词类标记却是动词，出现了词类标记与释义不一致的问题。其他体育词汇也存在这个问题。

【上上】形 属性词。❶最好：～策。❷指比前一时期再往前的（一个时期）：～星期|～月。（第 5 版）

【上上】❶ 名 方位词。指比前一时期再往前的（一个时期）：～星期|～月。❷ 形 属性词。最上等的；最好的：～策。（第 7 版）

“方位词”指“表示方向或位置的词”（第 7 版第 367 页），但所给配例均表示时间。此外，词类标记更改为名词，但释义语言没有变化，仍然是形容词性的。“下下”同。

【实地】副 ❶在现场（做某事）：～考察|～试验。❷实实在在（做某事）：～去做。（第 5 版）

【实地】❶ 名 现场：～试验|到～进行考察。❷ 副 实实在在（做某事）：～去做。（第 7 版）

更改原因是名词亦可做状语，我们基本认同这一点，但“实地”的无标记用法是在状语位置做副词，还是主宾语位置做名词，只有调查过之后才能确定。“语料库在线”显示，“实地”的索引除了两条之外均和“现场”有关，共有 92 条，其中标为 d（副词）的 68 条，标为 n（名词）的 24 条。我们进行了手工标注，虽有修改，[①]最后合计下来也是这个数目。这说明“实地”的无标记用法应该是副词。

8.1.3 增收新词

《现代汉语词典》在增收新词语中避免不了要增收一些兼类

① 语料库自动标注有一些矛盾的地方，如同是“实地考察”，有的标为 d，有的标为 n。

词，这也成为兼类词增加的一个致因。从第 5 版到第 6 版增收新词语和其他词语近 3000 条，从第 6 版到第 7 版也增收了 400 多条，影响到兼类词的结果如表 8-2。大部分兼类词是第 6 版中出现的，①少部分（包括“催泪、逆天、走心、修为、分分钟”）是第 7 版增加的。新增收的兼类词中，以动名、名形、动形、形副兼类词最多，这也证明了名、动、形、副 4 大开放词类之间的转类灵活性。

表 8-2　增收新词分类细表

类别	词　　条
动名	编舞、标识、补编[1]、串烧、搭档、淡妆、导医、导诊、地书、蹲坑、泛称、跟帖、官倒、黑脸、厚德、护岸、回帖、积水、集群、建置、谏言、开衩、开气儿、空言、迷误、内蕴、派饭、批条、欠薪、倾城、全陪、杀伐、升水、题款、同党、透话、透水、网评、问话、无期、响锣、宵夜、压轴、忧思、原唱、指向、制片儿、主播、主唱、主厨、主哨、资政、钻井、修为
名形	百搭、鬼精灵、鬼灵精、贵气、普世、软体、上位、帅气、速食、下位、小资、一级、硬体、中篇、长效
动形	挨边、出位、给力、肯干、拉风、迷乱、群发、顺气、诱人、催泪、逆天、走心
形副	差一点、大幅、巨幅、宽幅、小幅、窄幅、冷然
名副	常时、分分钟
动助	好了、算了
动副	不觉

① 值得一提的是“给力”一词，它在诞生后于 2010 年世界杯期间成为网络热门词汇，而在同年 11 月 10 日登上《人民日报》头版头条后，还一度引起了人们对其词性或用法的探讨。如网友针对《人民日报》头版标题“江苏给力‘文化强省’”，提问道：“在网民使用这个词时，是当形容词用，还是当动词用？《人民日报》当什么词用了？是否合适？”（详细内容可参考百度百科“给力”词条）。

8.1.4 条目合并

条目合并指第5版处理为同音同形词，但在第7版中又合并为同一个条目，从而导致成为兼类词。这说明第7版对这类词的“同一性”有了新的认识。如“开山”在第5版中被分为两个条目，离合词“开山”和非离合词“开山”，分别被标为动词和名词，第7版予以合并，变成了动名兼类词。具体如表8-3。

表8-3 条目合并分类细表

类别	词　条
兼二类	帮子、草、丑[2]、进口、开山、可以、空洞、绺子、忙活儿、没有、盟誓、南面、飘洒、铺陈、入口、上下、悬、摇手、栽、长、仗、纵[2]、纵令[1]、断、敢、回[1]、审
其他	等[1]、方、偏、帮、背、从、黄、会[1]、就是、挺、下、贼[1]

8.2 兼类变单类

兼类变单类指第5版中本为兼类词，到第7版删除或更改了一个或一些词类标记，或者因条目分开（对应于前面的条目合并）从而成为单类词。如表8-4，名词标记被删改得最多，动词、形容词、副词次之；此外还有因“条目分开”而变成单类的，还有少数被删除的条目。

表8-4 兼类变单类分类细表

删改类型	词　例
名词标记	比方、类比、演绎、归纳、判断、滑冰、滑雪、射击、射箭、游泳、清唱、实践、想象、警告、表示、表现、对话、记载、胡说、签证、传承、长途、方尺、方里、公祭、不平、赤忱
动词标记	便饭、雕漆、干打垒、沮丧、闹心、怕人、奇怪、无何、新交

续 表

删改类型	词　　例
形容词标记	费事、固定、光大、兼任、恼怒、皮肤
副词标记	私下、容许
条目分开	霸气、编制、端详、教授、款款、大气、破烂、重利、重责、宗法
条目删除	膈(gè)、普世①

8.2.1 名词标记被删改

该类别下又可分为“动词自/转指用法被删改”和“形容词自/转指用法被删改”两大类。

8.2.1.1 动词自/转指用法被删改

这一类别属于系统变动,集中在“推理方法或思维方式”“体育项目”“以动作表示结果”三类词。在“推理方法或思维方式”词条中,如“类比”:

【类比】❶ 名 一种推理方法,根据两种事物在某些特征上的相似,作出它们在其他特征上也可能相似的结论。类比推理是一种或然性的推理,其结论是否正确还有待实践证明。……(第5版)

【类比】动 ❶一种推理方法,根据两种事物在某些特征上的相似,作出它们在其他特征上也可能相似的结论。类比推理是一种或然性的推理,其结论是否正确还有待实践证明。……(第7版)

义项❶中的词类标记由名词改为动词,但释义语言没有变化,仍然是“一种推理方法……”,出现了释义语言与词类标记不一致的问题。“演绎、归纳、判断”与此类似。

“体育项目”词条包括“滑冰、滑雪、射击、射箭、游泳”,它们的“体育运动项目之一”的义项都由名词更改为动词,明显出现了释

① “普世”第5版没有收录,第6版收录了,第7版又删除了。

义语言与词类不一致的问题。袁伟(2006)曾对这些词做了使用模式调查,发现它们均不作谓语,都不受否定副词“不”或“没(没有)”修饰,也不受程度副词“很”修饰,说明这些词谓词性较弱,归入名词一类更为合理。

“以动作表示结果”词条包括“表示、表现、胡说、警告、对话、记载、签证”,比如“胡说”:

【胡说】❶动 瞎说:信口～。❷名 没有根据的或没有道理的话:这纯属～,不必理会。(第 5 版)

【胡说】动 瞎说:信口～|这纯属～,不必理会。(第 7 版)

义项合并说明第 5 版中的两个义项有相似之处,但“这纯属～,不必理会”中的“胡说”是指胡说的内容,还是胡说这个动作呢?恐怕很难说得清楚。与此类似的“问话”即保留了“询问的问题”这个名词义项,其配例为“回答考官的～”。这里的“问话”是“问话”这个动作还是所问问题,恐怕也很难说清楚。

【签证】❶动 指一国主管机关在本国或外国公民所持的护照或其他旅行证件上签注、盖印,表示准其出入本国国境。❷名 指经过上述手续的护照或证件。

【签证】动 指一国主管机关在本国或外国公民所持的护照或其他旅行证件上签注、盖印,表示准其出入本国国境。

签证固然以办理手续为前提,但其结果可能只是签注在护照上,也可能颁发另纸签证,如新加坡对外国人颁发的就是另纸签证。在后一种情况是,签证体现为可摸可见的物理实体,理应有相应的名词来称呼。从语言学上来说,这是动词“签证”的转指用法,即用动作(即签证手续)来转指结果。

8.2.1.2 形容词自/转指用法被删改

还有一些形容词,如“不平、赤忱”:

【不平】❶[形]不公平：看见了～的事，他都想管。❷[名]不公平的事：路见～，拔刀相助。（第 5 版）

【不平】[形]❶不公平：看见了～的事，他都想管|路见～，拔刀相助。（第 7 版）

在第 5 版中，义项❷是❶的转指用法，按照郭锐（2015）（见第 8.3.2 节）的标准应该单列为名词；而且合并之后，配例词性与词类标记、释义语言不一致。

【赤忱】❶[形]赤诚：～相见。❷[名]极真诚的心意：一片～。（第 5 版）

【赤忱】[形]赤诚：～相见|一片～。（第 7 版）

“一片”后应为名词，例如“一片痴情、一片痴心、一片丹心、一片纯情”中的中心词在第 7 版中均被标为名词，尤其是“痴情、痴心、纯情”在有形容词义项的情况下仍然单列出其名词义项。

8.2.2 动词标记被删改

“雕漆（特种工艺的一种）、干打垒（一种简易的筑墙方法）”修正了第 5 版中释义语言与词类不一致的问题，修改合理。“沮丧、闹心、怕人、奇怪”都是从动形兼类变成了形容词单类。还有“新交”：

【新交】❶[动]刚认识不久或交往不久：因为是～，彼此还不太了解。❷[名]新结交的朋友：旧友～，欢聚一堂。（第 5 版）

【新交】[名]新结交的朋友：旧友～，欢聚一堂。（第 7 版）

修改之后虽然和“旧交”做到了对称，但一方面和“初交”不对称，另一方面，“新交”确实有动词用法，如“新交的高中朋友正值熟悉之中”。

8.2.3 形容词标记被删改

形容词标记被删改包括“费事、固定”，如“固定”：

【固定】❶ 形 不变动或不移动的(跟“流动”相对)：~职业|~资产。❷ 动 使固定：把聘任制~下来。(第 5 版)

【固定】动 ❶不变动或不移动(跟“流动”相对)：~职业|~资产|客源相对~。❷使固定：把聘任制~下来。(第 7 版)

义项❷没问题。义项❶中,“客源相对~”中的“固定”应为形容词,而“固定职业、固定资产”易被(尤其是二语学习者)误解为 VN 短语。

8.2.4 副词标记被删改

这类以“私下”为典型：

【私下】❶ 名 背地里;不公开的场合：~商议|这种事只能在~谈,不能在会上讲。❷ 副 自己进行,不通过有关部门或公众,：~调节。||也说私下里。(第 5 版)

【私下】名 ❶背地里;不公开的场合：~商议|这种事只能在~谈,不能在会上讲。❷只有当事人在的场合,指不通过有关部门或公众,自己进行：~调节。||也说私下里。(第 7 版)

配例与释义语言、词类不一致：义项❶中“私下商议”中的“私下”为副词,义项❷中“私下调节”中的“私下”为副词。义项❷的词类由副词更改为名词后,释义语言却矛盾,前半句“只有当事人在的场合”为名词性,后半句“指不通过有关部门或公众,自己进行”为副词性。

8.3 评价和反思

8.3.1 评价

目前尚无针对第 7 版兼类词的宏观统计分析,但由于从第 6 版到第 7 版只做了规模较小的修订,所以可以参考一下针对第 6

版的研究。根据第 6 章的统计，第 6 版中兼类词的词条数目为 3746，占词条总数的 6.65%。结合这里的具体调查，我们估计第 7 版的兼类词比例不会超过 7%。参照同为分析语但分析性较差的现代英语，现代汉语的兼类比例应略高于现代英语才符合事实，但是据 Coughlin（1996）的统计，*The American Heritage Dictionary of the English Language*（1992）共有 18500 个兼类词，约占该词典词条总数的 12%，远远高于现代汉语的兼类比例。这暗示了第 7 版在删改兼类词方面多有不妥之处。我们的具体调查也证实了这一点，无论是删改名词、动词标记，还是删改形容词、副词标记，其中都或多或少出现了误删误改、释义语言或配例与词类标注不一致，以及同类词条（即具有反义、同义或类义关系的词项）处理自相矛盾的问题。这说明《现代汉语词典》在兼类词词类标注上尚有较大的进步空间。

8.3.2 反思

8.3.2.1 词和短语区分问题

词和短语要解决的是标不标的问题，因为词需要标注词类，而短语不需要标注词类。如果错把短语识别为词，就可能带来不必要的词类区分问题。如前面提到的“沮丧、闹心、怕人、奇怪”四个词，都是从动形兼类变成了形容词单类，表面上是动形之间的区分问题，但实际上却是词和短语之间的区分问题。具体看一下“费事”：

【费事】fèi//shì❶[动]办事费周折；费工：洗几件衣服也费不了你多少事。❷[形]事情复杂，不容易办：给同志们烧点水喝，并不～。（第 5 版）

【费事】fèi//shì [动]办事费周折；费工夫：洗几件衣服也费不了你多少事|给同志们烧点水喝，并不～。（第 7 版）

对于“并不费事”中的“费事”，《现代汉语词典》纠结于动形区分，但根源在于词和短语较难区分。在第7版中，“费事”被标注为离合词，所给配例的初衷应该是前者为“离”，后者为“合”。但它们都属于“离”的情况，也就是说都是短语，后者属于“貌合神离”的情况。原因在于，“很费神”既可以分析为“(很(费神))”，也可以分析为“((很费)神)”，若“费神”已经词化，我们选择前者；若未词化，则选择后者。但是与“费神”类似的结构有“费工、费劲、费力、费时、费事、费手脚、费心”(均来自第7版)，数量之多说明“费＋名词”结构的分析性很强，“费事”应该是个短语。这启示我们，在纠结于词类区分之前，必须先确定词和短语的身份。

8.3.2.2 四大开放词类区分问题

在四大开放词类的区分问题当中，名动、动形、形副、名副的区分问题最为凸显。根据前面的描述，兼类词删改有一些常见模式，比如名动倾向于删改名词标记，动形倾向于删改形容词标记，形副倾向于删改副词标记，名副倾向于删改副词标记。这些都是系统性的修改，背后的动因是朱德熙先生提倡的词类具有多功能的观点，即“汉语词类与句法成分之间不存在简单的一一对应关系”(1985：4)。比如动词可以同时做主宾语，名词可以做主宾语、谓语(一定条件下)和定语。当问到“哪些词类可以做状语呢?”这个问题时，答案是“形容词、副词、时间词、处所词都可以做状语”(第7版第1725页)。

为了贯彻词类多功能性的主张，一方面用自指、转指的对立加以约束，另一方面以“兼类要尽可能少”的原则加以控制。比如对于名动区分中牵涉的自指、转指问题，多主张转指需要单列名词义项而自指不需要，如郭锐(2015)即认为单列名词义项必须看动词是否有名词性和动词的名词性用法在语义上是否是转指两个因素。这样，自指用法的义项地位便被严格排除在外。之所以要考虑“兼类要尽可能少”，是因为——以动词为例，既然很多动词都可以出现在主宾语位置，如果把这些词通通处理为名词，就可能造成兼类众多，使得原有的词类区分成为不必要。这样在词典中就等于执行“奥卡姆剃刀原理”，把不必要的词类标记统统删掉。比如对于第 5 版中名副兼类词，系统性地“剃”掉了副词标记。第 6 版修订主持人谭景春(2012)在介绍“词类的逐步完善”时，举了“实地、私下、当下”三个例子，前两者的副词都被删或改为了名词，“当下”则新增了一个名词义项，修改理由就是处所词和时间词可直接做状语。尽管有学者比较务实，提出要考虑使用范围和使用频率的问题(侯瑞芬 2017)，但如果不反思“兼类要尽可能少”的原则，就可能面对一个骑虎难下的局面，即该尊重语言事实标注为兼类词，还是贯彻“兼类要尽可能少”原则不标注。

这两个原则都需要重新反思。首先是“兼类要尽可能少”的原则，最近几年已经受到一定质疑。《现代汉语词典》从标注词类以来一直恪守该原则，可是针对该原则的讨论并不多，导致得出的结论可能过于狭隘(参第 3.3 和 6.3 节的讨论)。其次，自指、转指并非截然对立。一方面，在实践上由于难以区分导致了一些相互矛盾的地方(如“变化”和“地震”情况相同，却朝不同的方向修改，参见侯瑞芬 2017)；另一方面，在理论上自指、转指属于包含关系(参第 7 章的讨论)，比如“游泳”的指称用法(如“游泳对身体有好处”)，可以把它理解为动词“游泳”的自指用法，也可以理解为用行为动作的称呼来转指一种活动项目(陆俭明 2013：50)。

8.3.2.3 基于语料库调查标注词类：以“怀疑/信任”为例

如果能破除或淡化以上理论桎梏，就可以更为开放地对待兼类问题，比方说我们可以基于大型平衡语料库的概括词使用模式调查来判断词类。以“怀疑”和“信任”为例(它们在《现代汉语常用词表》(草案)中的频序分别是 2306 和 2079)，我们对《现代汉语规范用法大词典》(2000)、《商务馆学汉语词典》(2006)、《应用汉语词典》(2006)、《当代汉语词典》(2009)、《现代汉语规范词典》

(2014)、《现代汉语词典》(2016)等 6 部汉语词典,以及《简明汉英词典》(2002)、《ABC 汉英大词典》(2003)、《新世纪汉英大词典》(2003)、《新汉英词典》(2007)、《汉英词典》(2010)、《汉英翻译大词典》(2015)等 6 部汉英词典进行了调查分析,发现这些词典在义项设立、词类标注和配例上都存在一些问题,具体如下:

第一,义项数量不对称。主要表现在动词义项的分合方面:“信任”在 12 部词典都只有一个义项,即“相信而敢于托付或敢于任用”或“trust; have confidencein”;而“怀疑”在 6 部词典中有两个义项,分别为“疑惑”和“猜想”或“doubt; distrust”和“suspect”,在其余 6 部词典中被合并为一个义项,如《商务馆学汉语词典》(2006)合并为“心里带着疑惑,不相信”。

第二,词类标注不一致。如表 8-5 所示,虽然有 8 部词典坚持了词类标注对称原则,但只有《简明汉英词典》(2002)为“怀疑/信任”同时标注了动词和名词。为“怀疑”标注名词的有 5 部,为“信任”标注名词的有 3 部,都是汉英词典;6 部汉语词典都没有为它们标注名词。罕见的是,《新汉英词典》(2007)和《汉英翻译大词典》(2015)还为“怀疑”标注了形容词和副词,为“信任”标注了形容词。总之,动词标注没有争议,主要的争议在于名词,也就是说是否应该收录两词的名词用法。

表 8-5 八部汉语词典中“怀疑/信任”的词类标注情况

		怀疑				信任				对称
		动	名	形	副	动	名	形	副	
汉语词典	《现代汉语规范用法大词典》(2000)	+	−	−	−	+	−	−	−	+
	《商务馆学汉语词典》(2006)	+	−	−	−	+	−	−	−	+
	《应用汉语词典》(2006)	+	−	−	−	+	−	−	−	+
	《当代汉语词典》(2009)	+	−	−	−	+	−	−	−	+

续 表

		怀疑				信任				对称
		动	名	形	副	动	名	形	副	
汉语词典	《现代汉语规范词典》(2014)	+	−	−	−	+	−	−	−	+
	《现代汉语词典》(2016)	+	−	−	−	+	−	−	−	+
汉英词典	《简明汉英词典》(2002)	+	+	−	−	+	+	−	−	+
	《ABC 汉英大词典》(2003)	+	+	−	−	+	−	−	−	−
	《新世纪汉英大词典》(2003)	+	+	−	−	+	−	−	−	−
	《新汉英词典》(2007)	+	+	+	+	+	+	+	−	−
	《汉英词典》(2010)	+	−	−	−	+	−	−	−	+
	《汉英翻译大词典》(2015)	+	+	+	+	+	+	+	−	−
+统计		12	5	2	2	12	3	2	0	8

第三，词类标注与配例不一致。目前，学界普遍认同现代汉语词类的多功能性，即朱德熙(1985：4)所主张的“汉语词类与句法成分之间不存在简单的一一对应关系”，比如动词可以做主宾语也可以做谓语(沈家煊 2009a；陆俭明 2013：6)。而在词类标注中，汉语词典和汉英词典态度不一，前者普遍贯彻该原则，后者则无所适从(倾向于把做主宾语的用法标为名词)。鉴于词类多功能的主张存在逻辑悖论(王仁强 2009)，我们认可“把做主宾语的用法标为名词”的做法，这样看来，前者普遍存在词类标注与配例不一致的情况。比如《现代汉语规范用法大词典》(2000)中的配例“他的话引起了干警的怀疑”。这里的“怀疑”应为名词，却被标在了动词下。词类与配例不一致的实例详见表 8 - 6，用粗体标出。

表 8-6 "怀疑/信任"的词类与配例不一致实例

	怀疑	信任
《商务馆学汉语词典》(2006)	(动)心里带着疑惑,不相信:**产生怀疑**|**消除怀疑**|不必怀疑|怀疑别人|怀疑科学|他一直怀疑这个消息的可靠性|事实证明,你怀疑错了。	(动)相信,愿意把事情交给某人做:相互信任|**得到信任**|我们的班长(zhǎng)工作积极,为人热情,大家都很信任他|他好像从不信任任何人,生活非常孤傲|我很信任他,有事总喜欢找他商量|**朋友们的信任和鼓励,使他恢复了信心**。
《汉英词典》(2010)	动 doubt; suspect: **受到**~ *come under suspicion*/**消除**~ *dispel doubts*; *clear up suspicion*/**引起**~ *raise doubts*; *arouse* suspicion/持~态度 *take a sceptical attitude*/你~谁作的案? *Whom do you suspect of the crime*? /我~他今天来不了。*I doubt if he'll come today*./他这话很叫人~。*What he said is extremely doubtful*.	动 trust; have confidence in: **得到人民的**~ *enjoy the trust* (*or confidence*) *of the people* ◇ ~投票 *vote of confidence*

考虑到上述问题,我们根据王仁强、陈和敏(2014)提出的规约化标准,主要从个例频率和类型频率两方面对其用法的规约化程度进行了分析;在统计其个例频率时,辅之以 CCL 现代汉语语料库和 Sketch Engine 汉语语料库以得到更多证据。步骤为:首先统计分析"怀疑/信任"在句中的命题言语行为功能,分别标注为指称、陈述、修饰,非命题言语行为功能则标为构词或无效;然后针对"怀疑/信任"的各种用法(包括指称、陈述、修饰),统计其在句法环境中的搭配类型频率,以期对其各用法尤其是指称用法的规约化程度作出判断。

经过检索，"怀疑/信任"在语委语料库中各有 549 和 278 条索引，鉴于其总数不多，我们进行全样本分析。其他两大语料库的索引都在一万条以上，因语料库本身属于随机排列，故各抽取前 1000 条统计其个例频率。如表 8-7 所示，"怀疑/信任"在三大语料库中都出现了指称、陈述、修饰三种用法。在"怀疑"的命题言语行为模式中，个例频率从高到低排列依次是陈述、指称、修饰。在"信任"的命题言语行为模式中，个例频率从高到低排列依次是指称、陈述、修饰。

表 8-7　"怀疑/信任"语料库中的命题言语行为功能分布（+构词或无效）

词条	语料库	指称	陈述	修饰	构词	无效	总计
怀疑	语委语料库	186	278	44	41	0	549
		33.88%	50.64%	8.01%	7.47%	0.00%	100%
	CCL 现代汉语语料库	243	625	33	95	4	1000
		24.30%	62.50%	3.30%	8.50%	0.40%	100%
	Sketch Engine 汉语语料库	239	671	22	68	0	1000
		23.90%	67.10%	2.20%	6.80%	0.00%	100%
信任	语委语料库	140	107	10	21	0	278
		50.36%	38.49%	3.60%	7.55%	0.00%	100%
	CCL 现代汉语语料库	542	232	20	191	11	1000
		54.20%	23.20%	2%	19.10%	1.10%	100%
	Sketch Engine 汉语语料库	598	313	5	84	0	1000
		59.80%	31.30%	0.50%	8.40%	0.00%	100%

如表 8-8 所示，在"怀疑"的命题言语行为功能分布中，指称用法可出现于主宾语位置，但更多地出现在宾语位置，可构成动宾结构和介宾结构，搭配的词汇十分多样；陈述用法一般出现在

谓语位置;修饰包括体饰和谓饰,即加“的”做定语和加“地”做状语,搭配词多和人的表情、动作有关。“信任”的用法与“怀疑”类似,说明两者的类型频率对称性较高。总之,“怀疑/信任”的指称和陈述用法所出现的句法结构比较多样,在结构中搭配的具体词汇也很多样,而修饰用法所搭配的词汇就比较单一。

表8-8 “怀疑/信任”各命题言语行为功能在语委语料库中的类型频率

	命题言语行为功能	句法位置	频率	内部比例	搭配
怀疑	指称(186)	宾语	170	91.40%	动词:有、表示、产生、引起、发生 介词:把、使、由、到、在……之外
		主语	16	8.60%	修饰语:这(个)、你的、第二个、对……的、有条件的
	陈述(278)	谓语	278	100%	
	修饰(44)	定语	26	59.09%	的态度、的目光、的眼光
		状语	18	40.91%	地说、地望着、地问
信任	指称(140)	宾语	127	90.71%	动词:得到、辜负、骗取、取得、失去
		主语	13	9.29%	修饰语:那种、他们的、党的、对……的
	陈述(107)	谓语	107	100%	
	修饰(10)	定语	6	60%	的目光、的气氛、的桥梁、的微笑、的帷幕、的眼光
		状语	4	40%	地点点头、地讲出、地托付、地问

上述调查表明,做主宾语表达指称命题言语行为功能的“怀疑/信任”具有很高的个例频率和类型频率,尤其是“信任”的名词用法个例频率已经超过了动词用法,“怀疑/信任”表达指称的名词用法已经具有很高的规约化程度,概括词“怀疑/信任”在汉语

社群语言层面词库中兼属动词和名词，大中型汉语、汉英词典应该把“怀疑/信任”处理为动名兼类。鉴于现代汉语兼类与词频呈正相关（郭锐 2002；俞士汶等 2003；安华林 2005；王仁强、周瑜 2015），此类高频词在历时发展过程中因去范畴化及再范畴化而衍生功能多义性的现象不足为怪。有些词典确实也注意到了这一现象，即“怀疑”和“信任”都有做主宾语的名词用法，而且给出了相应的配例，但因受传统的内省法和“简约原则”束缚，没有选择将其名词用法单独标注。此外，做定状语表达修饰命题言语行为功能的“怀疑/信任”的个例频率很低，而且都属于有标记用法（加“的”和“地”），所以大中型汉语、汉英词典没必要像《新汉英词典》(2007)和《汉英翻译大词典》(2015)那样收录它们的形容词和副词用法。

对于“怀疑”和“信任”的释义方式，我们建议坚持对称性原则，采用第 7.3 节提到的类型Ⅱ（包括类型Ⅲ）进行释义，样条如下：

【怀疑】❶ 动 心存疑惑，不相信：我～这条消息的真实性。❷ 动 猜测：他高烧几天不退，大夫～他是出疹子。❸ 名 怀疑的态度：他对这个药品的疗效产生了～。❹ 名 猜测的心理：医生的～得到了证实。

【信任】❶ 动 相信而敢于托付：他～自己的秘书|她不～周围的人。❷ 名 信任的态度：大家的～使我鼓起了勇气|得到信任。

8.4 小结

《现代汉语词典》处理兼类问题时无须有理论上的顾虑，而应该专注于语言事实。毕竟，尽量缩小兼类现象是一种理想化倾向，根源于汉语研究者对词库、形态和句法之间的严格划界；而一个概括词是否兼类是一个实证问题，不能出于方法论考虑把语言事实排除在外（高航、张凤 2008）。但我们也应该意识到这种改变不会一时半会完成。复杂科学中有一个术语叫"锁定"（lock-in），讲的是复杂系统允许模式动态涌现和经历变化，但一旦宏观的族群特征出现，它就会抗拒进一步的变化。我们由衷希望《现代汉语词典》在继续修订中一步步进步，能够更加与时俱进和实事求是地反映社群语言知识！

第 9 章 《发展汉语》(第二版)综合教材词类标注

在现代汉语词类范畴化大讨论中,对外汉语教材(尤其是兼类词)的词类标注备受关注,是学界讨论的难点和热点问题(方清 2007;马宏基 2008;王弘宇 2001、2013;龙煌汕 2013)。对外汉语教材是否有必要标注词类的问题已经没什么异议了。根据 Schimidt(1990)提出的关注假设,二语习得需要更多的显性语法知识,其中标注词类无疑有利于留学生正确理解词的意义、掌握词的用法。我们在教学实践中也发现,词类偏误是留学生最基本的偏误类型之一。比如"我从小就兴趣踢足球"把名词"兴趣"等同为动词"爱好","老师搞教育了我"则不知"教育"兼属名词和动词,只知道其名词属性。教材只有提供词类知识才可能帮助学生克服这类偏误。尽管如此,针对指导原则(唯一性、全面性还是两步走)仍有一些争议,尤其是体现在没有清醒地认识到对外汉语教材和语文词典在词类标注上的关系。有鉴于此,这一章拟结合国内外学界在词类及词类标注研究方面的最新成果,考察《发展汉语》(第二版)综合教材(包括分初、中、高三个层级各 2 册)在词类标注实践中存在的问题,在此基础上厘清对外汉语教材和语文词典在词类标注上的关系,以求为对外汉语教材编者带来启示,从而进一步提高对外汉语教材的词类标注水平。

9.1 《发展汉语》词类标注问题考察结果

在《发展汉语》的“基本使用信息”中,高级综合的使用水平为“已掌握 3500—4000 词汇量”。我们进行了统计,发现共有 4291 个生词。这些生词的词类标注情况如表 9-1,可见在这 4291 个生词里,有 3931 个生词(占比 91.61%)被识别为词,并被标注了词类。通过逐一考察,发现存在三类问题:漏标、错标和多标。此外还存在一类相关问题,即释义与词类形类不一致。

表 9-1 全部生词的词类标注情况

类别	未标注词类		标注词类	合计
	非词语素	短语		
数量	5	355	3931	4291
比例	0.12%	8.27%	91.61%	100%

9.1.1 漏标

我们根据《现代汉语词典》(第 7 版)考察了未标注词类的生词,发现有 29 个生词应标注词类而没有标注,包括“搬家、不用、上网、刷卡、算了、不得了、金字塔、随着、出门、看病、出去、出院、对不起、结账、跑步、起床、散步、上班、生病、住院、打的、想不到、学好、拜年、串门儿、抬头、不像话、起劲、赘言”,如表 9-2(因篇幅限制只列了 10 个)。

表 9-2 《发展汉语》漏标而《现代汉语词典》标注的生词(部分)[①]

生词	语　　料	《现代汉语词典》标注
搬家	我已经搬家了。/山田搬家了。	动词

① 因言语层面句法中存在词类活用的修辞现象,故个体词在语料中的词性不一定就是概括词的词类。我们一一进行了核对,全部一致。

续 表

生词	语　　料	《现代汉语词典》标注
不用	山田：谢谢你！王朋：**不用**谢。	副词
上网	晚上我学习汉语，有时候看电视、**上网**。	动词
刷卡	在中国，用银行卡很方便，可以存钱、取钱，买东西、住宾馆也可以**刷卡**。	动词
算了	**算了**，咱们别找了。	助词
不得了	黛比第一次吃油条，喜欢得**不得了**。	形容词
金字塔	我的面前就是**金字塔**。	名词
随着	**随着**“文革”的结束。	介词
出门	**出门**的时候多穿点儿衣服，平时多吃水果，多喝水。	动词
看病	你去医院**看病**了吗？	动词

漏标包括两种可能的原因，一是误将词识别为短语，如“搬家、出门、看病”等；二是回避了新词的词类标注，如“上网、刷卡”等。第一点情有可原，因为词和短语有时难以区分，我们只能通过基于语料库的使用模式调查来判断其词化程度。对于第二点，“总前言”里明确表示会积极吸收现代社会中已经非常普遍的新词（如“手机、打折、刷卡”等）以示教材的时代性，但是如何为吸收进来的新词标注词类却未作说明。我们认为回避词类标注不值得提倡，只会增加学生的疑惑，导致偏误的产生。

9.1.2 错标

首先是错将语素标为词。“啤花泉水成佳酿，酒自清醇味自芳”（高级综合（Ⅱ）第 8 课）中的“酿”被标为了名词。但是基于 CCL 现代汉语语料库的调查表明，“酿”只出现在“佳酿”“西洋名酿”和“芳酿”等少数结构中，其个例频率和类型频率都很低，说明意为酒的“酿”在现代汉语中不成词。有鉴于此,我们建议把“酿”处理为语素,至于其在古代汉语中的成词用法可以加注说明。再如把“大堂哥叫‘三午’”(高级综合(Ⅰ)第 2 课)中的“堂”标为了名词,明显不当。

其次是错标为他类。这类生词共有 35 个,包括“遍、事先、堂、数码、灰色、本能、同窗、造反、常规、萌芽、供奉、独身、沿海、丛、罐、得、感冒、难过、处罚、扫兴、患难、迟疑、黯然、羞辱、感慨、刻度、水文、类似、流行、伤、致辞、真心、变故、并、那么”。对这类错误简单分类,结果如表 9-3：名词被标错的最多(9 个),动形副次之(6 个);被标为名词、动词的词性类型最多,都是 5 种。名动形副之所以出现容易混淆,可能是受制于汉语词类具有多功能性的主张,即“汉语词类与句法成分之间不存在简单的一一对应关系”(朱德熙 1985：4-5)。该观点认为名词可以做主宾语、谓语(一定条件下)和定语,导致本来为名词、形容词、副词的词被错标为名词。下面举例分析：

表 9-3 《发展汉语》中错标为他类分类表

错标＼正确标注	名	动	形	副	助动	量	介	构词
名		6	1	2		2		2
动	8		5	1	1			2
形	1			2				
副								
助动								
量								
连								1
代				1				
小计(35)	9	6	6	6	1	2	0	5

(1) 好像**事先**练习过。

“事先”被标为名词，可是释义时却用了副词词组“in advance; beforehand”。《现代汉语词典》把概括词“事先”标为名词，语委语料库中类似例句的标注则矛盾重重(被标为时间名词、处所名词、副词、普通名词的索引都有)，但是基于BCC现代汉语语料库的使用模式调查发现，“事先＋V/VP”是“事先”出现的主要结构(12326/19443＝63.40%)，说明概括词“事先”的无标记功能是在动词或动词短语前作状语(即副词)，更不用说“好像事先练习过”中的个体词“事先”应被标为副词了。

(2) 曾听人说，这女人也一直**独身**。

“独身”被标为名词，释义为“不嫁或不娶的成年人”。这里的“独身”表陈述功能，意为“成年人没有结婚”，应为动词。这种用法较为普遍，基于CCL现代汉语语料库的使用模式调查发现，在716条有效索引中动词用法(“成年人没有结婚”)有350条，占比48.88%，名词用法(“不嫁或不娶的成年人”)和副词用法(“只身”)分别只有194条和72条：数据证明“独身”的动词用法已经规约化。事实上，根本不需要大费周折地去调查，参考《现代汉语词典》就能避免这类错误，因为《现代汉语词典》已经收录了“独身”的动词用法。这证明了语文词典在对外汉语教材标注词类中的重要参考价值。

(3) 女孩儿很**难过**，他怎么也想不通。

(4) 又有些**犹豫**。

(5) 他红着脸，**迟疑**不动。

(6) 索重阳很**扫兴**，家里也没有热饭热菜等着自己。

以上四个词都被标为动词。它们出现在主语之后,语义表示心理状态,应是表陈述功能的陈述形容词(predicative adjective)。《现代汉语词典》也只收录了它们的形容词用法,不知《发展汉语》参照了什么标准。此外,“扫兴”除形容词用法外,还可以出现在“扫了……的兴”这样的语境中,说明是一个离合词。在高级阶段的生词总表中,可把类似离合词处理为词和短语两个级阶,词需要标注词类,短语不需要标注词类。离合词为汉语词汇所特有,外国留学生的母语中普遍没有词语离和合的现象。它本来就是对外汉语教学中的难点,如果能够对离合词进行“词”与“短语”的分级阶教学,并对其进行准确的词类标注,势必会减少学生负迁移现象的发生,达到更好的教学效果。

(7) 没有额外的、**灰色**的收入,这些人是不会安心的。

“灰色”被标注为名词,释义为“原指一种介于白与蓝之间的颜色,本文指来路不明的收入”。词性标注和释义均有问题。《现代汉语词典》把该义项标为“属性词”,释义为“比喻不明朗的;不正当的”,配例为“灰色收入”和“灰色市场”。建议标为形容词(《发展汉语》的词类体系中没有属性词,可具体解释其属性词用法)。

9.1.3 多标

多标指的是教材中只出现了某词的一种用法,但却标注了该词的多个词类(即处理为兼类)。这类词共有20个,包括被标为名动兼类的“进步、解释、劳动、想象、比喻、顾虑、刹车、警卫、指令、骚乱、挑战、题刻、构思、决策、联想、酿、倡议”和被标为名形兼类的“黑暗、实惠”,以及被标为动形兼类的“麻痹”。各举几例,如表9-4。

表 9-4 生词表中被标为兼类但课文中只出现了一类的生词

词性	生词	语　料
名动	进步	李老师，您觉得我们汉语有**进步**吗？ 别着急，你们请示多听、多说、说看、多写，**进步**一定更快。①
	想象	搭车并不像**想象**的那么容易。
形名	黑暗	接完电话，我感觉广场一片**黑暗**
	实惠	尤其是那些已经得到了**实惠**、对金钱的力量有过体验的官员
动形	麻痹	他只有不断喝酒，让自己的心暂时**麻痹**，忘记那些孩子们

9.1.4 释义与词类形类不一致

双语词典词目翻译中有一条编纂原则叫“词类对译”，指尽可能使用和源语词词类相同的译语词（黄建华 1998：10）。该原则亦适用于单语词典和对外汉语教材的词目释义，可以称之为“形类一致”原则，即释义语言的形类要和词类标记相一致。《发展汉语》初级综合用英文释义，中、高级综合用中文释义，在释义上大部分能做到“形类一致”，但也存在少数不一致的情况，如表 9-5。

表 9-5 不符合“形类一致”原则的生词

生词	词类	释　义	释义形类
事先	名	In advance; beforehand.	副
难过	动	be distressed.	形
常规	名	普通的、一般的、通常的。	形
水文	动	自然界中水的各种变化和运动。	名

① 虽然目前动词自指义项是否应标为名词存在争议，但这两条语料同为做主宾语，词类标注应该一致，或者名词或者动词。

续 表

生词	词类	释 义	释义形类
变故	形	意外发生的变化和事故;灾难。	名
斗胆	形	大胆地,常用于谦辞、敬辞。斗是中国古代的一种量器。如:请允许我~说一句。	副

9.2 对外汉语教材和语文词典在词类标注上的关系

对外汉语教材标注词类不可避免地要参考语文词典。《发展汉语》在“总前言”中说“广泛参考了各类大纲和标准”,而各类大纲和标准都要参考语文词典,如《汉语水平等级标准与语法等级大纲》(1996)在“前言”列出的参考文献中就有四部语文词典,包括最权威的《现代汉语词典》(1979)。我们在上文提出修改建议时也参考了语文词典,可见对外汉语教材和语文词典的密切关系。但是参考语文词典容易出现一些错误,以《发展汉语》为例,漏标是由于没有参考或采纳语文词典的词类标注,误标中有一些问题本来可以在参考语文词典后避免(如“独身”),而多标则是过度地参考了语文词典。尤其是多标的问题,是和词类标注原则最为相关的一个问题,也是过去讨论的最多的一个问题(王弘宇2001;方清明2007;吴甜田2014)。如方清明(2007)所言,对外汉语教材编者以为在生词表中简单罗列生词的各种词性就可以大功告成了,这其实是受了语文词典标注词性的影响。尽管参考语文词典有一些弊端,但因此而把语文词典束之高阁就是因噎废食了。所以,语文词典和对外汉语教材在词类标注上到底是什么关系?恐怕只有厘清这个问题才能更合理地参考语文词典。

我们认为,两者既存在区别,也存在联系。首先,发生于对外汉语教材和语文词典中的词类范畴化隶属于不同的层面。王仁强指出，词类范畴化发生于两个层面，即个体词的词类范畴化和概括词的词类范畴化，前者是说话者的命题言语行为（包括指称、陈述、修饰等）的表达过程，后者体现为一个语言社群集体无意识的自组织过程，其核心是规约化/相变（Wang 2014；王仁强、黄昌宁 2017）。与之对应，对外汉语教材是针对言语层面句法中的个体词进行词性标注，它只能隶属于一个词类范畴，不存在兼类词问题；而语文词典则是针对语言层面词库中的概括词进行词类标注，它可能属于一个或多个词类范畴，后者体现为兼类词。

其次，对外汉语教材和语文词典中的词类范畴化存在双向互动。一方面，概括词的词类属性是随着个体词在言语层面句法中（即各种命题言语行为构式中）反复使用而发生演变的，概括词的语法多功能/兼类与使用频率（含个例频率和类型频率）密切相关（Wang 2014；王仁强、黄昌宁 2017），所以对外汉语教材中的词类范畴化可能会影响到语文词典中的词类标注。另一方面，因语文词典收录的都是规约化用法，凡教材中出现的词性多能在词典中找到，这使得语文词典成为对外汉语教材标注词性的重要参考文献。需要引起格外注意的是，在遇到言语层面句法中的词类活用现象时，需要编者通过个体词的句法功能与其意义事件或语境意义（meaning events）的关联标记模式来进行判断（Wang 2014；王仁强、黄昌宁 2017）。例如“副了多年，想当正职”中的“副”，在语文词典中绝不可能找到其动词用法，但我们仍要实事求是地把它标为动词。

最后，两者也有小部分类似的地方。对外汉语教材中有类似于词典的功能块——生词表，但很多人忽视了有两类生词表，一类是一篇课文之后的生词表，一类是所有课文之后的生词总表。生词表提供与课文对应的词性标注及释义，满足学生一边阅读一边查询的需要，可谓是随文标注和释义；因只有一篇课文，故出现兼类的可能性较小。生词总表提供所有课文中的词类标注及释义,把所有生词汇总以方便学生查询与记忆;这时出现兼类的可能性较大,把它们所属的全部词类标注出来,有利于学习者系统地学习和掌握词汇。这也难怪有人把生词表喻为微型词典,其实针对的是“生词总表”。但要注意,词典是以概括词为中心,配例是用来佐证其用法的;而对外汉语教材是以课文(可谓是配例的集合)为中心,生词表扮演着比生词总表更重要的角色,切不可本末倒置。

明确了对外汉语教材和语文词典的关系,也就能够明确词类标注原则了。过去针对李晓琪(1997)提出的“准确性”有三派分歧观点:“唯一性”原则主张教材不同于词典全方位穷尽每个词的词类,只能针对课文中出现的具体语境,不应该超出课文(王弘宇2001;方清明2007;吴甜田2014);“全面性”主张对外汉语教材应该标注生词的所有词性,这样有助于学生全方位的明白和把握词的意义和用法,只标注单个词性不利于学生建立完整的语法知识构架(马宏基2008;李琳2013);“两步走”的折中方案主张初、中级阶段只标明生词在课文中的词类,高级阶段标注生词所有词类(胡佳敏等2012)。因对外汉语教材的词性标注属于言语层面,所以我们主张“唯一性”是首要原则,但因其中还存在类似于词典的生词总表,而且考虑到二语习得是一个循序渐进的过程,所以我们还主张在高级阶段的生词总表中遵循“全面性”原则。具体来说就是,一篇课文之后的生词表自始至终遵循“唯一性”原则;而对于“生词总表”,在初、中级阶段只标注课文中出现过的词类,在高级阶段则参照语文词典标注所有词类,即遵循“两步走原则”。

9.3 小结

《发展汉语》在词类标注上存在漏标、错标和多标三类错误,此外还存在与词类标注相关的释义与词类形类不一致的问题。

这些问题多是由于不正确地参考语文词典造成的，具有混淆语言层面和言语层面、罔顾言语层面句法中的个体词词性而从语文词典照搬概括词词类的嫌疑。我们既要认识到两者从根本上隶属于不同的层面，也要认识到两者存在双向互动，尤其因为对外汉语教材中存在类似于词典的功能块——生词总表，所以要在承认“唯一性”为首要原则的基础上，做到生词表自始至终遵循“唯一性”原则，而生词总表则遵循“两步走”原则。《发展汉语》中存在的问题源于现代汉语词类研究困境，我们对相关问题尤其是对外汉语教材和语文词典在标注词类上的关系作出了澄清，不仅有利于提高对外汉语教材的词类标注水平，或许也将为现代汉语词类研究带来启示。

第三部分
句式理论问题

第 10 章　句式生成的认知图景解释

认知图景理论是卢英顺（2005、2008、2015、2017）全力构筑的一套语言学理论，首次出现于 2005 年发表的《认知图景与句法、语义成分》一文，系统完善于 2017 年出版的《认知图景：理论建构及其应用》一书。这里把其要点概述如下。

认知图景是指"人们对现实世界常规的，或者说是比较恒定的认知经验"，由特定词语激活。认知图景可以分解成一定的"认知要素"，如"苹果"认知图景可以分解为颜色、味道、形状、大小等；[①]"吃饭"认知图景可以分解为"实施行为的主体""食物及数量""工具""时间""处所"等。这些认知要素经过两次凸显实现为具体的句子。第一次凸显关心哪些认知要素可以出现在语法结构中（出现之后即从潜在的语义成分变为了现实的语义成分），影响因素包括"内在凸显"，即词语本身就蕴含了凸显的要素（如"偷"天然地凸显"偷窃者"和"失窃物"，"抢"天然地凸显"抢劫者"和"抢劫物"），也包括"外在凸显"，即哪些认知要素凸显完全由说

① 生成词库理论认为，物体可以从构成、形式、功能和施成等角度来认识，如"小说"的构成是"故事""封面"等，形式是"书籍"，功用是"读"，施成是"写"。生成词库理论与认知图景理论具有相通之处，尤其强调名词在语义组合中的重要性（宋作艳 2011）。

话者主观决定（如“昨天晚上我吃了面条”，说话者选择凸显了“时间”“主体”及“食物”）。第二次凸显关心语义成分的句法排序，影响因素主要是信息结构，即什么成分做话题，什么成分做焦点（“昨天晚上我吃了面条”，是以“昨天晚上”为话题，以“面条”为焦点）。认知图景所激活的认知要素，在经过两次凸显之后就形成了不同的句式；如果句式意义相近，可以聚合成为“同义句式”。

认知图景理论具有诸多优势，如重视认知经验或百科知识；重视词汇或词库信息，能够合理平衡词汇和构式之间的关系；具有本土性，是借鉴认知心理学成果独立提出的一套本土理论；[①]等等。但是也存在一些不足，如认知图景来源不明，认知图景与词句意义的关系含混不清，主要关注实体性要素，个别环节还比较粗糙等。我们拟在其基础上做一些扩充和完善，暂且称之为“扩充的认知图景理论”。要提前说明的，任何词类都可以激活认知图景（卢英顺 2015、2017：56），但这里暂以动词为例。

10.1　认知图景及其要素

认知图景之“认知”是集体认知（collective cognition），[②]而非个体认知（individual cognition）。恰如卢英顺（2017：5）所言，认知图景是“概括的认知图景，是为许多人所共享的”。正为此，认知图景关注的是“常规的，或者说是比较恒定的认知经验”，它是从无数个体认知中概括出来的，会对个体认知形成制约。而对于

① 认知图景理论与某些外来理论具有相通之处（如框架语义学、生成词库理论和词汇-构式语法等），但它是借鉴认知心理学思想独立提出的一套本土理论。该理论与相关理论之比较参见卢英顺（2017：第 1.4 节）。

② 集体认知又叫集体智慧或集体智能（collective wisdom/intelligence），通俗来说就是“三个臭皮匠顶个诸葛亮”。很多社会性昆虫表现出集体认知，如蚁群、鱼群、鸟群和蜂群等，它们被视为一个超有机体（superorganism）。人类语言尤其体现了集体认知的作用（Clément et al. 2013）。

个体认知而言，由于人们对频繁感知的现象已经习焉不察，因此更容易被非常规或非恒定的现象所吸引。

认知图景之"图景"要作广义理解。它可以是物理性的，如过去关注较多的单一物理事件（如运动事件）；可以是社会性的，如"提起""说话"等言说动词；也可以是心理性的，如"忘记""忍受"等心理动词。与"场景"（scene）概念不同的是，认知图景不是想象出来的，而是语言学家基于真实语料构建出来的。[①] 鉴于认知图景来自生活经验，而又可以规约化到语言之中，从而对语言的产生和理解形成制约（McRae et al. 1997），因此语言学家可以以语言为窗口窥探认知图景，比如可以通过句式调查来构建认知图景。这样一来，认知图景既是一种解释（因为它会制约语言表现），也是一种对语言的更精密和深入的描写。

认知图景不是混沌而是有序的，体现为"可分解性"（decomposability）和"层次性"（hierarchically structured）。首先，认知图景可以分解为认知要素（如前面提及的"吃饭"认知图景），这得到了来自神经科学的证据支持（Sun et al. 2020）。认知要素具有三个特点：（1）复杂性。现实世界的复杂性决定了认知图景及其要素的复杂性。比如对于事件，我们可以从三大维度进行分析，包括事件是如何在时间进程中被凸显的，事件中的参与者数量、类型及关系，以及事件是否持续、是否完成、是否动态等（陈振宇 2016：23）。（2）凸显度。同一认知图景的不同认知要素凸显度不同，同一认知要素在不同认知图景、历史和文化之间也有所不同。[②] 凸显度是一个连续范畴，避免了过去区分为必有论元和

---

① 基于语言学家个人自省或想象得出的"场景"经常不符合语言表现，相关批评参 Thompson & Hopper(2001)。

② 认知要素的凸显度之所以不同，归根到底是因为在个人的认知经验中，认知要素的特征是处于动态变化中的。正如 McRae et al.(1997)所指出的，个人题元角色特征的凸显度会发生变化，包括：人与人之间不同；同一人在不同时间不同；不同语境下也不同。

可有论元的武断性，即使把凸显度二分，如原型认知要素和边缘认知要素，也是由具体词汇决定的，其中原型和边缘决定于具体的句式或句子。[①] (3)不可预测性。前面已经强调过，认知图景不是凭空想象出来的，而是基于词语的使用模式调查构建出来的，很大一部分原因就在于认知要素具有不可预测性。基于内省想象的认知图景往往是残缺的，如“生育”认知图景，我们固然可以预测到“数目”“时间”和“处所”这些认知要素，但像“优生”“首生”“代生”“穷生”“倒生”这些词语所显示的认知要素需要经过调查才会发现。

其次，认知图景具有层次性或等级性，表现在两点：相关认知图景之间形成上位、下位和基本范畴之间的层次；在单一认知图景内部，认知要素在大脑中呈现原型表征，体现出内在结构。卢英顺(2008)已对前者有详细讨论，我们来看一下后者。认知要素的原型表征指的是，对于某个认知要素而言，某些词语更适宜充当此认知要素，而其他词语的适宜性则要差一些。例如在英语中，serve(“服务”)可以激活服务认知图景，其中“server(服务者)”是最凸显的认知要素，但在这个集合里只有 waiter(“服务员”)、nurse(“护士”)是好的成员，而 reporter(“记者”)尽管也可以提供服务，适宜性却要差一些(McRae et al. 1997)。

10.2 句式生成：两次凸显

认知要素需要经过凸显实现为具体的句子，分为“第一次凸

---

① 最典型的体现是处所。过去已有很多研究注意到，处所的语义角色地位不能一概而论，而是要取决于具体的动词或句子。但是一旦要区分为核心和边缘，就必然要把它规定为核心或边缘，这只有把语义角色细化到具体动词(类)类才能解决这个问题。

显”和“第二次凸显”。[①]

10.2.1　第一次凸显

第一次凸显关注认知要素如何实现为语义成分，这是一个概念形诸形式成为语言符号的过程。如果所有的认知要素都表现出来，那么**可能的**组合类型将非常之多，但是真实的句式会受到三点限制：信息处理能力的限制、凸显度不同的限制和（交互）主观性的限制。

人类的信息处理能力是有限度的。人类处理信息会受到短时记忆或工作记忆的制约，其容量过去被概括为“神奇的数字 7”（Miller 1956），如今普遍认为是 4 个左右的组块（Baddeley 2010）。[②] 这种限制产生两个后果：人类以组块为单位快速处理信息，一旦此时不及时处理，很快就会淹没到快速涌入的其他信息之中（人类平均一分钟要处理 150 个词），这就是“现在或永不瓶颈”（Now-or-Never bottleneck，参 Christiansen & Chater 2016）；语言也在适应人类的大脑或认知限制，真实的句子长度都是有上限的。如左思民（1992）调查发现，汉语的平均句长为 20

---

① 配价语法似乎不区分两次凸显，如袁毓林（2010b：142）指出：“我们称动词的配项之间的这种同现选择限制以及主语宾语等句法成分对施事受事等语义成分的选择关系为配位方式（argument selection）。直观地说，配位方式是能够在同一个句子中共现的、从属于同一个动词的语义格在句法上的安排方式（syntactic arrangement）。”此外，两次凸显大致对应于构式语法所说的“配位方式”（syntactic structuralization），包括论元选择（argument selection）和句法配置（syntactic arrangement），前者指一个特定句式所支配论元的同现限制，后者指句法成分对语义成分的选择关系（施春宏 2018：43）。

② 需要补充的是，如果具体到意识或意识焦点，那么会下降到“1”：已有很多心理学的研究指出，人类的意识一次只能注意到一个或一组信息（不管是单词、脸部还是图案，参 Chater 2018）。这种有限的信息处理能力当然也影响到语言。如以研究信息结构著称的 Wallace Chafe 提出了“一个新想法”的假设（“one-new-idea” hypothesis），即意识焦点的处理对象不会超过一个新想法，只有一个事件、状态或指称对象会从之前未激活的状态中被激活（Chafe 1994：108－119）。

个词左右。如果以组块为单位进行统计，那么这个数字会下降到7和4这两个数字，即：句法结构的直接成分不会超过7个，模式成分不会超过4个。这决定了最复杂的句式也就是一个动词加三个论元，如双及物结构和“使/make”字致使结构（袁毓林2010b：137－139；Green 2017；陆丙甫、应学凤2019）。

凸显度不同也会影响认知要素的共现数目。认知要素的凸显度之所以不同，是因为语言是按照概率性（probability）运作的，而不是按照可能性（possibility）。凸显度反映了认知要素与动词之间的语义远近，因此凸显度高的认知要素更容易得到凸显，凸显度相近的更容易得到共显。那么如何确定凸显度的大小呢？一个方案是统计出现概率。卢英顺（2017：33）指出，“在这样的凸显过程中，有的认知要素有时要比另外一些要素被凸显的可能性要大，机会要多”。他调查了“买”和“卖”所涉认知要素的凸显度，发现“卖”可以激活“所卖的东西（100%）＞卖东西的人（68.6%）＞卖给谁（11.4%）＞卖东西所得的钱（5.7%）”，“买”可以激活“所买的东西（89%）＞买东西的人（81%）＞在哪儿买的（18.9%）＞给谁买的（11.5%）＞买东西所花的钱（10.6%）＞所买东西的数量（5%）”。可以看出，“买”“卖”所激活的认知要素及其数目不同；不同要素在同一图景中，以及同一要素在不同图景中的凸显度也不同。换句话讲，在买卖过程中，人们最关心买或卖什么东西，其次才是向谁买或卖给谁。这也难怪作者会说“在它们所激活的认知图景要素中，有些要素就是‘天然地’要受到凸显的”（卢英顺2017：35）。另外，我们可以用“VP的”结构作为辅助，因为其转指对象与认知要素的凸显度密切相关（卢英顺2008、2017：33），即我们最先联想到的转指对象肯定是凸显度最高的。

认知要素共现的数目还会受到（交互）主观性的影响。如果凸显度是站在整体上来看，那么（交互）主观性是站在说话者或

(和)听话者个体来看。如下面的例句：

(1) a. 张三把房子卖给李四了。
　　b. 张三把房子卖了。

为何说话者在 a 句中凸显了三个要素，而在 b 句中只凸显了两个要素？如果从主观性来看，那么可以借用“注意开窗”(windowing of attention)“侧显”(profile)“透视域”(perspective)等概念来解释(Langacker 1987；袁毓林 2010b：141)。如果从交互主观性来看，那么会受制于语用限制：与传递信息相关的要素才会得到表达；不可在语境中复原的必须得到表达(Goldberg 2006：190)。回到例(1)，说话者之所以在 a 句中凸显了“卖给谁”，就是因为他预设听话者不知道这个信息，而他自己则希望把这个信息传递给对方；至于为什么想传递这个信息，就需要结合更大的语境来看了。

最后想强调的是，第二个因素和第三个因素通常是一致的。Goldberg(2006：40)指出：“……一般来说，词汇语义学和语篇语用学是一致的(aligned)。也就是说，与动词语义联系密切的参与者(即那些得到侧显的参与者角色)，很有可能在语篇中也是相关或重要的，因为这个动词毕竟是从多个动词中选择出来的。”

10.2.2　第二次凸显

第二次凸显关注语义成分的排列问题，这是一个说话者组织话语的过程。经过第二次凸显之后，语义成分和句法成分建立了连接(linking)，实现为各式各样的句式。由于汉语形态不丰富，故会调用“位置/语序”和“虚词/功能词”两大句法化手段。笼统来说，主语、宾语(包括双及物构式的第二宾语)和“得”后补语是重要位置/语序，具有高度的话语性质(即要么是话题要么是焦点)；而定语、状语则多借虚词引进，一般是背景化成分

(backgrounded elements)。[①] 具体是何种句式主要受两个因素的影响,**主观因素**和**交互主观因素**。

主观因素又包括几点:一个是“**语义邻近原则**”,语义或观念上靠近的成分在结构上也靠近,反映了具有普世性的空间认知(Haiman 1985:237-238;陆丙甫 2016)。以动词和语义成分的关系为例,与动词(语)语义关系越密切的成分越靠近动词(语)。一个是“**语义-句法对应原则**”,突出语义成分位于重要句法位置,动作者和承受者凸显于重要句法槽(Goldberg 2006:185)。一个是“**因前果后原则**”,指语义或观念上的因果在结构上呈现为因在前果在后,反映了具有普适性的时间认知(Croft 1998;戴浩一 2007)。[②] 试看如下例子:

(2) a. 李四跟张三买了房子。
    b. 李四买了房子。

例(1a)和例(2a)的语序之所以不同,动词是表面或次要的原因,更深的原因在于说话者对同一事件的因果链条做了不同识解:例(1a)中,说话者可能认为张三把房子兜售给了李四,即张三为因李四为果;在例(2a)中,说话者可能认为是李四向张三提出要买他的房子,即李四为因张三为果。可见两者的因果流动是相

---

① 定语、状语和补语等句法位置在过去的句式描写中经常受到忽视(被视为扩展成分),但是很多句子在去掉这些位置后就很不自然甚至不能说。卢英顺主张不把它们一律看作扩展成分,而是通过特定动词(或一类动词)激活的认知图景来判断,如果属于相关动词所激活的认知要素,就不视为扩展成分(卢英顺 2016a、2020a)。

② 戴浩一(2007)细化为三大认知原则:时间顺序原则(principle of temporal sequence),即“两个句法单位的相对次序决定于他们所表示概念领域里的状态的时间顺序”;从大到小的空间关系,比如地址的书写顺序;时间范围原则(principle of temporal scope),即“如果句法单位 X 表示的概念状态在句法单位 Y 所表示的概念状态的时间范围之中,那么词序是 YX”。

反的。需谨记，不论是靠近还是因果，都是语义或观念上的，也就是说要取决于说话者的特定识解。

这几个原则，动静结合，时空兼顾，不可缺一。“语义邻近原则”之所以会起作用，是因为人类思维具有完形特征，加之语言的线性束缚，故先要在局部合并成一个组块。“语义-句法对应原则”之所以会起作用，是受制于人类注意和感知的普遍特征，因为在一个事件流中，动作者和承受者在认知上都是高度可及的，其中动作者又会受到特别的关注。但是由于人类对事件因果链条有不同识解，故有了多种排列格式可资选择(即形成不同句式)，此时便会受制于“因前果后原则”。那么人类是如何选定特定识解(即句式)的呢？这要受到交互主观因素的促动。

交互主观因素指说话者与听话者之间的信息传递(即“信息结构”)会决定语序，是一种反映语言对话或互动本质的社会或语用因素。吕叔湘(1946/1984：469)对此早有论述：“由‘熟’及‘生’是我们说话的一般趋势……词序在语言心理上恰恰和这个一般的趋势一致，可以说是‘由已知而新知’的原则应用到充类至尽。……不能说是纯粹机械主义，实在也同时遵从某一种语言心理的指示。”我们认为“话题-述题”“预设-焦点”“可识别-不可识别”这三对范畴可以对语序问题作出解释。

话题-述题。这对范畴是语篇(discourse)概念，具有对话性或互动性，从而体现出交互主观性。对于汉语而言，话题在先、述题在后是最为自然的一种序列。由于话题在汉语中特别凸显(甚至有学者提议单独给话题一个句法位置，如徐烈炯、刘丹青 1998/2018；卢英顺 2020b)，因此在句式描写和解释中一定要考虑到话题的影响，即如果一个语义成分被选为了话题，那么就会把它放在句首位置——可称为“**话题置首原则**”。

预设-焦点。预设和焦点合起来就是断言(图 10 - 1)，是说话者有意向听话者传递的命题。在汉语中，焦点的自然或默认位置是句尾,即"谓语焦点"(predicate focus);除此之外,整个句子也可以成为焦点,即"句子焦点"(sentence focus),此时不存在话题。"句子焦点"也就是非主题判断句(thetic judgement),又包括两类:一个是以实体为中心的存现句,其语用功能在于把一个新的所指对象引入话语;一个是以报道事件为中心的事件存现句([event] presentative structure)。"谓语焦点"和"句子焦点"都是宽焦点(broad focus),除此之外还有"窄焦点"(narrow focus),即焦点可能在任何位置(罗仁地、潘露莉 2005;周士宏 2016:193)。基于汉语的自然焦点,有学者认为汉语语序具有灵活性,凡是说话者有意使之成为焦点的语义成分都可以置于这个位置(徐烈炯 2002)。石毓智(2002)则直接把现代汉语句子组织信息的原则概括为"伴随特征+谓语中心+结果状态","结果状态"位置可以是时间词、介词短语、程度词、普通补语等。如果只考虑自然焦点,那么我们可以概括为"**焦点置尾原则**"。

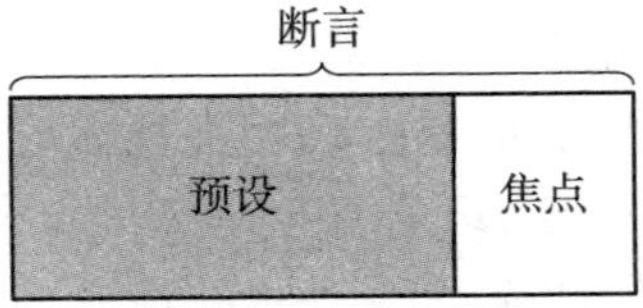

图 10-1 预设、断言与焦点的关系

可识别-不可识别。可识别性(identifiability)是一个连续范畴,[①]还可以细分为活跃(active)、可及(accessible)、可推知(inferrable)、未用(unused)和崭新(brand-new)等。上述两对范畴(话题-述题和预设-焦点)属于关系新旧信息(relational

① "可识别性"和"定指性"(definiteness)有密切关系,不过前者是一个认知范畴或语用范畴,具有普世性;后者是一个语法范畴,有些语言不一定有(周士宏 2016:64-65)。

givenness/newness)，可识别性则属于指称新旧信息(referential givenness/newness，参 Gundel 1985)，它们具有相关性：越是可以识别的，越容易被接受为话题；越是不可以识别的，越容易被接受为焦点。具体到汉语便造成了动前成分被理解为可识别、动后成分被理解为不可识别的强烈倾向，可以概括为**"可识别性领先原则"**(陆丙甫 2005、2016；[①]周士宏 2016：92－93)。回到例(1a)和例(2a)，说话者选用哪种语序，取决于他选择哪个语义成分作为话题(以及哪个成分作为次话题)，哪个语义成分作为焦点。

关于主观因素和交互主观因素的关系，我们在前采用了"促动"一词，这说明二者存在平行性：话题是因，述题是果；预设是因，焦点是果；可识别是因，不可识别是果。决定这种平行性的是"识解"，即人类对因果链条的认识具有极大灵活性。我们可以把它们的关系概括到一句话里，这句话代表了真实自洽的实时对话：说话者会根据对听话者认知状态的评估选择合适的句式把自己对客观现实的识解信息传递给对方。在这个过程中主观因素和交互主观因素配合无间，故此，在第二次凸显的解释中也不能偏废其一。

10.3 认知图景与动词、句式之间的区别及联系

最后我们来看一下认知图景与动词、句式之间的区别及联系，也借此对认知图景理论有个宏观的了解。

先看认知图景和动词、句式的区别。顾名思义，认知图景是认知层面的东西，属于无形的概念内容；动词、句式是语言层面的

① 陆丙甫(2005、2016)提出了"可别度领先原则"或"可别度领先象似性"，但是该原则特别宽泛，把影响可识别性的因素如新旧信息、是否定指、生命度大小、数量大小、整体-部分、语义抽象程度、有界性等等都统摄了进去，其中有定性和信息新旧程度是其基本成员。

东西，是认知图景形诸语言形式的结果。如果抛去语言形式，那么认知图景和动词、句式的语义并无本质区别。那么在概念内容内部，认知图景和动词、句式是否有差别呢？我们认为，从认知图景到句式意义再到动词意义，是进一步的压缩或抽象，可以简单表示为"认知图景＞句式意义＞动词意义"("＞"同时表示大于和方向，如果把三者各视为一个集合，那么后者是前者的子集)。如施春宏(2018：68)指出，"概念结构经过进一步抽象概括形成语义结构"。Perek(2015：212)在谈到这个问题时说，概念内容(即语义框架)只是动词的参考，只有一部分才会凸显出来存储到动词中。此外，句式句义相对认知图景而言，还是一种线性的信息组织，这从根本上受制于语言的线性特征：认知图景诸要素只能排着队输出和输入，其排序会受到(交互)主观因素的影响。至于动词和句式的关系，一个隶属脱离语境的词库层面，一个隶属附于语境的句法层面。另外，它们牵涉的认知系统是不同的：句式无疑属于短时记忆或工作记忆；认知图景和动词都属于长时记忆；至于认知图景和动词之间，我们取 McRae et al.(1997)的主张，不在语义记忆和情节记忆(episodic memory)之间作严格区分。

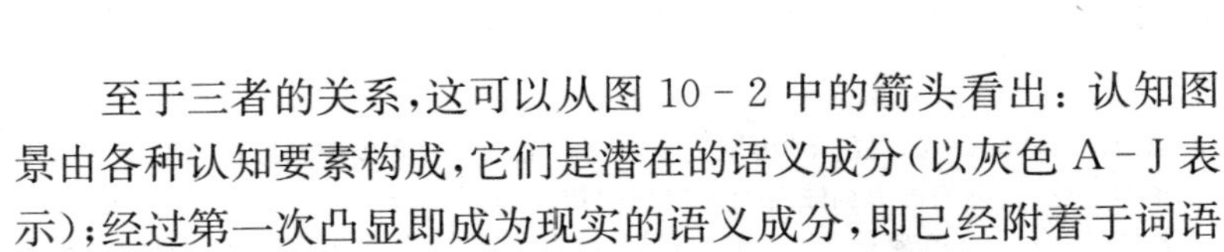

图 10-2 动词、句式和认知图景的关系

至于三者的关系，这可以从图 10-2 中的箭头看出：认知图景由各种认知要素构成，它们是潜在的语义成分(以灰色 A-J 表示)；经过第一次凸显即成为现实的语义成分，即已经附着于词语成为语言层面的东西了(A、B、C 由灰色变为黑色)；经过第二次凸

显之后变成了句法成分，即以线性序列实现到各个句法位置上（表现为“A＋动词＋C＋B”）。在句式使用中，那些使用频繁的要素会规约化，进而可能成为动词词义的一部分，这导致的结果是听话者在单独听到某个动词，就会激活与之相应的认知要素（表现为A、B），这已经得到了心理学实验的证明（Ferretti et al. 2001）。[①] 但是真实的语言使用都是有语境的（包括上下文、物理环境等），动词本身结合语境线索即可激活完整的认知图景。可以看出，三者形成一种动态循环关系。

10.4　小结

认知图景理论是作为一种解释工具构建起来的，但是与其把认知图景视为一种解释，不如把它视为一种更细致深入的描写。对于语言的认知表征，其他学科如心理学可以通过诱导实验、机器扫描等来研究，语言学家则可以通过分析大量的语言数据来研究。基于句式描写构建出来的认知图景，为我们了解语言知识的认知表征、语言知识与非语言知识的互动提供了一扇窗口，反过来又可以对句式生成过程予以“解释”，从而构成一种动态循环。在这个循环中，句式使用（包括语境）扮演着核心角色，尤其是频率效应在词、短语、小句和句法层面都有被观察到（邹韶华 2001；Diessel 2007），最终会对动词的认知表征构成影响。

认知图景理论可对构式语法做出有益补充，[②]包括：(1)构式

---

① 一定要认识到，是否规约化取决于语言使用。以著名的sneeze为例，在“打喷嚏”认知图景中，喷出的气流和鼻涕确实会对外物造成影响，但是所牵涉的外物（即受事）是否属于词义的一部分，还要取决于这种用法分布是否广泛。例如，王仁强、陈和敏（2014）认为受事已经规约化为语义的一部分。

② 关于认知语法和构式语法的互补关系，张翼（2011）、周小涛（2015）有详细讨论，可参。

语法不太重视词汇，认知图景理论不仅重视词汇，而且也考虑到了构式的影响；(2)构式语法比较忽视语义框架或认知图景，认知图景理论认为这是决定句式的基本因素，因此会基于句式调查构建详细的认知图景；(3)构式语法比较忽视认知机制，如识解、侧显等，认知图景认为这是决定句式的重要因素；(4)构式语法过于抽象，认知图景理论提出“新句式观”回归具体(卢英顺 2016a、2017、2020a)——下一章我们来详细讨论新句式观。

第 11 章　新句式观的要义与优势

学界对“句式”的使用一直比较混乱，与之相关的概念有“句型”“句类”“句模”“句式（狭义）”和“构式”[①]等（辨别可参陆俭明 2016b），这里把它们归属为“句式”（广义）问题。该问题在汉语学界受到持续关注，源于它在本体和应用中的重要角色：本体上，词语组合为句式方能进入使用，因此句式与语言使用直接关联；应用上，句式是语文词典、对外汉语教学和中文信息处理都回避不了的问题。随着近几十年的持续争论，学界对句式的认识越来越深化，但也存在一些问题。正是在这个背景下，卢英顺教授基于认知图景理论提出了“新句式观”，并探讨了它对本体和应用研究的启示（卢英顺 2016a、2017、2020a）。新句式观是对相关争论的综合和升华，遗憾的是没有放在更大的背景下予以阐发，这也导致它的某些特质未得到澄明和重视。这一章的目的就是在国内外相关争论的背景下，结合具体实例系统地阐发新句式观，并尝试做出一些补充和细化，结构为：首先梳理汉语学界对“句式”的

---

① 狭义“句式”指有特殊标记或特殊表达作用的常用句子格式，如以关键词命名的“把”字句、“被”字句，以特殊结构命名的主谓谓语句、兼语句，以特定语义范畴命名的存现句、处置句等。

认识历程，接着阐述新句式观的四点要义，最后讨论新句式观的两点优势。

11.1 汉语学界对句式的认识历程

汉语学界对句式的认识经历了从单维到多维、从分析到整合、从抽象到具体的过程。

11.1.1 从单维到多维

过去对“句式”的理解局限于单维的句法层面，即从诸多具体句子中概括出的抽象“句型”，基本单位包括“主语、谓语、宾语、定语、状语、补语”等。为了克服句型描写单维的缺点，后来加入了语义维度，把语义角色如施事、受事等也容纳了进来。如李临定(1986)使用了“$名_{施}$、$名_{受}$、$名_{结}$”等代号来描写句型，认为这样能“比较细致地描写句型格式”。目前对句式研究最系统的当属三个平面的理论(或“三维语法”，参范晓 1998；陈昌来 2000)。他们把“句型”限定为从句法平面抽象出来的句子类型，把从语义平面抽象出来的句子称为“句模”，[①]把从语用平面抽象出来的句子类型称为“句类”(如陈述句、疑问句等)。如此一来，“句式”便是“句型-句模-句类”的三位一体，是从具象句里面归纳出来的三个平面的抽象类型。描写法如下：

(1) 具象句：张三看过这本书？/李四喝过这种酒吗？
　　句　式：$N_{1(主语/施事)}$ + $Vt_{(述语/动作核)}$ + $N_{2(宾语/受事)}$ + 吗？

---

① 朱晓亚(2001)正是在三个平面理论的指导下，以动核为中心构建了现代汉语的句模系统，发现句模和句型之间并非一对一，而是互相一对多的关系。

11.1.2　从分析到整合

三个平面的理论重视语义平面的句模研究，不过，尽管他们为句式赋予了语义角色，但似乎无助于整个句义的得出。如例(2)所示，不管是标出词类和句法成分(如“玲玲”是名词做主语)，还是标出语义角色(如“玲玲”是施事)，似乎都无法得出整个句子的意思(沈家煊 1999b)。再比如例(3)，两个句子拥有同样的句型和句模(“主谓宾”和“施动受”)，但似乎无助于解释主宾可换位现象(陆俭明 2016b)。事实上，论元的语义角色只有在得知整个句义的前提下才能得到，这便不知不觉犯了循环论证的逻辑错误(张伯江 1999；沈家煊 1999b、2000a)。沈家煊(1999b)曾指出“句式不等于词类序列”，我们还可以说“句式不等于语义角色序列”。

(2) 玲玲送老师一束花。

(3) a. 那个人吃了一锅饭。

　　b. 十个人吃了一锅饭。

为了解决以上问题，有学者提出了“构式-语块”分析法(苏丹洁、陆俭明 2010；陆俭明 2016b)。“语块”指“一个构式中以一定的句法形式相对独立地承载该构式的一个语义单元的句法语义聚合体”，它是“构式的构成单位”，“是一个构式和内部词项之间的中介”。如例(4)所示，可以先从整体上把握“数量关系概念”或“容纳量与被容纳量”的句义，然后把这个句义赋予构成构式的各个语块上，从而把句式描写为“容纳量-容纳方式-被容纳量”。语块不是从现成的语义角色清单借来的，而是根据整个构式的语义分析出来的，充分体现了构式语法自上而下的研究取向。换句话说，语块的语义角色是由具体构式决定的，这也体现了“从抽象到具体”的趋向。

（4）数量关系构式

数量名语块	动词语块	数量名语块	【词类系列角度】
NPq_1	V了/能V/V不了	NPq_2	【用符号表示】
容纳量	容纳方式	被容纳量	【语义关系角度】
十个人	吃了/能吃/吃不了	一锅饭	
一锅饭	吃了/能吃/吃不了	十个人	

11.1.3 从抽象到具体

加入语义维度或采用语义角色还体现了“从抽象到具体”的趋向，陆丙甫（1987）更是明确提出“具体句型具体处理”的原则，但是仍然存在一定问题：内涵上，施事、受事这些语义角色并非初始概念，由此造成了使用和理解上的诸多分歧（张伯江 2009/2016：2－3）；外延上，语义角色之数量存在不可穷尽性，有限的语义角色不足以得出一个涵盖一切的句型（或句模）系统。① 考虑到这一点，有学者认为应该进一步淡化抽象句法/语义范畴在句式描写中的作用，包括“主谓宾”这样的句法范畴、“名动形”这样的词类范畴、甚至“施事、受事”这样的语义角色，开始重视由特定动词/一类动词或（和）句式决定的语义角色。比如“构式-语块”分析法就采用了隶属于具体构式的标签，可谓是进一步的具体化。

总之过去的句式研究存在单维、分析和抽象等不足。胡裕树（1982）曾批评过句式研究中单纯“贴标签”的做法：“如果只给句子的各部分安上一个成分的名称，不管能不能说明词语之间的语

① 例如李临定（1986）只给出了7个这样的代号名称，朱晓亚（2001）则给出了4大类14小类，这样有限的代号注定要遗漏一些语言现象。

义关系，这种分析的价值就值得怀疑了。”如今的句式研究在向多维、整合和具体前进，卢英顺教授正是在这个背景下提出了“新句式观”。

11.2　新句式观的四点要义

新句式观初步萌芽于卢英顺(2016a、2017)，系统阐发于卢英顺(2020a)。这里综合其观点转述为：句式是基于某一特定动词(或一类动词)[①]的认知图景所激活的认知要素经过凸显以后在句法上的排列格式，每个句式都涉及一定的语义成分，每个句式都是这些语义成分在句法层面映射的结果，因而是比较具体的，既不抽象，也不像句型那样具有层次性。句式可以分为典型句式和扩展句式，后者是在前者基础上通过隐喻、转喻和语法化等机制扩展出来的。以“放置”类动词为例，这类动词一般可以激活 4 个认知要素：(1)“放置”的行为(V)；(2)实施这一行为的主体(A)；(3)所放置的对象(O)；(4)这一对象最终所处的位置(L)。在经过两次凸显之后就能形成各种不同的句式(例 5—6，来自卢英顺 2016a)。

(5) 典型用法

a. A＋把/将＋O＋V＋L 式：

他将手中寒光森冷的刺刀横搁在保长多肉的后背上。(廉声《月色狰狞》)

b. O＋V＋L 式：

……它放在我们的菜篮里，……(朱文《我爱美元》)

c. L＋V＋O 式：

---

① 这里的动词包括形容词，属于广义用法，参卢英顺(1999)。

……中央摆着一株一人多高的圣诞树。(阎真《因为女人》)

(6) 扩展用法

a. A+把/将+O+V+L 式,其中的行为对象成分和对象所处位置成分都是表示抽象的事物:

……他们须把一切父子兄弟朋友的亲热与感情都放在一旁,……(老舍《四世同堂》)

b. O+V+L 式,其中的 O 和 L 都不表示具体的事物或处所:

……他的劳作便都放在美化这所院子上。(老舍《四世同堂》)

c. L+V+O 式,作为对象所处位置虽然不是很典型的处所,但它仍属于空间领域:

……人们的脸上都堆满了笑,……(乔典运《香与香》)

结合已有理论与实践,我们总结出新句式观的四点要义,分述如下。

11.2.1 以动词为枢纽,以小句为基础

针对"放置类"动词的句式描写,充分体现了以动词为枢纽、以小句为基础的操作程序。之所以以动词为枢纽,是因为:(1)动词是句式的枢纽词(pivot word),相对其他词类(如名词)扮演着更重要的角色(Braine & Bowerman 1976;吕叔湘 1987);(2)儿童习得语言多以动词为枢纽,如〈NP〉want〈NP〉,即"动词孤岛假说"(Tomasello 1992: 23-24)。但是,新句式观仍然考虑到构式或句式本身的影响,即"有些构式作为一个整体也可以激活相应的认知图景"(卢英顺 2017: 65)。如"存现句"的"存在方式""存在物"就不是动词激活的,而是构式或句式本身激活的。新句式观之所以以小句为基础,是因为小句在小句(clause)、句子

(sentence)、简单句(simple sentence)和复杂句(complex sentence)等层级之中属于最基本单位,句子及以上单位都能用小句来定义。如邢福义(1995)提出小句中枢说,认为“小句是最小的具有表述性和独立性的语法单位”,陆镜光(2006)则从语法建构的角度指出“语法分析中最大的单位是小句”。此外,小句在日常对话中处于互动的核心,是预测性(projectability)①最为凸显的一个单位(Thompson & Couper-Kuhlen 2005)。

11.2.2　聚焦于某一特定动词(或一类动词)

卢英顺(2020)指出,句式与特定动词(或一类动词)密切相关,其中的“类”并非句法类或词类,而是语义类(semantic verb class)。比如前述“放置类”动词,是基于“放、搁、搭、置、堆、摆、安放、停放、堆放、放置”等动词抽象出的语义类别。之所以聚焦于某一特定动词(或一类动词),是因为“由不同语义类别的动词构成的句型,内部不可能一致,甚至差别很大”(卢英顺 2016a:33),甚至可以说“没有两个动词的句法模式完全一致”(Gross 1994:214)。事实上,文献中针对具体动词(类)的研究越来越多:具体词如 Goldberg(1995)针对 steal 和 rob(汉语与之相应的是沈家煊 2000b 针对“偷”和“抢”)、王灿龙(2010)针对“租”的研究;动词类如卢英顺(2016a)、Liu & Chang(2019)针对“放置类”动词的研究;等等。

把句式落实到特定动词(或一类动词)这个抽象层级上,动词(类)和构式之间的割裂将大大减少,能够对哪些动词可与构式融合作出更好的预测(通常情况是动词就是句式,句式也就是动词)。当然,这并不否认抽象句式可能固化和规约化,因为有些语义成分无法通过动词(类)激活,此时就必须考虑到抽象句式的影

---

① 在互动语言学中,预测指由说话者前期行为引发的听话者对后续交际行为发展轨迹的预期。

响(即过去所说的“构式压制”)。如“存现句”,其中的“存在方式”“存在物”就不是动词(类)激活的;此外还有事件存现句和动补结构等。还需要补充的是,不管是多么抽象的句式,都是基于无数具体句子(小句)概括出来的,因此句式中包括了大量的具体词汇信息。这样,在我们的句式系统中,至少有句子、具体句式和抽象句式三种层级(单说“句式”时特指“具体句式”)。在判断具体句子生成过程中,动词(具体句式)的贡献大还是抽象句式的贡献大时,需要看哪一个层级规约化了,而这又根本上取决于动词在过去的使用情况(Perek, 2015: 40)。

11.2.3 具体到语义成分

“放置”类动词激活的 A、O 和 L 并非抽象的施事、客体或处所,而是根据“放置”类动词的认知图景归纳出来的语义成分。那“语义成分”和过去使用的语义范畴,包括词汇学中的语义类型(semantic type)、语法理论中的题元角色(thematic roles)、构式语法中的论元角色(argument roles)和参与者角色(participant roles),有什么区别呢?

语义类型是服务于词汇分类的非语境角色,是词汇固有的本质属性,如“客体”(object)、“属性”(property)和“动作”(action)等,再如“客体”之下更具体的“人类”(human)、“身体”(body)、“物件”(thing)等。[①] 当它们出现在句子中时就变成了语境角色(contextual role),如例(7)所示,Michael Gibson 的语义类型是[[客体]]或[[人类]],是固有的;语境角色是“病人”,是所参与的事件赋予的,尤其是被其中的动词 treat 激活的(Hanks 2003: 178)。

(7) Doctors treating Michael Gibson ...

医生给迈克尔·吉布森看病……

---

① 具体有哪些语义类型可参考: http://www.pdev.org.uk/#sem_types。

题元角色是名词相对于动词的语义角色，如施事、受事、处所、来源和目标等，这在形式语法中被称为论旨角色(theta role)，且被视为一种具有普遍性的有限集合(虽然这个目标从来没有达到过)。

论元角色是构式自身的语义角色，比题元角色更为丰富和具体，如例(4)中的容纳量和被容纳量，再如双及物构式中的施事、接受者和物体(theme)。参与者角色是动词凸显的语义角色，比论元角色还要具体，如“抢(劫)”凸显了抢劫者和受害者。在这两种语义范畴之中，Goldberg 的构式语法更重视抽象论元结构构式的论元角色，目的是把动词的意义压缩到最小(semantic parsimony)。这带来一些不良后果，包括：Goldberg(1995)所研究的论元结构构式在真实语料中极少出现(Thompson & Hopper 2001)；忽视了因具体动词(类)产生的特异性(lexical idiosyncrasies)，导致它无法对哪些动词可与构式融为一体(fuse)作出预测(Boas 2008)。

在认知图景理论中，特定词语激活的认知要素在经过第一次凸显之后，便由潜在的语义成分变成了现实的语义成分(卢英顺 2020a：43)。“语义成分”这个术语早有使用(范晓 2003)，但在新句式观中增加了新的内涵，包括：(1)它是语境的，不像语义类型那样脱离语境从而不适用于句法；(2)它是具体的，不像题元角色或论元角色那样抽象和有限，如例(8—11)中句首的语义成分是“瘸者”“听者”“煮者”“放者”，或者可以在语义相关动词的基础上抽象为“受损者”“感受者”“制造者”“放置者”。(3)它和参与者角色一样由具体动词或一类动词决定，但同时也可以由构式决定。我们把语义成分与其他语义范畴的区别置于表 11-1 中。

(8) 他瘸了。

(9) 他听到了打铃声。

(10) 他煮了一条鱼。

(11) 他把书放在了桌子上。

表 11-1 语义成分和其他语义范畴的区别

	例子	是否语境	是否具体	动词决定	构式决定
语义类型	客体、属性、动作;人类、身体、物件	×	×	×	×
题元/论旨角色	施事、受事、处所、来源和目标等	√	×	√	×
论元角色	例(4)中的容纳量和被容纳量 双及物构式的施事、接受者和物体	√	×	×	√
参与者角色	动词"抢(劫)"的抢劫者和受害者	√	√	√	×
语义成分	"放置"类动词的主体、对象和处所	√	√	√	√

11.2.4 区分典型句式和扩展句式

新句式观区分典型用法和扩展用法,表现在基于真实语料归纳句式,根据其频率高低进行判断。其理据在于,语言本身呈现出规律和例外的非均衡分布,即二八分布或幂律分布。如图 11-1 所示,真实语料在语言学家介入之前是混沌的,在语言学家描写分析之后便涌现出了秩序。其中高频出现的会被总结为若干"规律"(20%的类型频率),可以覆盖大部分的语言个例(80%的个例频率),即典型用法;低频出现的会被总结为诸多"例外"(80%的类型频率),但其实只涉及很少的语言个例(20%的个例频率),即扩展用法。规律和例外并非截然区分或一成不变,而是时刻处于动态转换之中:例外基于规律扩展而出,使用广泛之后也可能成为规律(Hanks 2013: 411)。典型和扩展之间的这种关系启示我们:"句式"的"式"除公式、程式或形式等意思之外,更是"模式"(pattern),[①]即语言学家基于大规模语料发现的规律、例外及其关系。我们既要重视规律或典型句式,也要重视例外或扩展句式,前者是语言使用者最容易产出的句式,因此也是对汉语学习者和计算机最有用的句式;而后者是语言保持活力、持续变化的来源。

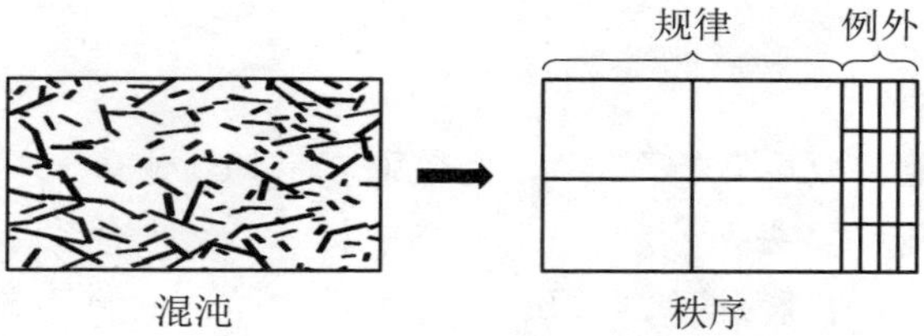

图 11-1 从混沌到秩序

11.3 新句式观的两点优势

相对于过去的句式观,新句式观有两点优势:一是弥补了论元角色过于抽象的不足,更有利于发现动词(类)之间的句式异同;二是兼顾动词、构式及其互动,能对句式生成作出更合理的描述。

11.3.1 新句式观有利于发现句式异同

传统的句型描写没有语义角色的地位,导致根据句型生成的句子经常不合法。之后虽然纳入了语义角色,但不论是配价语法还是构式语法,所确定的语义角色都过于抽象,很容易忽视不同

① 句式的英语一般为 sentence pattern,西方早有学者使用这个术语,以区分包括短语结构的 construction pattern(史存直 1983)。对于 pattern 这个词,有的翻译为"模式",有的翻译为"图案",有的甚至直接音译为"斑图"。我们这里采用比较流行的"模式"。

动词语义类以及同一类内部的差异。相比而言，新句式观降级到某一特定动词（或一类动词）的语义成分，能更准确地发现动词（类）所在句式的异同：一方面，属于同一认知图景的动词的语义是一致的，所激活的认知要素是一致的，因而在句式描写上更容易概括出共同的东西（卢英顺 2017）；另一方面，同一类内部其实还有很多异质性，即经常会有小异乃至迥异的句法表现。试看如下例子：

(12) a. 他(的)耳朵聋了。 b. 他聋了。 c. 他聋了一只耳朵。
(13) a. 他(的)头秃了。 b. 他秃了。 c. *他秃了一颗头。
(14) a. 他(的)脚肿了。 b. *他肿了。 c. 他肿了脚。
(15) a. 他(的)手麻了。 b. *他麻了。 c. *他麻了手。

“聋、秃、肿、麻”等动词过去被归为“身体行为动词”，所在句式则被称为“身体行为句型”（李临定 1986：114）。这些动词通常表现出一致的句法模式，如例（12a—15a），可以概括为“NP_1（＋的）＋NP_2＋VP”，NP_1 指人，NP_2 指身体部位，两者具有领属关系。但此外它们还经常表现出迥异的句法模式，如“聋”“秃”由于本身蕴含了身体部位，所以去掉 NP_2 照样成立（例 12b 和 13b）；“肿”和“麻”对应于多种身体部位，所以无法去掉 NP_2（例 14b 和 15b）。从这个角度来看，似乎可以把前者归为一类，后者归为另一类，但它们内部仍然存在差异：在变换为及物结构上，“聋”的宾语可以加数量词修饰，而“秃”不可以（例 12c 和 13c）；“肿”可以变换为及物结构，但“麻”不可以（例 14c 和 15c）。如果我们不降级到某一特定动词（或一类动词）的语义成分，那么就很容易抹掉次范畴以至具体动词之间的差别。

11.3.2 新句式观兼顾动词、构式及其互动

新句式观主张通盘考虑动词（包括语义相关动词）、构式以及

二者互动的影响：句式生成主要基于某一特定动词(或一类动词)激活的语义成分；在语义成分无法通过动词(类)激活的情况下，需要考虑构式或构式压制的影响；如果动词频繁出现在创新句式中，[1]那么有可能获得与句式意义一致的新义项。以经典的 Pat sneezed the napkin off the table sneeze 为例(专门讨论见第 12.2 节)，要考虑到：

1. 动词的影响。当我们打喷嚏时，会从鼻腔、口腔喷出一股气流，由此可能造成其他物体位移。尽管这种致使位移事件比较少见(导致 sneeze 较少出现致使位移构式)，但毕竟具有客观语义基础。另外，与 sneeze 语义类似的动词 blow 也表示"排出气体"，它常常出现在致使位移构式当中(如 The wind blew the leaves off the street)，为 sneeze 提供了很好的模板——这属于类推扩展效应(Boas 2003：260 - 284)。

2. 构式的影响。致使位移构式是规约化的形式-意义配对，形式上表现为一个主语、直接宾语和处所补语，意义上表示"主语所指(施事)造成直接宾语所指(物体)沿着处所补语所示路径发生位移"。Sneeze 本身较少或很难激活物体和路径，但致使位移构式本身可以提供这两个语义角色，由此对 sneeze 造成构式压制效应。

3. 动词和构式互动的影响。如果 sneeze 经常用于致使位移构式，那么便可能发展出致使位移意义，此时无须借助类推扩展或构式压制即可生成相应句式。Langacker(2009：254)和 Perek (2015：41)认为 sneeze 的这一用法频率很低，致使位移意义并没有规约化到词汇之中，但是王仁强、陈和敏(2014)认为这种用法

---

① 这里要强调的是"有些句式"，因为某些句式无论多么高频，也不会对概括动词的语义造成影响，这便是一种不对称。比如存现句、事件存现句，某些动词出现在这些结构里再高频，也不宜把句式义归纳到动词之中。

已经规约化，并建议收入词典之中。这当然可以做进一步的调查。

11.4 小结

句式描写是一个基于大量具体句子在形式和语义上的相似性进行归纳的图式化过程，图式性可以分布在不同的抽象度等级上。过去的句式研究之所以存在诸多问题，是因为局限在较高的抽象度上，忽视了从较低层面的概括来讨论问题。但是有大量的证据表明，特定动词或一类动词决定的语义角色在人一生的语言产出和理解中扮演着重要角色（Mcrae et al.，1997），在语法中具体句式比抽象句式更为重要（Perek 2015：103）。许多国际同行主张为动词赋予更多的语义和句法信息，如 Croft（2003）提出了“由具体动词类和动词决定的构式”（verb-class and verb-specific constructions），Boas（2008）提出了“迷你构式”（mini-constructions），Herbst（2014）提出了“配价构式”（valency constructions），它们都表征了“动词的规约化意义，其中包括句法的、语义的和语用的信息，是一种由具体动词和一类动词决定的构式”（Boas 2008：127）。相信把新句式观置于构式语法学界抽象（generalizations）还是具体（item-specific）的争论背景下，能够更为清晰地认识到新句式观的精神实质。

第 12 章　动词、句式及其动态循环关系

动词与句式的关系是自构式语法兴起之后凸显出来的热点问题，以此为题的文献数不胜数，如 Goldberg(1995：Chapter 2)、Croft(2003)、孙志农(2008)和刘美君(2019)等。过去多持“动词中心说”(verb-centric)或投射观(projectionist)，即句式的形式或语义特征可以通过动词信息得到全面解释；如果同一动词的句式表现不一，就为动词设置多个义项。这被称为自下而上的路径，配价语法是这种做法的代表。一些学者批评这种做法存在循环论证问题(circularity)，即在坚持动词决定句式的同时又去句式(或分布)那里寻找动词的意义，转而提出一种自上而下的路径——构式语法，在解释“角色误配/论元异构”现象时求之于构式压制(如 Goldberg 1995；张伯江 1999；沈家煊 2000a)。[①] 构式语法避免了动词多义，但也存在矫枉过正的问题：(1)构式语法仍然避免不了循环论证，确定句式的论元结构时还得看有几个论元共现(袁毓林 2004)；(2)把任何异常现象归之于构式又导向了动

① 受构式路径的影响，配价语法也为句式赋予了配价，如有学者提出了句法配价(Syntactic valence，Payne 1997：169 - 70；转引自 Thompson & Hopper 2001)、句式配价(沈家煊 1999b)和配价构式(valency constructions，Herbst 2010、2011，转引自 Perek 2015：36)等概念。

词单义问题，与人类大脑翔实记忆表征的领域通用（domain-general）认知能力不符（Bybee 2010：14－19；Perek 2015：33）。为此有学者主张两种路径需要结合（Diessel 2016；施春宏 2018：8），但是如何结合还未有定论。这一章拟从基于使用的构式语法视角出发，尝试构建一种"基于使用的动词和句式动态循环模型"。句式的问题上一章已有论述，这一章先讨论词项问题，明确区分词项的两个层面，即个体词和概括词，看概括词可能存储哪些形式、语义信息；接下来讨论词项（具体为动词）和句式之间的关系，详述"基于使用的动词和句式动态循环模型"。

12.1 词项：个体词和概括词

国内语言学界的"词"是舶来品，它在古代汉语中另有意义。《说文》对"词（詞）"的解释是："意内而言外也，从司从言。似兹切。"后来演变出"虚词"的意思，如清人王引之所著《经传释词》中的"词"。随着西方语言学理论的涌入，一些新的概念及术语出现了。其中，黎锦熙（1924/2007）有意用"词"对等 word，后来便在语言学界流行开来。但是这个单位是否存在，或者是否合适，许多学者对此表示怀疑（如赵元任 1992：239－240）。一般语言学教材对"词"的解释是："词是代表一定的意义、具有固定的语音形式、可以独立运用的最小的结构单位。"（胡裕树 1995：203）这两个标准，前者只能作参考，后者在实际操作中也有一些问题。

正是由于这个单位的不确定性，[①]学界开始区分各种词，据笔者所见有"词汇词、语法词、句法词、修辞词、韵律词"等等。这其

---

① 当然，英语中的 word 也具有歧义性，按照 Hanks（2013：28－29）的说法，至少有 6 种用法：类型（type）、个例（token）、词条（lemma）、词位（lexeme）、短语（phraseme）和词项（lexical entry）。

实是词的"同一性"问题。"词汇词"指多个义项具有联系的同一个词,体现为词典中的一个词条;"语法词"指词汇词之下的单个义项,这是按照同一性归纳出的单位;"句法词"指由句法运作而生成的"词";修辞词指因词类或词汇活用而生成的词;韵律词指在韵律节奏中可以独立的单位(参冯胜利 2001;莫彭龄 2004;戚晓杰 2015;庄会彬 2016)。具体到其中的动词,郑定欧(2001)区分了"形态动词"(词典中的一个条目)、"语义动词"(一个义项)和"句法动词"(一个句法分布即一个动词)。

之所以围绕"词"会有这么多概念,有两个原因:首先,词库、句法无法截然分清。构式语法主张取消词库、句法之分,这也得到了来自语法化、二语习得和心理语言学等领域的证据支持。汉语当然也不例外,最典型的是离合词,离为短语合为词;再如"可V"型词语,其实是"可(以)"搭配"V"进一步词汇化的结果(古川裕 2007)。其次,二者的区别又客观存在。词库、句法之分反映到词身上便是概括词和个体词:前者是存储在个体大脑或集体无意识词库中的词,可以脱离语境而存在;后者是运作于真实语言使用或言语层面句法中的词,必须依附语境而存在。两者存在动态的互动关系:概括词是从个体词中"抽象和综合"出来的(朱德熙等 1961),个体词的形式和意义一直处于浮现、协商和习得中(Hopper 1987; Tao 2003),其中固化/规约化的形式、语义属性可以存储到概括词当中;个体词可以视为概括词的具体应用或实现,存储在概括词当中已有的使用经验会对新的使用形成制约。由此可见,概括词和个体词之间是一种互动或双螺旋关系。

那么从个体词到概括词的固化/规约化涉及哪些形式、语义属性呢?我们在 Hawkins(2004: 117)的基础上总结为以下几类:

1. 客观意义:概括词通常存储多个意义,成为多义词,在个体心理词库中表现为辐射网络(radial networks),在社群的语文词典中表现为多个义项。

2. 词类或句法范畴：词类的本质是指称、陈述和修饰等命题言语行为功能（Croft 1991、2001）或表述功能（郭锐 2002）。个体词固化/规约化的功能分布信息会存储到概括词当中，从而影响其词类归属（Wang 2014；王仁强、陈和敏 2014；参见本书第 2 和第 3 章的讨论）。

3. 搭配偏好或高频搭配：个体词的生命来自搭配，因此其偏好搭配集也会存储到概括词当中。英国语言学家 J. R. Firth 有句名言："观其伴，知其意。"（You shall know a word by the company it keeps）。对他来说，搭配是一个词词义的组成部分。

4. 语义结构：语义结构（大部分称之为"论元结构"或"配价结构"）反映了词语的句法-语义联系，反映到概括词便是词语本身包含的语义成分数量及类型（大部分以"价""向""元"等术语来表述），甚至包括句法位置（如不及物、单及物和双及物）和句式交替信息（詹卫东 2004）。[④]语义结构主要针对动词，但是名词（尤其是动名词）和介词也存在语义结构（参袁毓林 1992；Hanks 2013：134）。

5. 词汇化："今日的词法是昨天的句法。"（Givón 1971）受组块思维的影响，某些搭配在高频使用下可能合为一体，从而逐渐形成新的概括词。

6. （交互）主观性：主观意义如褒义（favorable/positive）、贬义（non-favorable/negative）等，交互主观意义如说话者与听话者之间的协同信息（alignment）、推理意义（inferential meaning）等，都可能存储到概括词当中。

7. 语境信息：与文本语境（co-text）、情境语境和社会、文化语境相关的语义，具体如文体或语体、语域和社会阶层信息等，都可能固化/规约化到词项之中（周春林 2006：205－206；Goldberg 2019：15；Schmid 2020：15、107）。

最后想强调的是，概括词存储了哪些信息，是由个体词的使用决定的，只有那些固化/规约化的使用信息才会存储到概括词当中。因此针对词的使用模式调查至关重要，这种使用模式便体现为句式（句式讨论见第 11 章，此处不赘）。

12.2　基于使用的动词和句式动态循环模型

讨论到动词和句式的关系，很容易陷入循环窘境，好比“鸡生蛋、蛋生鸡”一样（Hanks 2013：186）。[①] 为此需要区分两种“循环”：一种是循环论证，这是理论构建中应该避免的逻辑错误；一种是循环累积因果（cumulative causation）或互为因果（reciprocal causation）或反馈回路（feedback loop），这是复杂适应系统（如语言、经济等）的常见现象。一方面，循环论证的逻辑错误不能犯，另一方面要正视循环互动的语言事实，[②]对于动词和句式的关系而言，唯一的出路只能是采用基于使用的模型（袁毓林 2004；Langacker 2000、2009；Perek 2015；严敏芬、李健雪 2018）。例如，Perek（2015：45）提出了“基于使用的配价假说”（the usage-based valency hypothesis），即“动词配价模式的认知状态与该模式的使用频率密切相关”，并通过比较用法数据的实验结果验证了这个假设。我们在其基础上明确动词与句式之间的循环性质，进一步提出一种“基于使用的动词和句式动态循环模型”。

按照上面有关词项的讨论，动词可以区分为“个体动词”（verb token）、“概括动词”（verb type）和“动词”。按照第 11 章有关句式的讨论，句式可以区分为“句子”“具体句式”“抽象句式”：

---

① 其实不光是讨论到动词与句式关系时容易陷入循环论证，很多语言现象的讨论都可能掉入这个陷阱。例如，在语用学中有著名的“格莱斯怪圈”（Grice's circle），指会话含义的得出基于命题意义，而命题意义又需要基于语用推理获得。

② 有学者指出，语言中的“双向互动关系”乃至“多重互动观”已成为未来的研究重点（参宋作艳 2018 的综述）。

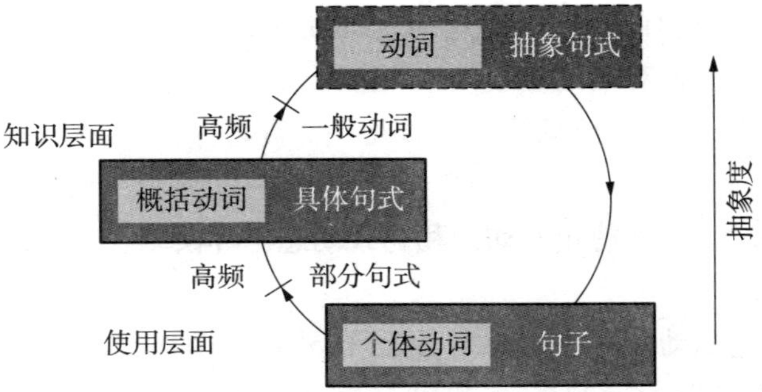

图 12－1 基于使用的动词和句式动态循环模型

具体句式是在使用层面无数句子的基础上抽象概括出来的，而抽象句式则是进一步抽象的结果；具体句式和抽象句式又会对具体句子的生成做出贡献，各自贡献的大小决定于动词过去的使用（参第 11.2.2 节）。如图 12－1 所示，个体动词、概括动词和动词是部分，句子、具体句式和抽象句式是整体，两者是部分-整体关系；它们分布在不同的抽象层面上，个体动词、句子分布在使用层面，其他范畴分布在知识层面（包括个体语言知识和社群语言规约）；上层范畴是对下层范畴或成员的抽象概括，下层范畴或成员是对上层范畴的具体实现，呈现为了一个互动循环反馈圈。为了避免把循环绝对化，我们在其中设置两道关卡，下面具体说明。

句式对动词的影响主要表现在从抽象句式到概括动词的固化/规约化。许多学者认为，抽象句式的语义结构有可能固化/规约化到动词之中。袁毓林（2004、2010：506）把这种影响称之为“词汇化”，并说边缘动词在抽象句式意义的强力渗透或典型动词的同化作用下可能引申出和句式意义一致的新义项。有学者担心，新义项会给存储造成负担，这其实也是早期构式语法的忧虑（参 Goldberg 1995：12－13）。但是一方面，大脑的记忆存储不惧冗余，语言的心理表征无须考虑存储问题（Bybee 2010：14－19；Perek 2015：108）；另一方面，我们设置的两道关卡也能避免滥增义项。第一道关卡是，是否新增义项取决于使用频率或是否规约化。如 Langacker(2009)所言："当一个动词'经常'(regularly)出现在某个构式中时，它会获得与构式意义一致的自身意义。这虽然类似于'最大多义观'，但不同之处在于，这个意义的存在要取决于构式中该动词的意义是否规约化。"也就是说，从抽象句式到概括动词的固化/规约化，必须经过使用层面的个体动词或句子这个环节。这些假设得到了来自语料库和心理学实验的证据支持。以经典的 sneeze 及 Pat sneezed the napkin off the table 为例，Langacker(2009：254)和 Perek(2015：41)均认为这种用法频率很低，其致动意义并没有规约化到动词当中。但是王仁强、陈和敏(2014)基于大型平衡语料库的调查发现，这种用法已经规约化并建议收入词典。再如针对 buy、pay 和 sell 三个商务动词，Perek(2015：Chapter 3)设计了阅读理解实验，并与来自语料库的频率信息进行比较，发现它们的使用频率决定了各自语义结构的认知突显性或可及性，频率越高的用法越容易被处理。第二道关卡是，除了"高频"之外，还要满足"部分句式"的条件。这是因为，某些句式无论多么高频，也不会对概括动词的语义造成影响，这便是一种不对称。[①] 比如存现句、事件存现句和动补结构，某些动词出现在这些结构里再高频，也不宜把句式义归纳到动词之中。

动词对句式的影响主要表现在从个体动词到抽象句式的固化/规约化。不论是配价语法还是构式语法，都认同动词的语义结构可以对句式做出贡献，争论在于动词是否会促成抽象句式的构式化。有学者提议，抽象句式的意义是从与之共现动词的语义

① 宋作艳(2018)认为这和压制的类型有关，有些压制无论如何高频也不会导致词义变化。Langacker(2009：266)则把这种现象叫作扭曲(skewing)，即动词语义和所在句式的组合语义发生了龃龉(Skewing is adiscrepancy between a verb's meaning and the composite meaning of an expression it appears in)。

结构中抽象出来的，其中高频、一般(general)动词扮演着决定性作用，如 go 促成不及物移动构式、put 促成致使移动构式、give 促成双及物构式等(袁毓林 2004、2010b：493；Goldberg 2006：77－79；王寅 2009)。[①] 该假设也得到了实证研究的支持。如 Perek (2015：80)对自然语言习得数据(分布偏向)、实验环境下的诱发数据以及语料库搭配构式分析(collostructional analysis)数据进行了综合，发现句式语义与出现其中的高频动词语义一致或相似，且这种分布偏向在句式习得中发挥着重要作用。也就是说，讨论到动词对句式的影响必须从个体动词出发，因为是语言使用决定了哪些动词是“高频”和“一般”的，只有那个频率最高、意义一般的动词会对句式语义造成影响(Langacker 2008；Stefanowitsch 2011；Perek 2015)。但是需要注意，单个动词本身无法促成抽象句式的最终形成，还需要其他几种因素的协同，如动词槽位的类型频率(type frequency)、语义成分的频率、动词和语义成分结合的相对频率(relative frequency)、语义变异度或相似度(variability/similarity)等(Goldberg 2006：79－90、2019：63；Diessel 2019：140－141；Schmid 2020：248－249)。

我们以两个例子来说明上述过程。图 12－2 左侧展示了从抽象句式到概括动词的固化/规约化过程：致使移动构式[NP V NP PP]是英语中的规约化构式，正是在此构式压制和类似动词类推的双重作用下，sneeze 产生了类似于 Pat sneezed the napkin off the table 这样的“非常规”用法。随着使用频率增多，其规约程度也越来越高。据王仁强、陈和敏(2014)的调查显示，sneeze 的这类用法个例频率虽然不高(COCA 中出现了 96 例)，但类型频率很高(涉及 9 个不同的搭配介词)，此外历时分布和语域分布

① 早有学者思考过动词和句式之间的密切关联，Goldberg(2006：78)列有其他一些文献，如 Kay(1996)、Clark(1996)和 Ninio(1999)等，可参考。

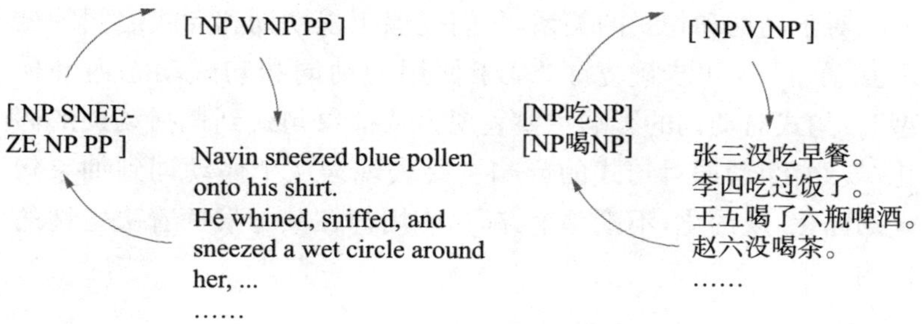

图 12－2　动态循环模型的两个例示

也很广泛，因此 sneeze 及物用法的规约化程度很高。换句话说，已经衍生出了[NP SNEEZE NP PP]这样的常规构式，概括词 SNEEZE 本身即可以激活及物用法。图 12－2 右侧展示了从个体动词到抽象句式的固化/规约化：基于无数像"张三没吃早餐""王五喝了六瓶啤酒"这样的具体句子，语言使用者首先概括出了[NP 吃 NP]和[NP 喝 NP]这样的具体句式或枢纽句式（pivot construction），在此基础上再概括出更为抽象的及物句式。该过程已经得到了来自儿童语言习得的证据支持（Tomasello 1992：23－24；Schmid 2020：53）。

12.3　小结

词项需要区分为个体词与概括词，但是这种区分不是割裂，而是要凸显二者的动态互动关系：个体词的使用模式会影响概括词，包括客观意义、词类或句法范畴、搭配偏好、语义结构、词汇化和（交互）主观性信息等，如果固化/规约化就会存储到概括词当中；概括词存储着个体或社群使用该词的已有经验，会对现在的、将来的使用形成无形制约，这导致很多创新用法是从常规用法中拓展出来的。

对于动词和句式的关系，我们提倡正视动词和句式之间的循环互动事实，初步确立了“基于使用的动词和句式动态循环模型”。句式对动词的影响主要表现为从抽象句式到概括动词的固化/规约化，动词对句式的影响主要表现为从个体动词到抽象句式的固化/规约化，不论哪个方向，使用都在其中发挥着决定性的作用。

第 13 章　从不及物到及物：机制、理据和规约

不及物指“动词＋名词”结构或动宾结构，但为了淡化“动宾结构”中暗含的典型性（即动词为及物动词，宾语为受事），之后采用“动词＋名词”结构称谓。“动词＋名词”结构在现代汉语中具有强大的同化作用或类推作用，好多非“动词＋名词”结构都被同化为该结构，如“学习”“提醒”被同化为“学完习”“提完醒”，甚至单纯词“慷慨”也可以说成“慷他人之慨”。其中有一类比较非常规，即某些被视为不及物的动词出现了带宾语的现象，或者（而且）宾语的语义角色并非受事，导致“不及物＋宾语”或“及物＋非受事”这样的情况。

与该结构密切相关的概念是及物性（transitivity），各派理论对此看法不一：结构主义持“及物-不及物”二分的观点，以能否带宾语来判断一个词是及物还是不及物（如丁声树等 1961；陆俭明 1991）；在系统功能语法看来及物性是一个语义概念，是用来界定名词（组）与动词之间的各种关系的（Halliday 1967、1968；周晓康 1988）；美国西海岸功能学派把及物性视为小句乃至语篇层次的概念，主要基于连续统观提出了具有共变（co-vary）性质的句法和语义参数来判断及物性高低（Hopper & Thompson 1980；王惠 1997；屈承熹 2005）；认知语义学以“弹子球模型”和“舞台模型”来加以解释（如 Langacker 1991；王惠静、文旭 2017）；构式语法则用

构式压制来解释"及物动词带非常规宾语"和"不及物动词带宾语"的语用异化现象(如任鹰 2009;吴义诚、李艳芝 2014)。

在汉语界,过去以语义标准来判断及物不及物,如马建忠(1898/2010: 143)、黎锦熙(1924/1992: 23)区分了"内动字/词"和"外动字/词";后来语义标准遭到批评,受结构主义影响而倾向于功能标准(胡附、文炼 1955;朱德熙 1982: 56-58;陆俭明 1991);还有一派观点主张跳出及物不及物二分的圈子,或者放弃这种来自西方的框框(高名凯 1948/1986;曹逢甫 2005)。最后一种观点常受到忽视,但却值得格外注意。高名凯(1948/1986: 237-240)指出:"汉语具有动词功能的词本无及物与不及物之分别。当它存在于具体的命题或句子里头的时候,它既可以是及物的,又可以是不及物的,完全视实际情况而定。"判断一个词及物不及物经常落入"倒果为因"的逻辑错误(即循环论证),大家之所以走入这个误区,是因为在观念上存在"先入为主"的问题:"无奈国人受了西洋通俗语法书的影响,成见在胸,乃预先假定汉语具有动词功能的词必得有内外之本性,所以便将张冠李戴。"曹逢甫(2005: 58-67)认为汉语中及物、不及物区别远没有英语那么明显,会受到话题、词-短语难分和动补结构等复杂因素的影响,因此不如采用对汉语语法影响更大的状态、行动之分。但是他在行动动词之下还是采用了及物不及物的分法。总之,他们对放弃及物不及物之后该如何分类,并没有提供一个很好的方案。

简而言之,结构主义执着于把一个动词"锁定"为及物或不及物(最多加上兼类,但也会限制到最少),到功能主义才突破词汇进入了小句乃至语篇层面,基于原型范畴理论从语义或概念上去观察及物性,[①]遇到异常现象则借助于"构式压制"来解释。但是

① 屈承熹(2005: 18)对此评价道:"Hopper 和 Thompson 的及物性理论……在功能语法框架内,非常适合于描述及解释不为严格的语法规则所允许,但却确实存在的许多语言事实。"

这也带来不少问题，最明显的一点是：偏重小句乃至语篇层面，忽视词汇层面，构式语法更是走向了极端，以致导向了动词单义的后果（参第 12 章的讨论）。鉴此，我们将基于“基于使用的语言观”提出新的及物性界定，同时讨论汉语中有哪些及物化机制，其理据为何，以及从不及物到及物的规约化问题。需要提前说明的是，我们仅涉及单及物，不涉及双及物。

13.1　新的及物性研究框架

新的及物性研究框架可概括如下：

首先，及物性既是个体词及所在小句（乃至语篇）概念，也是概括词概念。这也是为何我们可以像功能学派去判断一个小句的及物性高低，或者判断其中某个个体动词的及物性身份，也可以像结构主义去判断一个概括动词的及物身份。

其次，及物性研究要区分个人言语层面和社群语言层面。个体词及所在小句/语篇和概括词分属于不同的层面，前者属于个人言语层面，后者属于社群语言层面。个体词及所在小句/语篇中的及物性是持续运作于真实语言使用中，而概括词则是表征于语言社群的心理词库当中的。①

最后，两个层面之间存在双向和动态互动，及物性是个体词及所在小句/语篇和概括词互动的产物。“双向”指的是：动词在小句/语篇中的使用情况会决定它在词库中的及物归属，而规约化的及物身份反过来又会影响人们对该动词的进一步使用（循环

---

① 事实上，词汇也有个人和社群之分，前者表征于个人大脑之中，后者表征于集体无意识当中，是无数个体的平均数或最大公约数。前者可以通过对个人长时的观察归纳或短时的心理学诱导实验来发掘，后者需要语言学家基于大规模语言样本有意识地调查归纳（体现在语文词典当中，参王仁强、康晶 2017 的相关讨论）。由于我们对社群语言知识更感兴趣，后面谈及词库仅指社群心理词库。

累积因果)。"动态"指的是：动词的及物身份不是先验的，也不是静止不变的，而是随着语言使用处于动态演变中，尽管小句/语篇中少量的浮动不会影响其及物身份，但一旦累积到某个奇点之后，量变就会发生质变，动词就会在及物、不及物和兼类之间发生游移。①

我们把这种及物性认识图示为图 13-1。其中纵线反映了动词在个人言语层面句法中的及物情况，白色代表及物，灰色代表不及物(如"吃"及物用法占 80%，不及物占 20%)；横线反映了动词在社群语言层面词库中的及物归属；不论纵向还是横向，及物性都是一个连续统。这种及物性认识有以下几个特点：(1)**双层性**。这种区分以语言和言语的区分为基础，以概括词-个体词区分为前提。(2)**概率性**。我们不提倡基于自省判断及物性，而是要基于语料库的使用模式调查，因此它具有概率性。(3)**动态性**。一个动词的及物身份不是绝对的，而是持续处于演变乃至转换中的，当然转换与否要以规约化为前提。

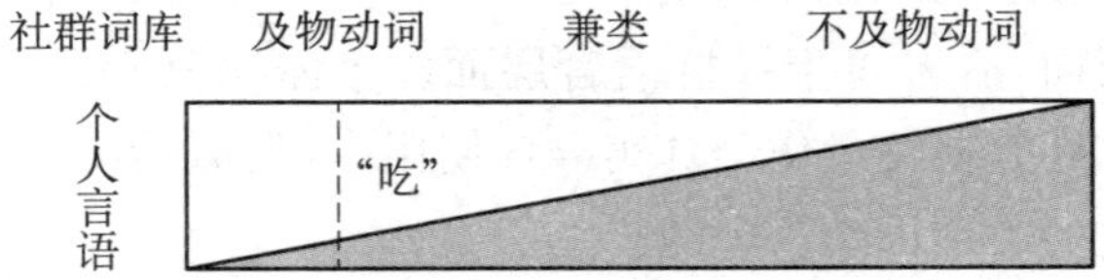

图 13-1 新的及物性研究框架

① 动词的及物身份可以变化，反映了语言的动态涌现本质。汉语如此，其他语言也不例外。以英语为例，从共时层面来看，英语的及物、不及物之分也没那么容易；从历时层面来看，也存在相互转化的情形。例如 Rissanen(2000：第 4.4.2.1 节)说："在英语历史中，动词的及物、不及物用法一直存在着波动"(In the course of the history of English, there has been constant fluctuation between the transitive and intransitive use of verbs)。不及物变为及物可能是因为介词丢失和重新分析，前者如 jump 不借助介词 over 直接加宾语，后者如 the potatoes are grown 被重新分析为"土豆被种植"(本来是"土豆长势喜人")。除此之外还存在及物转变为不及物，如 cure、shape、sell 等。

那么在这个及物性研究框架下，如何判断词语的及物性呢？在隶属于个人言语层面的小句中，及物与否是比较容易判断的，如果不以连续统观之（如 Hopper & Thompson 1980；陈昌来 1998 等的做法），而是采用一刀切的做法，即如陆俭明（1991）所定义的，“凡能直接带宾语的动词是及物动词，凡不能直接带宾语的动词是不及物动词”，且宾语不限于任何形类和语义角色，那么就只有及物和不及物两种情况。比如在下面的例子中，例（1）中的“死”无疑是不及物动词，例（2）和（3）中的“死”后虽有名词性成分，但却是由介词“在”和“于”引进的，不符合“直接带宾语”的定义；例（4—5）中是及物动词，尽管我们从语感也能看出，例（5）的及物性比例（4）要高，比“她生了儿子”这类句子低（“王冕”句的及物性分析见张伯江 2002；另见第 15.2 节的讨论）。

（1）呵，不，不，反正他死了，真的死了。（于伶《满城风雨》）

（2）老婆却因难产死在手术室，给他留下一个儿子。（《北京晚报》1986-11-23）

（3）尽管他死于承乾叛乱之前，但能说他不是承乾一党么？（吴枫、常万生《治世沧桑》）

（4）大夫死凶寇，谏议谪蛮夷。（隋唐五代《旧唐书》）

（5）你们死了儿子，也是我害了你们伤了阴骘！（张爱玲《倾城之恋》）

那么在小句中是否存在第三种情况即兼属及物不及物的情况呢？温颖（1987）曾总结了两类“兼性动词”：第一类就是我们上面说到的情况，动词可以根据所在句子明确地判断为及物或不及物；第二类就很奇怪，作者说它同时具有及物和不及物的性质，只不过在“动＋名”中更像及物，在“名＋动”中更像不及物。以“发展”为例，在“渔业在发展”中更像不及物（但也具有及物性质），在

“在发展渔业”中更像及物(但也具有不及物性质)。温颖(1987)严格执行语义标准,但是第二类所谓“兼性动词”不仅违背了“图形-背景”的心理学原则,而且忽视了其中的“发展”受句式影响产生的语义变化。事实上,在言语层面,不仅不可能产生及物不及物的兼类,也不可能产生任何词性之间的兼类。

而在隶属于社群语言层面的词库中,根据颗粒度粗细可以有多种区分。我们可以通过基于语料库的及物性调查进行判断,如“吃”的及物用法在语料库中出现了 80%(陶红印 2000),那么我们就可以说“概括词‘吃’的及物性为 80%”[①]。这样,所有动词将分布在一个从 0%到 100%的标度上,也就是说词汇的及物性也是个连续统。但是这种做法不太经济,因此常见做法是及物、不及物和兼类三分。这里的及物与否只能说是“大部分情况下”如此,而不能说绝对如此——绝对情况可以称之为“极端(不)及物动词”或“纯(不)及物动词”,这种情况比较少见,比如在我们所调查的四个类别中,所有动词或多或少都有及物用法,虽然我们在脱离语境的情况下不一定想象得到;“兼类”则是指及物/不及物的情况差不多。如此一来,80%的及物比例完全可以把“吃”判断为及物动词。

那么如何判断一个概括动词的及物身份呢?或者说,如何判断一个动词及物用法的规约度呢?个人语感常常是不可靠的,尤其当调查者接触过很多语料之后,其认知状态(即语感)会受到频率的影响。比如 Thompson & Hopper(2001)举到了 sample 的及物用法(We can't sample you),说“当我们听过几次之后,新奇性就消失了”,因为“我们所储存的关于动词或它们可以和哪

---

① 这不同于 Hopper & Thompson(1980)的做法,他们是根据若干标准判断一个句子的及物性高低,属于句法层面;而我们是基于语料库的使用模式调查判断一个概括词的及物性高低,属于词库层面。

些论元同现的信息是流动不居的(fluidity)”。为此我们必须求助于更加客观的标准。图 13－1 只是给出了一个最显性的标准——个例频率，即如果一个动词的及物用法占到了全部用法一半以上，那么一般来说可以肯定地判断为及物动词。但是如果及物用法没有一半以上时，我们便需要综合多项标准来判断，包括：

1. 共时分布：包括个例频率和类型频率，个例频率指及物用法的出现频率及比例；类型频率指该及物句式是否可以再细分，以及出现在宾语位置的词语是否丰富。个例频率促成具体句式的规约化，类型频率促成抽象句式的规约化，是及物结构能产性的重要标记，因此后者更为重要(参 Evans & Green 2006：118；Bybee 2010：95；王仁强、陈和敏 2014)。具体来说，如果两者同高(如“生”的及物用法)或同低(如“睡＋觉”)，那么可以肯定地判断为及物或不及物；但是两者一高一低，那么主要看类型频率，类型高说明规约度较高(如“睡＋处所”，参见杨旭待刊)，低则说明规约度较低。

2. 历时分布：指及物用法的分布是否久远，当然越久远说明其规约度越高。

3. 句式交替：及物句式交替的自由度越大，那么它的及物性就越高。如“我吃了饭”可以省略为“我吃了”，但“王冕死了父亲”就无法省略为“＊王冕死了”。

4. 认知语义：本着“存在即合理”的假设，及物用法都可以找到认知理据，区别在于该理据在动词所激活的认知图景中地位如何，我们可以简化为认知要素的凸显度。还可以与其他动词进行比较，即在更广的背景下观察其及物性，可以基于参与者(participants)、自主性(volitionality)、动态性(kinesis)、施动性(agency)、受动性(affectedness)和个体性(individuation)等参数进行判断。[①]

13.2 现代汉语及物化机制

高顺全(2004: 57－58)指出:"某些特殊句式如存在句能够导致甚至是要求动词的性质发生变化,同理,特殊句式也会导致或者要求名词性成分的语义角色发生相应的变化。""动词的性质"变化主要体现在不及物和及物之间,从前者到后者可以称之为"及物化"。需要提前说明的是,"及物化"不是说不及物动词变成了及物动词,而是不及物动词进入及物句式实现了及物化。即便是典型的不及物动词,也基本都有及物用法,如果不管及物用法是否规约化的话,那么都存在一种及物化机制。[②] 综合先贤研究,我们认为现代汉语中存下以下几种及物化机制。

13.2.1 非典型宾语句

非典型宾语(non-canonical objects)多是动词所关涉的对象,包括原因、目的、工具、方式、对象和处所等(参李临定 1983;吕建军 2009: 139;卢英顺 2016b)。这些语义成分既非施事,也非受事,故有称之为旁格。试举几个例子:

(6) 老实说,我晕车也晕船,所以看到这张图也晕了。(BCC 微博)

(7) 交通局积极与金融部门联系洽谈,跑政策,跑指标,(BCC

① 这里参考了 Hopper & Thompson(1980)提出的判断及物性高低的参数,但我们是在狭义及物性定义的前提下使用这些标准的:即先基于陆俭明(1991)提出的纯功能标准判定为及物,然后在此前提下根据这些标准对其及物性高低作出判定。

② 这里采用"及物化"这个术语是就句法层面句式之间的交替关系而言的,孰为基本孰为替换非指历时先后关系,而是共时交替关系。此外,如果存在及物化机制,那么也应该存在"不及物化机制",但是由于本项研究以典型不及物动词为多,所以这里只探讨及物化机制。

科技文献）

(8) 他开始走之字形，并且两步一个弯腰，三步一个蹲身……（严歌苓《陆犯焉识》）

(9) 约会恋人的，走夜路的，做夜工的，皆觉得月光比日光较好。（沈从文《月下小景》）

(10) 睡炕比睡沙发床好，腰不疼的。（贾平凹《废都》）

(11) 他于是就在家里歇病假，哪儿也不去……（汪曾祺《云致秋行状》）

(12) 今天一大早出发，走走停停，累了一身汗……（《人民日报》1992 年 10 月 15 日）

这些例子中的宾语本来多由介词引进出现在状语位置，如今删略介词"升格"到了宾语位置，完成了及物化。[①] 如"睡沙发"可以说成是"在沙发上睡"。其句式交替可以描述如下：

介词＋名词＋动词→动词＋名词

在沙发上睡　　　→睡沙发

这个机制经常表现在身体行为动词身上，除了上面举到的一些例子，还有（下面例子都出自李临定 1990a：131，他把这类兼类动词称为"走"类）：

(13) a. 他在那儿跪了老半天。　b. 我只跪单腿。

(14) a. 天太冷，大家都不停地跳。b. 孩子们在那儿跳绳呢。

① 某些语言（如 Bantu languages、austronesian languages）有一种叫"应动语态"或"施用语态"的机制（applicative voice），可以把旁格提升为核心格，是一种可以导致增价的语素。英语没有专门的应动语态，但是可以通过词汇手段达成一样效果，如"Jack ran faster than the giant"可以说成"Jack outran thegiant"（参：https://en.wikipedia.org/wiki/Applicative_voice）。汉语也没有严格意义的形态标记，但有学者认为汉语也有应动或施用标记（具体参孙天琦 2019：第三章）。

(15) a. 她哭了老半天。 b. 她哭孩子的病老不好。

(16) a. 他哈哈大笑起来。 b. 我笑你刚才说的那些话。

(17) a. 我不坐,我走了。 b. 我坐椅子,你坐沙发。

(18) a. 我在外边玩了一天。 b. 我们今天玩颐和园了。

13.2.2 存现句

存现句被林杏光(1990)归为无主句,吕叔湘(1979)则说"存现句属于非主谓句"。从信息结构的角度来看,存现句属于非主题判断句的一类,即以实体为中心的句子焦点结构(entity-central sentence focus structure),其语用功能在于把一个新的所指对象引入话语。存现句又可细分为存在句和隐现句,前者只是简单说明所指对象的存在场所,后者则引入一个伴随动词行为出现的新所指。① 动词,不论其是及物还是不及物,进入该结构即可实现及物化。

13.2.3 事件存现句

事件存现句和存现句一样是非主题判断句,但它是以报道事件为中心的(event-central sentence focus structure)。汉语经常以语序来标记这类句子：为了避免听话者把某个名词(组)解读为话题,故把该名词(组)置于动词之后(定指、不定指都可),其功能为断言事件存现或发生(罗仁地、潘露莉 2005)。但我们一定要知道这只是一种倾向,而非绝对(沈园 2000;周士宏 2016：139)。这种结构在汉语中比较常见,过去一般被归为"无主句"(如林杏光 1990：41)。如下面例(19—20)所示,它们或者很难补出主语,或

① 有学者认为,"存现动词"和"存现物"就可以构成存现句,而经常出现的处所其作用既非焦点也非话题,而是为了指示所在场所(LaPolla 1995;周士宏 2016：244)。换句话说,他们不认为存现句是话题-述题结构。当处所/时间成分在场的时候,后续话语并非要说明这个处所/时间怎么了,而是为了在这个框架下引入一个新的角色。这不仅能解释为何存现句中总有量化成分,也能解释为何在隐现句中它们总是缺席(因为说话者根本不关心处所/时间)。

者很少补出主语——语料库中存在有主语的情况(例21—22)，但相对没有主语频率很低。

(19) 下雨了/出太阳了/刮风了。

(20) 散会了。开学了。放假了。(以上来自林杏光1990)

(21) 天上出太阳了！(贾平凹《高兴》)

(22) 天要刮风下雨，人要受苦受难。(莫言《十三步》)

动词如果通过该结构实现及物化，只要把动前名词调整到动词之后即可。替换之后的结构从信息结构来看属于句子焦点，即整个句子都是焦点，根据交际需要可以为之添加一个话题，从而构成话题-述题句。如下：

名词＋动词→动词＋名词→名词＋动词＋名词

话题-述题 →句子焦点 →话题-述题

13.2.4 非典型事件句

事件句是"叙述一个独立的、完整的事件的句子"，故又称之为有界句(bounded sentence)；与之相对的则是非事件句或无界句(unbounded sentence)。促成动词有界的典型语法标记是体标记"了"，促成名词有界的典型语法标记是数量词，其典型句式可概括为"光杆动词＋了＋数量名"(沈家煊1995)；从语义上可以概括为"施事＋动词＋受事"，这是汉语中的无标记或基本句式(石毓智2000a；施春宏2004)。事件句是个原型范畴，其内部有中心成员和边缘成员之分：该句式的中心成员，语义上表示涉及力量传递的具体关系(如"我打了他")，动前名词的施事性强，动后名词的受事性强，整体句式的及物性高；边缘成员表示不涉及力量传递的抽象关系(心理或社会关系)，动前名词的施事性弱，动后名词的受事性弱(但仍然可判断为受事，这是不同于非典型宾语句的关键)，整体句式的及物性低。能构成前者的动词一般是典型及物动词(如“打”),能构成后者的除了典型性较差的及物动词(如“爱”“失去”等),还有一些典型不及物动词,比如由“死”构成的“受损者+死+死者”句式,是典型事件句泛化类推到非典型事件句的结果。如高顺全所言:

> 对于母语者来说,这种认知机制(即“泛化”——笔者注)同样起作用,表现为某一范畴的功能扩大化,例如带宾语本来是及物动词的用法,带双宾语是双及物动词的用法,可是母语使用者将及物动词带宾语推广到不及物动词(如“王冕死了父亲”),将双及物动词的特征推广到一般的及物动词(如“吃了他三个苹果”)都是功能扩大化的表现(高顺全 2009)。

行文至此,需要说明一下非典型宾语句、存现句、事件存现句和非典型事件句的关系。它们的不同可以通过“±存现”、“±事件”和“±旁格”来理清。如表 13－1 所示,事件存现句的句式是“(话题+)动词+存现物”,表示“存现或发生了某事”,所以存现义和事件义均凸显;存现句的句式是“处所/时间+动词+数目+存现物”,表示“哪里存现了多少个某物”,存现义凸显,事件义微弱——这两类句式的宾语既非受事,也非旁格,而是施事,故在文献中被称为“施事宾语句”(如范晓 1989;张伯江 1989)。非典型宾语句的句式是“名词$_1$+动词+名词$_2$”,其中“名词$_2$”属于旁格成分,句式存现义和事件义均微弱;非典型事件句的句式是“名词$_1$+动词+名词$_2$”,其中“名词$_2$”是非典型受事,句式事件义突显,存现义微弱。[①] 这四类句式相对不及物句式即“名词+不及物

① 区分四类句式所使用的特征是二元的(“±”表示要不有要不没有),但我们在表述时却使用了“突显”“微弱”这类模糊的表述。比如对于“存现句”和“非典型宾语句”,我们判断为“－事件”,但是存现句下的隐现句具有一定事件性,而“非(转下页)

动词”的及物性都要高，相对典型事件句即“名词$_1$＋及物动词＋名词$_2$”（其中“名词$_2$”为典型受事）都要低；而在其内部，其及物性高低呈现为“非典型事件句＞非典型宾语句＞存现句＞事件存现句”的连续统。可见，这四类是连续范畴，而非离散范畴（可参张谊生 2014 的讨论），这也导致人们在判断时可能出现游离。如对“王冕”句，有的认为是事件存现句（罗仁地、潘露莉 2005；周士宏 2016），有的认为是存现句（如石毓智 2007；吕建军 2009），也有的则认为是非典型事件句（高顺全 2009）。

表 13－1　存现句、事件存现句、非典型宾语句和非典型事件句之比较

	事件存现句 （话题＋）动词＋存现物	存现句 处所/时间＋动词＋数目＋存现物	非典型宾语句 名词$_1$＋动词＋名词$_2$	非典型事件句 名词$_1$＋动词＋名词$_2$
存现	＋存现	＋存现	－存现	－存现
事件	＋事件	－事件	－事件	＋事件
旁格	－旁格	－旁格	＋旁格	－旁格
及物	较低	中下	中上	较高

“非典型宾语句”比较容易区分，最容易纠缠不清的是其他三类，以“死”“瞎”和“肿”三个词为例：

	事件存现句	存现句	非典型事件句
(23)	a. 死了父亲很可怕。	b. 村里死了一个人。	c. 王冕死了父亲。
(24)	a. 瞎了眼睛很可怕。	b. ？村里瞎了一个人。	c. 王冕瞎了右眼。
(25)	a. 肿了脚很可怕。	b. ＊村里肿了一个人。	c. 王冕肿了脚。

（接上页）典型宾语句”下的“动词＋处所”则可能新增了“征服”或“占有”的事件义；再如“非典型事件句”，我们判断为“－存现”，但是这类句式多表示领属关系和承蒙关系，因此也被张谊生（2014）归为了“存现句”。

“死”的及物用法包括三类:“受损者+死+死者”“死+死者”和“处所+死+数目+死者”,它们的及物化机制是不同的。“处所+死+数目+死者”不论在形式还是意义上,都更偏向于存现句:整体具有消失的意义;“处所”经常是在场的;“死者”前加了“数目”,也是典型存现句的特点之一。“死+死者”是典型的事件存现句,如下面例(26—28)中的“死+死者”前很少出现话题(当然也可以补出来),“人”“母亲”“那么多的人”都是不可识别的,与上面所举的例(19—20)具有形式、意义的一致性。尤其需要注意的是,例(27)和“王冕”句不同,其中的“母亲”不像“王冕”句的“父亲”是可识别的,这里只是一个通指。

(26) 芥末气如果不是吸到肺里,还不会马上死人。(李崇基《毒瓦斯》)

(27) 该仪式的第一段叫做“接舅舅”,死了母亲后,要立即通知舅舅。(罗开玉《丧葬与中国文化》)

(28) 你们看见死了那么多的人,倒了那么多的房子,就动了人道主义的心,掉下了怜悯的眼泪。(中杰英《在地震的废墟上》)

“受损者+死+死者”(即“王冕”句)的情况比较复杂。在历时上,它有事件存现句的起源。调查表明(参第 15.1.2 节),“死”后加“死者”句式开始出现时,前面都没有“受损者”或其他语义成分,它主要是利用事件存现句表述“死人”或“死了多少人”这样的事件。随着历史推移,“受损者”出现的比例上升,并逐渐独立为一类特殊的句式,并最终形成共时层面的“受损者+死+死者”句式,此时“受损者”不出现的句式反而受限,因此我们把它视为非典型事件句更为合适,其表现包括:“受损者”经常是在场的;“受损者”和“死者”语义关系密切,主要是社会关系网络内亲人之间的领属关系；“死者”是定指的，多是“受损者”的亲人，而不是泛泛的亲人（试和例27比较）；“死者”可以成为整句的焦点，比如“王冕死了父亲”的焦点是“父亲”（不是“母亲”或者“妻子”等其他亲人）。

“瞎”“肿”的及物用法包括两类句式：“动词＋器官”和“主体＋动词＋器官”。例如，“瞎了眼睛很可怕”中的“瞎了眼睛”是一个事件存现句，此时“眼睛”在语用上被合并到了动词“瞎”之中（其实由于“瞎”只对应于眼睛，这一句完全可以说成“瞎了很可怕”）。由此可见，“眼睛”的信息量极少，很难成为一个焦点。“王冕瞎了右眼”是一个非典型事件句，其理由和上述“受损者＋死＋死者”的表现类似，只不过“主体”和“器官”是单个个体内整体和部分的领属关系；“右眼”之所以可以成为焦点，是因为可以相对于“左眼”或“双眼”；“脚”则可以相对于其他器官，如“肿了胳膊”“肿了手”等。“瞎”和“肿”都没有存现句：“＊村里肿了一个人”绝对不能说，因为“肿”须要指明具体器官；“？村里瞎了一个人”似乎可以说，但我们找不到1个用例，这一点前面也已经指出过了。

13.2.5 使动句

使动句在现代汉语中具有独立地位，如徐通锵（1997：580）把使动和自动视为汉语的两种基本句式格局（转引自宋文辉2018：174）。谭景春（1997：191）在谈到该句式致使义的来源时说，这种意义无法从动词和宾语中推导而出，因此“这种致使义是靠动宾结构体现的，是一种结构意义（结构的致使义）”。这种观点颇具构式思维。为此，某些“不及物动词和形容词”一旦进入使动句，就会成为具有及物身份的“致使动词”。①

---

① 使动意义有三种表达方式：句法手段、形态手段和词汇手段。汉语中的句法手段除使动句之外，还可以用“使/令/让”字句（如“使布局整体化”）；汉语中没有形态手段；汉语中的词汇手段有“双动词结构”和“X化”。

利用使动机制实现及物化，最典型的是"形容词"（王启龙1995；朴德俊2019），如单音节的"饿（肚子）、烦（人）、肥（田）、干（杯）、红（脸）、亲（日）、热（饭）、松（土）、烫（衣服）、累（人）、麻（嘴）、暖（手）、弯（腰）、温（酒）"（摘自王启龙1995），双音节的"淡泊、富裕、高兴、规范、寒碜、开阔、麻痹、满意、奇怪、强壮、突出、完善、协调、兴奋、严密、严肃、镇定、镇静"（摘自朴德俊2019：257），等等。

13.2.6 双动词结构

双动词结构就是过去所称的"动补结构""述补结构""动结式"，为了保持中性我们采用了这个名称（第一个动词为"前动词"，第二个动词为"后动词"，合称"双动词"，所在句式为"双动词结构"）。①

不及物动词也可以通过直接进入双动词结构的后动词位置实现及物化，但此时句子的及物性是由双动词决定的，而非单由一个动词决定（双动词具有合成词性质，参第16章的讨论）。有些动词，不管它们是否可以通过其他机制实现及物化，都可以通过直接进入双动词结构实现及物化。其交替机制可描述如下：

名词＋动词→名词＋动词＋**动词**＋名词
小伙子醒了→虱子咬醒了小伙子
枕头湿了　→我哭湿了枕头
人醉了　　→人喝醉了酒

需要补充的是，"咬醒""哭湿"具有使动意义，其使动意义体现在后动词身上，但不能因此说，它们是先进入使动句，然后再进入双动词结构的，因为单独一个"醒""湿"无法构成使动结构（例

① 这里的动词取广义，包括狭义动词和形容词。另外，"双动词"的说法并非笔者首创，金立鑫、王红卫（2014）就使用过这个术语。

29—30）。可见，使动句和双动词结构是两种独立的机制，双动词的使动意义是整体造成的，但不是后动词单独造成的。

(29) *虱子醒了小伙子。
(30) *我湿了枕头。

13.2.7　两种机制的结合

例句如下：

(31) 红菱湖冻死了两头耕牛。
(32) 爱情故事哭晕了我。
(33) 酒喝醉了老王。

我们会在第 16.2.1 讲到，上述句子都是在常式的基础上变化出来的，因此某些动词通过这些及物机制实现及物化也要经过常式的环节。对于例(31)来说，“死”要先进入双动词结构（“两头耕牛冻死了”），然后再进入了事件存现句，最后可以添加一个话题。对于例(32)和例(33)来说，“晕”“醉”也要先进入双动词结构，然后再通过使动句实现及物化。如下：

名词＋动动	→动动＋名词	→名词＋动动＋名词
双动词结构	→事件存现句	→话题－述题句
两头耕牛冻死了	→冻死了两头耕牛	→红菱湖冻死了两头耕牛

名词＋动动（＋名词）	→名词＋动动（＋名词）
双动词结构	→使动句
我哭晕了	→爱情故事哭晕了我
人喝醉了酒	→酒喝醉了人

13.3 现代汉语及物化理据

及物化理据要解决的问题是：在具体语境中，是哪些因素促成了语言使用者选择了及物句式？据我们的调查，存在四个因素，分别是：焦点、话题、协同和语体。

13.3.1 焦点

汉语被视为一种语用敏感性语言（sensitive to pragmatics），故很多语序问题能从隶属于语用范畴的信息结构得到解释（Thompson 1978；LaPolla 1990、1995）。汉语的自然焦点位于句尾，故被称为“焦点基本位置”（default focus position），所以若要凸显焦点性便须占据该位置（可称之为焦点化）。徐烈炯（2002）讨论的四种组合语序“动词和宾语”“动词和时间/地点成分”“宾语和动量/时段成分”以及“主语和动词”都是出于这样的语用动因，而允许语序有一定的灵活性；其实除了这四种之外，还有不及物的双动词结构[①]和“得”字结构（刘丹青 1995；张伯江 2011；陆丙甫等 2015）。正是因为宾语的焦点性特别强，造成了许多非常规“动词＋名词”结构。焦点（化）的解释只适用于谓语焦点，在我们讨论的几种及物化机制中，非典型宾语句、非典型事件句、使动句和双动词结构可用“焦点化”来解释。

13.3.2 话题

话题何以能影响到及物化，这要从反面来理解：在存现句和事件存现句这种句子焦点类型中，当有多个名词（组）需要安置时，为了避免某个名词组被视为话题（不管是主话题还是次话题），可以将其置于动词后或句尾的位置，此时由于整个句子都是焦点，因此该名词（组）虽占据句尾但并非焦点。当然存现句和事

---

① 及物的双动词结构可归入徐烈炯（2002）所说的“动词和宾语”，因为可以把双动词视为一个整体。

件存现句还是有一些不同，前者的语用功能是为了引进一个新对象，所以“存现物”的焦点性偶尔会凸显（即“哪里存现了多少个某物（而非他物）”）；但是对于后者，由于其语用功能是为了引进一个事件，所以“存现物”和动词发生了语用合并，不管从语义还是语用上“存现物”都不会凸显。

13.3.3 协同

“协同”(alignment)是指“说话者倾向于使用相同的词或短语（不管何种类型）作为他们的交际模式，这是一个说话者再利用另一个说话者说过的话的拷贝行为”(Feyaerts et al. 2017：251)。[①]“协同”是一个具有心理学基础的概念，有学者认为是启动效应(priming effect)[②]造成的(Pickering & Garrod 2004、2006)。至于其语用动因，可以从“协同”字面得到，即我们之所以要采用与对话者相同的词、短语甚至语法，只是为了与对方形成共鸣，这是一种与对方站在同一立场的联盟行为。陆俭明(2007)曾举到一则例子：“位”作为量词用于人时含有敬意，一般不能用于说话者自己，但如果饭店的服务员问我们“请问几位?”时，我们通常会脱口而出“我们三位”，完全意识不到这样指称自己是不合适的。这其实就是一种协同现象。

遗憾的是，这些研究多是针对面对面的交际互动，几乎没有关注听话者/读者不在场的独白或写作活动。那么这类活动是否也可以体现协同呢？作者又是如何与读者实现共鸣的呢？笔者提出一种假设：作者默认自己的话被读者接受从而形成话语反

① 对于 alignment 这个术语，文献中也有翻译为“认同”或“同盟”，我们在这里依据其本义（排成一条直线）翻译为“协同”。Pickering & Garrod(2004、2006)是关于互动协同的开创性研究，他们主张在第一语言的交际互动中，协同是保证对话成功的重要机制。汉语界这方面的研究可参考陈振宇(2017)、朱军(2019)和孙佳莹、陈振宇(2021)等。

② 指由于之前受某一刺激的影响而使得之后对同一刺激的知觉和加工变得容易的心理现象（参百度百科“启动效应”词条）。

射，继而以实际上是自己的话语作为模板形成协同，这样作者就通过重复自己的语言模式与读者实现了共鸣。比方说作者在写作中追求术语一致，如果在前文中使用了“电脑”一词，在后文也会保持一致而不会使用“计算机”，否则就是对读者的不友好。再比如，Bock(1986)进行的实验表明，当英语使用者在参与实验之前听到过或**使用过** to 与格构式，那么实验中会更倾向于使用 to 与格构式(转引自 Diessel 2015)。①

及物化作为一种句法机制也会受到协同的影响。通俗来说就是，我们之所以在特定时点采用及物结构，只是因为不久之前听别人这么用过，这种“模仿”在大多数情况下是无意识的。我们注意到，不及物动词的及物用法经常出现在及物“连用”的环境中，如下：

(34) 她整日紧闭了嘴唇，头上带着大家以为耻辱的记号的那伤痕，默默地跑街，扫地，洗菜，淘米。(鲁迅《祝福》)

(35) 半路上，遇一道人，瞎一只眼，瘸一条腿，头戴白藤冠，身穿青懒衣，随在骆驼后面既不吃，也未喝，...(CCL 李文澄《努尔哈赤》)

(36) 党委书记孙金贵过早地秃了脑门、减了青发，落下了一身病痛；镇长司元礼也老了容颜、皱了皮肉，副书记杨家旭只为柴胡店农民操心致富，却荒了他自己的农村的家，崔广峰也一下子老了许多。(侯贺林《当官会给民作主》)

① 协同现象体现了交互主观性，但目前的研究局限于说话者和听话者都在场的互动，书面文本如何体现交互主观性值得进一步研究。笔者曾就此问题向陆俭明教授请教过，他说“你可以超越我所谈的对话体的情况去大胆假设，但必须小心加以求证。一定要防止为了要将自己的观点站住而去扭曲语言事实”!

谢晓明、王宇波(2009)指出，例(34)是一个“连用”的句法环境，即两个或两个以上有并列关系的 VN 连用所组成的粘合结构，导致本不能搭配的“跑街”在这种动宾结构的强类化作用下临时搭配在一起——这其实就是一种协同现象。例(35)和(36)也是一个道理。

13.3.4　语体

语体区别对语法研究有重要的方法论意义，这在过去就得到注意，如今更受到重视(陶红印 1999；张伯江 2007)。Kretzschmar (2015：100)更在 Biber 研究的基础上指出：每个文本都有其自身语法(every text has its own grammar)，语法总是与我们所观察的说者人群和文本相关。很多创新的及物用法与语体相关，如果我们把语体粗分为口语、文学、报刊、学术四类的话，那么它们对这种用法的容忍度是不同的：从高到低可排列为“口语＞文学＞报刊＞学术”。比如我们调查了“死”及物用法的语体分布，发现在各语体中的分布是不均匀的，就是因为各语体不同的特点决定了它们对“死”及物用法的不同容忍度(表 13-2)。——当然这只是一个十分粗浅的观察和总结，目前这方面的研究还比较少。语体和语法具体如何相关，还需要我们做更具体和深入的调查。

表 13-2　动词“死”及物用法的语体分布

语体	口语	文学	报刊	学术
频率	31	20	14	1
比例(%)	47.0	30.3	21.2	1.52

除了以上四个因素，相信还有很多因素会影响到及物化。这里想指出的是，以上分析都是针对个体的，即把及物用法视为少数人甚至个别人的创新用法，但一旦这种创新用法被更多人乃至

整个语言社群使用，那么直接用“语法”解释即可。这便是规约化的问题。

13.4 从不及物到及物的规约化

不及物动词初次进入上述及物结构，都属于创新用法，但是随着使用增加也可能规约化，即从不及物动词**变成**及物动词。高顺全(2009)指出，从创新句法结构(修辞)到常规句法结构(语法)，经历了“泛化—模仿—类推”的演变过程；发展到类推须有“足够多的语言社团成员参与”，如果满足这个条件，即可实现规则化，例外也将变得整齐规律。所以说，以上及物化机制只是为规约化打开了一扇门，是否允准规约化还需要我们一一考察。须谨记的是，规约化是个程度问题，并非是或否的截然二分。

在上面提及的七类及物化机制中，存现句和事件存现句属于非主题判断句，它们在现代汉语中具有独立性和典型性，具有无法从词汇推导出的句式义，故大部分不及物动词进入这两个结构都会受到临时压制，动词本身的不及物身份或语义结构不会发生变化，如果贸然为之赋予新义将违背经济原则。换句话说，这两类机制导致的不论是动词性质的变化，还是名词的语义成分的变化，都是句式作用的结果，而非发生在词汇层面(高顺全 2004：140－141；张谊生 2014)。① 双动词结构和两种机制的结合都涉及双动词结构，动词都是临时进入该结构，因此不涉及规约化问题。

① 至于如何解释动词和句式之间的互融关系，袁毓林(2004、2010b：509)采用了“词汇衍生”(lexical derivation)的做法：针对成批的有句法、语义共性的动词小类，通过这样一种手段，在不改变词义的情况下改变动词的原有论元结构，从而创造出适合某种句式的某种类型的动词或动词性结构的特有的论元结构。对于存现句来说，动词需要满足包含[状态][附着]意义的定位动词，至于施事论元删除可以设置一条广义被动化规则(2004；2010b：509－511)。

如果涉及规约化，那也是双动词结构整体的词汇化，也就变成另一个动词的问题了。这样就只剩下了非典型宾语句、非典型事件句和使动句。

13.4.1 非典型宾语句

如前所述，非典型宾语类型多样，其语义类可以是原因、目的、工具、方式、对象和处所等。如果一个不及物动词总是和这一类宾语搭配，那么我们认为这种及物性是可以规约化的。单宝顺(2011：278－280)在论及“征服义宾语”时，就说有些动词“征服”意义已经融入词汇之中成为其中的一个义项，不及物动词也就成为及物动词。以“闯”为例，我们目前觉得它是一个典型的及物动词(如“闯关东”)，但它一开始需要和“进、入”搭配才能带处所宾语，直到明朝才出现了直接带宾语的用法。

我们来看“睡”的三种及物用法(杨旭待刊)。对于“睡(觉)”，陈昌来(1998)认为“睡”和“觉”在分离使用时，无论是从语义上还是从句法上都有支配关系，因此“着眼于语义角度”倾向于把它视为二价动词。对于“睡沙发”这样的用法，有学者基于语义变化认为一价动词变成了二价动词(转引自吕建军2009：179)；任鹰(2000)、张云秋(2004)则认为这是受句式影响的临时用法。吕建军(2009：180)认同后者，但同时指出有“固化”的可能：

> 由于句式的压力，动词逐渐带上句式给予的意义，当然，这种由句式赋予的意义只能作为附加的意义，词汇本身的意义起决定作用。当固化到一定程度后，附加意义会沉淀下来，从而词汇增加义项，固定为词典意义。

至于“睡＋同眠者”的用法，我们暂未发现专门研究。我们的调查表明,“睡”的前两种及物用法使用频率很低,宾语位置的类型也不丰富(尤其是“睡+觉”),因此无法从它们出发把“睡”处理为及物动词。但是“睡+处所”虽然使用频率也不高,但考虑到处所在“睡”激活的认知图景中凸显度较高(26%),句法上可凸显到重要的宾语位置,且发生了较大的意义变化(即“睡+处所”是一个新颖构式),处所位置的词语特别多样,因此它的及物用法规约度是较高的,激进的做法甚至可以直接把它处理为及物动词。

13.4.2 非典型事件句

事件句是一个殊为抽象的句式,不像存现句和事件存现句那样具体和独立,其下可以涵盖多种多样的语义类。如果一个不及物动词经常出现在事件句当中,那么它就可能实现规约化,从而成为及物动词。具体案例可参考第15章有关“死”及物用法的讨论。

13.4.3 使动句

使动句式是句法范畴还是词法范畴,在文献中向来有争议。如果是词法范畴,那么使动意义是词本身自带的;如果是句法范畴,那么应该是动宾结构赋予的(相关讨论参石村广 2015)。构式语法把词法和句法视为连续统,这也为重新审视使动句增添了一个新视角。我们的观点是,句法可能规约化为词法。谭景春(1997:191)把使动用法区分为临时活用和基本用法两类,并且指出:

> 由于动词或形容词的使动用法的经常使用,有些词的使动用法逐渐成熟,致使义也稳定下来,不再依赖动宾结构来体现致使义,致使义完全由动词来承担(词的致使义)。……使动用法从临时活用到基本用法是质的转变,从结构的致使义到词的致使义是使动用法成熟程度的差别。这种程度差别是个逐渐转变的过程,中间有过渡带。

尽管作者认识到了不及物动词有可能规约化及物动词，但文中对“兼类”的认识却有点自相矛盾。作者说道：“致使动词一般由不及物动词和形容词转变而来，因此而成为兼类词。”事实上，只有确定了该动词的致使用法成为“基本用法”（即规约化），才能把这个词视为兼类；如果还是“临时活用”，那么是不好判定为兼类的。例如作者列之为“兼属形容词的致使动词”的“清醒”，我们在“语料库在线”中只找到了1条索引（1/295＝0.3%），且是出现在创新用法多发的文学作品中。如下：

（37）或许是广场的阵阵寒风清醒了人的头脑，有天半夜时分，谢齐历突然拉住丈夫的手，用正常人的口吻说：“找林巧稚大夫去，她是专家，只有她才有权证明我是男是女！”（马雨农、王武《林巧稚传》）

一个典型的例子是“闹”（单宝顺2011：281）。“闹”早在上古汉语中就已经出现，主要是表示“热闹”的形容词用法；唐朝后出现了直接带宾语的使动用法，开始主要出现在标题中（例38和39），来逐渐扩散到正文中（例40），一直延续至今（例41和42）。如今语文词典已把这一用法释为“扰乱；搅扰”（如《现代汉语词典》（第7版）第942页）。

（38）和风闹燕莺，丽日明桃杏。（《元人小令选》）
（39）王司徒巧使连环计　董太师大闹凤仪亭（《三国演义》）
（40）便将大闹阴司之事，细说一遍。（《喻世明言》）
（41）球迷大闹球场　裁判再添把火。（新浪体育）
（42）到了闹洞房的时间，葡萄挤在大叫大笑的人群里，……（严歌苓《第九个寡妇》）

谭文除了“清醒”之外，还涉及“饿、苦、累、恶心、渴、馋”等。其中前四个动词的及物用法都已经被词典收录了，分别释义为“使挨饿”(《现代汉语词典》(第7版)第342页)、“使痛苦、使难受”(第753页)、“使疲劳；使劳累”(第791页)和“令人厌恶”(第340页)。“渴、馋”虽也有使动用法，但不是仿古用法，就是分布极为有限，规约度都极低。[①] 例句如下：

(43) 爸爸饿了弟弟一天。

(44) 楚国军士争相逃命，互相践踏，这就苦了那些老弱和“娃娃”兵了。

(45) 你别恶心我了。

(46) 你老拿好吃的馋我。/他老馋我。(以上出自谭景春1997)

(47) 要是没有我累着你，你或许不会苦到这样。(巴金《寒夜》)

(48) “渴着他臊着他也不行吗？”(王朔《空中小姐》)

最后一个问题是，既然某些动词及物用法的规约度很高，那么我们是否应该在词典中标注它呢？其实词典编纂者对此一直是持开放态度的，例如我们前面说到的“饿、苦、累、恶心”四个词的使动用法，词典都收录了。谭景春(1997)也说“把致使义归属到动词上便于学习、理解和掌握，也便于词典的释义”。这里面的关键问题就在于其规约度，可是规约度并没有那么容易判断，而规约度居中的又很难说它到底是及物还是不及物。对于上面提

① 英语中也存在此类情况，如grow在词典中具有“生长”和“使生长”两种意思，其中后者在16和17世纪其实是很少见的，但如今已经规约化(Rissanen 2000：254)。

及的“睡”等动词，如果主张在词典中新增义项（李金兰 2006：134 即持此观点），可以预想会遇到很多反对意见。那么退一步说，是否可以在心理词库中如此表征呢？袁毓林（2004）认为这种做法可能大大地增加心理词库的负担。但是我们认为不存在这个问题，因为大脑的负载容量远远超乎我们的想象，大脑对语言是一种翔实记忆表征法（Bybee 2010：Chapter 2）。我们在研究语言知识的心理表征时，只需要考虑是否真是如此就行了，而不需要考虑是否经济或简约的问题（Croft 1998；转引自 Perek 2015：108）。计算机词库也能承受这种做法，因为如今的计算机存储成本大为低廉。总之，我们认为这种新增义项的做法对心理词库和计算机词库都没什么问题，因为它们是不避也不怕冗余的，而语文词典（尤其是纸质版的语文词典）则要考虑到篇幅和成本问题。

13.5　小结

这一章在回顾过去及物性研究的基础上，确定了一个新的及物性框架：及物性既是个体词及所在小句（乃至语篇）概念，也是概括词概念；及物性研究要区分个人言语层面和社群语言层面；两个层面之间存在双向和动态互动，及物性是个体词及所在小句/语篇和概括词互动的产物。

在这个框架的指导下，我们总结了七种及物化机制，包括非典型宾语句、存现句、事件存现句、非典型事件句、使动句、双动词结构和两种机制的结合，尤其讨论了存现句、事件存现句、非典型宾语句和非典型事件句之间的区别和联系。

不及物动词出现在这七种及物句式中即可实现及物化，其理据包括焦点、话题、协同和语体等因素。

当某个不及物动词的及物用法变得广泛后，有可能规约化，但是由于动词和句式的互动存在不对称，因此只有一部分机制能突破临时压制，促成动词从不及物规约化为及物。这部分机制包括非典型宾语句、非典型事件句和使动句。对于把某些动词处理为及物动词，虽然争议很大，但是对心理词库和计算机词库却不存在问题。

第四部分
具体句式问题

第 14 章 “(心灵)鸡汤”的句法、语义特点

鸡是一种常见的家禽(六畜之一),围绕其身体部位衍生出一系列隐喻用法,如“鸡肋、鸡血、鸡毛(蒜皮)、鸡皮(疙瘩)”等。在最近几十年,“鸡汤”也步入这个行列,其使用频率一直在稳步上升。试看如下例子:

(1) 如果于丹是鸡汤的话,我就是方便面。(出自马未都 2008 年于北京观复博物馆接受的采访)

(2) 每日几句养心鸡汤,让自己修身养性,提高自身的修养水平。(2012-3-16)

(3) 所以,我说你这种鸡汤喝多的人从来不会自己查资料看一手的材料。只会喝着公知熬的鸡汤大骂 TG。(2014-6-15)

(4) 干了这碗毒鸡汤!(2018-4-30)

1981 年[①]的人不一定看得懂这些例句,因为当时“鸡汤”还没

① 之所以选择 1981 年,是因为根据 Google Ngram Viewer,那一年是人们最喜欢使用“鸡汤”的一年。

有隐喻用法，像“这么多”“一条”“一句”等修饰语会给他们带来困惑。2003年的吧友(百度贴吧2003年上线，活跃其上的人被称为“吧友”)能理解例(1)和(2)，但不一定理解例(3)和(4)，他们会想：“(心灵)鸡汤”是好东西，怎么可以用来骂人？再有，怎么可以用“毒”来修饰“鸡汤”，并且还要“干了”？至于2020年的人，他们会对例(1)做出不一样的解读，会误以为马未都在嘲笑于丹；或者看到以“鸡汤”为名的书如《我是鸡汤》(连岳，2003出版)也会觉得奇怪。这只是设想，但现实中确实存在类似问题。一个网友于2004年网上冲浪，不小心进入一个叫“心灵鸡汤”的贴吧。他对这个名称大感困惑，因为他从来没见过这种搭配，为此他发帖求助了：

(5) 我想知道这个吧(指“心灵鸡汤”吧)有什么含义？我真的不懂呀。(1楼 2004-09-24 17:12)

吧友的回答如下：

(6) 意思1：心里边有鸡汤，可能是胃穿孔，那么这个人一定挂了，说的是一个被鸡汤烫死的人的故事……提醒人们，喝汤时一定要小心。
意思2：提醒人们：在吃动物心脏时，应该放上些鸡汤，可以调节味道。
意思3：在心情不好的时候，喝点鸡汤，可能对心情有些帮助吧。
意思4：可能是某些养鸡专业户，产品滞销，借这个吧来宣传一下鸡，这也是有可能的。(4楼 2004-09-28 10:55)

由于“心灵”≠“心脏”，这些看似幽默的回答都有点牵强附会，但是我们可以看出，“心灵”搭配“鸡汤”在语义上有多种可能性，只有一种固定在了这个组合里。可是固定不等于静止，“（心灵）鸡汤”仍然在变化之中，我们感兴趣的就是它经历了以及正在经历哪些变化。

除了对“（心灵）鸡汤”本身感兴趣，我们也对一些理论问题感兴趣。“（心灵）鸡汤”涉及名词语义偏移现象，这方面已经积累了一些文献（如邹韶华 1986、2007；周春林 2008；陶红印 2019 等），主要涉及以下问题：词义是什么又来自哪里？如何研究名词的意义？（交互）主观意义是否可以规约化到名词之中？除了这些理论问题，我们还想说明，对于“（心灵）鸡汤”这类新兴词汇，基于传统语料库的方法表现出了不足，需要基于实时更新的网络语料库进行调查描写。为此我们将首先对传统语料库和网络语料库的调查结果做出比较，然后基于这些调查结果勾勒出“（心灵）鸡汤”的语义发展脉络，最后对所涉理论和方法论问题提出自己的看法。

14.1 传统语料库的调查结果

我们先尝试使用传统语料库进行调查，包括 CCL 现代汉语语料库和 BCC 历时检索系统。

14.1.1 CCL 语料库的调查结果

以“鸡汤”为关键词进行检索，得到 1300 条索引，“鸡汤”1275 条但全部是本义，“心灵鸡汤”25 条。在这 25 条当中有 8 条表示杰克・坎菲尔德（Jack Canfield）的系列丛书（例 7），其余 17 条大部分出现在积极或中性的语境里（例 8 和例 9），只有偶尔几条略有消极意义，是来自正统文学作家（非网络文学写手）的“蔑视”（例 10 和例 11）。在他们看来，这类文字与流行挂钩，中规中矩，技术含量低，所用词语“看不起”“窠臼”表达了他们的消极态度，这为“（心灵）鸡汤”的消极化埋下了伏笔。

(7) 我们满怀欣悦地将这本《心灵鸡汤珍藏本》奉献在读者面前。(当代\翻译作品\文学\心灵鸡汤)

(8) 然而,监狱方面并没有放弃"挽救与改造"的责任,通过制作"心灵鸡汤"去感化失落的灵魂,让囚犯们重新燃起对生活的希望。(当代\报刊\新华社\新华社 2004 年 1 月份新闻报道)

(9) 一本新出版的书名叫《钢铁是怎样炼成的》,正在成为滋养一个时代的心灵鸡汤。(当代\网络语料\博客\中国经营报博客)

(10) 刘心武认为,相对于时下一些颇为流行的类似"心灵鸡汤"的文字,他的这些随笔超越了"心灵鸡汤"的窠臼,在滋补的同时提升、净化了心灵。(当代\网络语料\网页①)

(11) 我是不是该写点人生的感悟啊,可我人生最近也没感悟什么啊,操,混了这么多年了,编点不会错的心灵鸡汤总是没问题的,虽然我总看不起那些精神导师。(当代\网络语料\博客\韩寒博客. txt;纸质版出自:韩寒《我所理解的生活》)

14.1.2 BCC 历时检索系统的调查结果

在 BCC 历时检索系统中输入"鸡汤",得到 268 条索引,分布如图 14-1(横坐标为时间,纵坐标为频率)。在这 268 条之中,"鸡汤"的隐喻用法共 38 条,第一次出现于 2002 年,分布如图 14-2。下面我们从 2002 年开始,关注这 38 条随时间的分布情况。

首先,看一下"鸡汤"和"心灵鸡汤"的分布情况。在这 38 条当中,"鸡汤"单独出现有 17 条,以"心灵鸡汤"完整形式出现有 21

① 网上确认之后,发现来自:《京华时报》(2005 年 03 月 31 日 A32 版),http://news.163.com/05/0401/13/1G8NL8NL00011246.html。

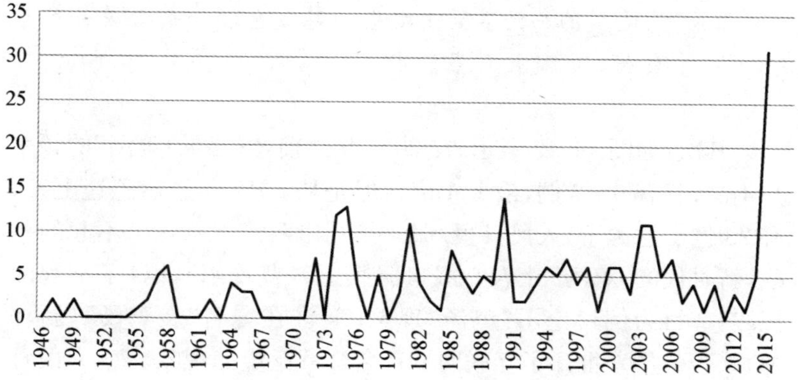

图 14-1 “鸡汤”的历时分布

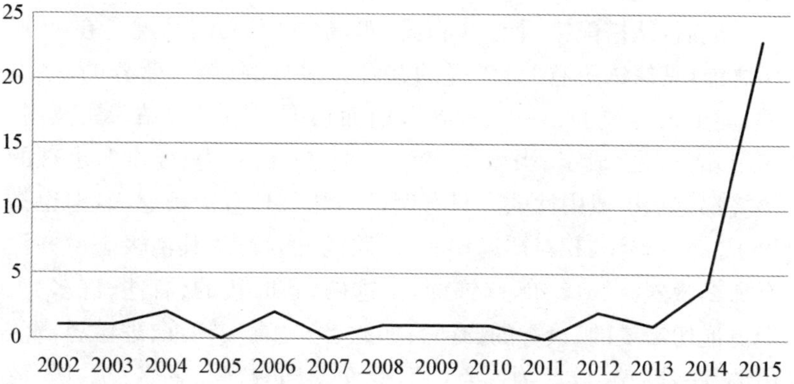

图 14-2 “鸡汤”隐喻义的历时分布

条。在 2015 年之前,都是以“心灵鸡汤”形式出现的,只有在 2008 年把两者拆开了,但“心灵”和“鸡汤”在语境中仍然是同现的(例 12)。值得注意的是,这种缩略与频率同步或相关,因为“(心灵)鸡汤”的使用频率在 2015 年达到了最高(23 条)。

(12) 一场残奥,将坚强的精神意义直观外现,或可成为健全

人心灵的鸡汤甚至于心理不甚健全者一剂心灵补剂与良药。(《贵州日报》2008)

其次,如图14-2所示,在2015年之前,"(心灵)鸡汤"的频率并不高,只有0—2例,最多4例),但是从2015年忽然急速上升,有23例。这源于《人民日报》那一年刊出两篇文章:《了不起的挑战:新时代的"鸡汤"让人心服口服喝下》(曹玲娟),以《了不起的挑战》节目为例讨论了"鸡汤"现象;①《谁在冒名"煲鸡汤"(新评弹)》(余荣华),批评了互联网上冒名文章泛滥的现象。②《人民日报》作为大众生活的一面镜子,反映了与"鸡汤"相关的社会现象之普通。

最后,从搭配来看看"(心灵)鸡汤"的语义韵情况。在2015年之前,其修饰语有"盛满爱的、独门、浅显的、最有营养的、励志的、健全人心灵的、一份、一碗",前面动词有"转发、贴、是、熬制、多了几分、是、成了、当做、成为、为、送上、被称为、提供",出现的语境都是积极或中性的。只有例(13)和(14)有消极意义,但也指出了"心灵鸡汤"相对严肃作品有"肤浅"的特点,其消极态度并没有那么激烈。2015年,修饰词有"这碗、新时代的、有些、许多、人们更迫切需要的、最香的、有的、如此、经过真实锤炼、理性思辨熬出的、一盆、伪、以此为卖点的",前面动词有"喝、冒名、是、煲、熬制、熬、煲、喝",后面动词有"成了很多人挖苦嘲笑的对象、太廉价、说、内容清汤寡水、态度遮遮掩掩、招人烦、泛滥、越发不受待见",可见除了积极或中性词汇之外,还出现了很多消极词汇。

(13) 然而正如西哲培根所言,"读史使人明智",如果读历史,

---

① http://views.ce.cn/view/ent/201512/23/t20151223_7759101.shtml

② http://opinion.people.com.cn/n1/2015/1231/c1003—27998180.html

仅仅看到帝王将相的勾心斗角,看到才子佳人的恩怨情仇,或者仅仅是把历史当做职场的“厚黑教程”,当做励志的“心灵鸡汤”,那也未免有点明珠投暗。(《人民日报》2010)

(14) 显然,相比这些电影,《泰囧》多了几分轻松的狂欢气氛、浅显的心灵鸡汤和肆无忌惮的滑稽搞笑。(《人民日报》2013)

这两大语料库尽管反映了一些现象,但也暴露出了很多不足。首先,语料不足。它们加起来没超过 100 条,这么少的样本很难总结出“(心灵)鸡汤”的典型搭配模式。其次,时间滞后。“(心灵)鸡汤”在 BCC 历时检索系统中从 2015 年开始出现在消极语境中,但它真的是从这一年开始的吗?最后,语料多出自官方媒体,把“鸡汤”作为一种现象讨论,其作者尽量站在客观立场讨论问题,不能反映大众是如何使用这些词的(我们尤其关注无意识的使用)。这些不足是可以理解的,因为“(心灵)鸡汤”毕竟是个新兴词语,传统的语料库尽管大型和平衡,但也很难全面反映流动不居的语言事实。

14.2 网络语料库的调查结果

为了弥补以上不足,我们采用了基于网络语料库的方法,把百度贴吧作为调查平台。之所以选择百度贴吧,有以下几个考虑:百度贴吧 2003 年年底上线,至 2018 年年底已有 15 年历史,在这 15 年中已成为全球最大的中文社区(其语料一直保存至今),所以从时间跨度和语料容量上有很多优势;百度贴吧不是官方媒体,网友可以在这里相对自由地表达,所以能够反映语言使用者是如何无意识地使用语言的;百度贴吧是一个线上平台,能实时和动态地反映最新的语言舆情或语言现象，尽管后来又出现了微博（2009 年）和微信（2011 年）等新的平台，但是前者更偏向于媒体，后者更偏向于即时通信，和贴吧的论坛属性形成了鲜明对比，而且贴吧也可以在一定程度上反映微博和微信的即时内容。

我们利用百度搜索引擎，对百度贴吧中含有“鸡汤”的帖子（限制“网页的任何地方”）进行了搜索，然后做了整理（包括时间信息），最后随机抽样获得 500 条语料，时间跨度为 2004—2018 年。下面我们分“共时分析”和“历时分析”两部分为大家呈现调查结果，共时分析不关注时间，把所有语料视为共时整体来分析；历时分析关注“（心灵）鸡汤”在这 14 年的发展情况，关注其消极化过程。

14.2.1 共时分析

“（心灵）鸡汤”有时以“鸡汤”出现，有时以整体出现，二者比例接近 2/1。“（心灵）鸡汤”表现出多功能用法，包括指称、陈述、修饰、构词和元语言等（见表 14 - 1）。下来我们以分析指称用法为主，穿插或补充其他用法，元语言功能则放在“历时分析”一节。

表 14 - 1 “（心灵）鸡汤”的功能分布

命题功能	指称	陈述	修饰	构词	元语言	合计
频率	368	22	16	80	14	500
比例（%）	73.6	4.4	3.2	16	2.8	100

如表 14 - 2 所示，“（心灵）鸡汤”前的动词非常丰富。这些原本和“鸡汤”本义搭配的动词也发展出了隐喻用法，如“熬、炖、煲、煮、撒、灌、打、喝、干”等。其中最为凸显的是“喝”和“灌”（频率最高），两者正好分别激活了鸡汤的消费者和供应者。除了直接借用原有搭配词，还有很多基于“鸡汤”隐喻指涉（“鸡汤文”或具有鸡汤属性的载体）的搭配，如“看、发、听、分享、卖、写、转”等，其中

“发、分享、转”等都是网络时代的新生事物。除此之外就是一批较为抽象的词汇。值得注意的是，在表中所列的 30 个动词中，有 10 个明显含有消极意义，如“反、不要、迷信、讨厌、摧毁、低于、毁掉、戒、误信、远离”等；其他动词结合更大语境也能见出消极性，如“干”所在的“干了这碗毒鸡汤！”，含有调侃和讽刺性质。

表 14－2 “(心灵)鸡汤”前的动词分布

动词	频率	动词	频率	动词	频率
喝	30	干	3	撒	2
灌	13	煲	3	戒	2
看	13	听	3	卖	2
熬	10	迷信	3	迷恋	2
需要	6	讨厌	3	毁掉	2
发	5	送上	3	误信	2
反	5	打	2	分享	2
给	5	转	2	远离	2
求	3	煮	2	抵御	2
炖	3	写	2	摧毁	2

如表 14－3 所示，“(心灵)鸡汤”的饰词也有从“鸡汤”本义直接借过来的，如“碗、壶、锅”(“针”借自“打鸡血”，也和鸡有关)；与之形成对比的是“条、句、段、篇、些、很多”，则是因“鸡汤”隐喻指涉而新生的一批搭配量词，因为其指称物是具有可数性的文章。值得注意是，“鸡汤”前出现最多的饰词是“毒”(两者结合之紧密，完全可以视为一个整体，我们在下面再进一步分析)，这种明显的消极语义也表现在“反、伪、黑、垃圾、煽情式、所谓的、图样图森破的”等修饰语里；其余饰词虽然看不出消极义，但放在更大语境下

也能见出消极性，如“什么”所在的“我喜欢周国平，我可以自己顿悟疗伤，不需要什么心灵鸡汤”。

表 14-3 “(心灵)鸡汤”的饰词分布

饰词	频率	饰词	频率	饰词	频率
毒	18	一/几句	3	正能量	2
一/这碗	13	纯	2	不错的	2
一/有些	10	黑	2	真正的	2
反	5	好	2	煽情式	2
真	5	号	2	所谓的	2
很多	5	一针	2	何老师的	2
伪	3	一壶	2	苦中带甜的	2
什么	3	一锅	2	图样图森破的	2
垃圾	3	几段	2	非常有深度的	2
一/几条	3	一篇	2		

“(心灵)鸡汤”也可以出现在句首位置，成为人们讨论的话题。其后动词非常多样，除了“泛滥”和“喝多”重复之外，其他都只出现了一例。但它们有一个共同的特点，那就是几乎都是消极义，我们列举3例：

(15) 心灵鸡汤看多了会恶心犯吐。所以，来点猛烈的现实吧。(2013-9-25)

(16) 这些所谓的心灵鸡汤都特么说的是些大白话，空话，一味的煽情。(2014-4-16)

(17) 最近朋友圈鸡汤盛行，尤其是情感类与成功类颇受欢迎，而两者兼具的励志文章更颇有“爆款”潜质。(2016-9-3)

除了以上指称用法,“(心灵)鸡汤”甚至出现了陈述和修饰用法。在例(18—21)里,“(心灵)鸡汤”出现在了谓语位置,前有谓饰成分“比较”“都”,尤其是例(21)甚至出现在了主谓宾结构里。在例(22)和(23)里,“鸡汤”修饰“台词”“思维”表示“具有鸡汤属性的”。

(18) 中文词典里怎么解释这个词语?另外,还要注意:说别人心灵鸡汤,自己也可能是某种鸡汤...(2015-1-5)

(19) 今天跟别人聊天,她说我说话比较鸡汤,然后有点不耐烦(2015-8-16)

(20) 大家都鸡汤,还用得着反么?你那么唾弃鸡汤,为什么依然没有过好这一生。(2017-7-25)

(21) 我被人说我鸡汤她,感觉好伤心(2015-8-17)

(22) 看了这么多的鸡汤台词,大家感觉如何?是不是心灵得到了净化?(2016-6-12)

(23) 实际上,中国看上去有很多毒鸡汤的,其实内心都是鸡汤思维,毒鸡汤只不过是将自己想出的鸡汤语句加以相反表述而已。(2018-8-3)

围绕“鸡汤”也出现了一批三字格和四字格构词,如“毒鸡汤、鸡汤文、毒鸡汤、鸡汤婊、反鸡汤、伪鸡汤、鸡汤主义、鸡汤思维”等。其中尤属“毒鸡汤”一词使用频率最高,百度百科已经收录了这个词条,创建时间为 2016-5-20,其释义为“表面看上去像是心灵鸡汤文,其实暗藏着营销和诈骗信息的文字内容”①。但是在语言使用中并没有这么简单,除了这个意思之外(例 24),我们还

① https://baike.baidu.com/item/%E6%AF%92%E9%B8%A1%E6%B1%A4/19679493#reference—[1]—20324261—wrap.

发现了出现在积极语境中(例25)。这是容易理解的,因为“毒鸡汤”是作为“鸡汤”的对立面出现的,既然“鸡汤”已经消极化,那么“毒鸡汤”似乎应该是否定的否定,即肯定。所以在这个语境下,“毒鸡汤”表示能使人从精神麻醉中走出来、认清现实的语句或文章。“毒鸡汤”的这种用法与“反鸡汤”类似,如例(26)。

(24) 所以,我们要反的是那些伪“鸡汤”、毒“鸡汤”。这就需要我们要有辨别真“鸡汤”和毒“鸡汤”的能力。毒“鸡汤”有几大特征。(2017-7-25)

(25) 我们都看过鸡汤文,但是也有这样的毒鸡汤,让你从绝望中绝处逢生,振作起来……(2018-8-29)

(26) 看完这些承载着负能量“反鸡汤”段子,整个人都豁然开朗,似乎这才是人生硬道理。(2014-4-18)

我们已经可以从“(心灵)鸡汤”的搭配看出,它经常出现在消极语境中。我们对语料进行了统计,发现消极语境340条,积极语境126条,中性语境34条。所以总体来讲,“(心灵)鸡汤”的语义已经偏向消极一端了,即它在很多情况下不表示好的东西,而是坏的东西。人们在使用它指称文章时,大多数情况下是表示这类文章具有麻木精神的负面效果。

14.2.2 历时分析

如图14-3所示,2012年是“(心灵)鸡汤”的转折年,这一年,使用频率猝然上升,且更多出现在了消极语境中,为此我们以这一年为界,划分为2004—2011年和2011—2018年两个阶段来分析。

“(心灵)鸡汤”开始在贴吧出现时,多以完整形式出现。因为当时《心灵鸡汤》系列还比较流行,所以有时专指这套丛书(例27)。除此之外便是泛化用法,指类似于《心灵鸡汤》系列的故事,多出现在题目中(例28),有时以各种括号括起来(例29)。随着

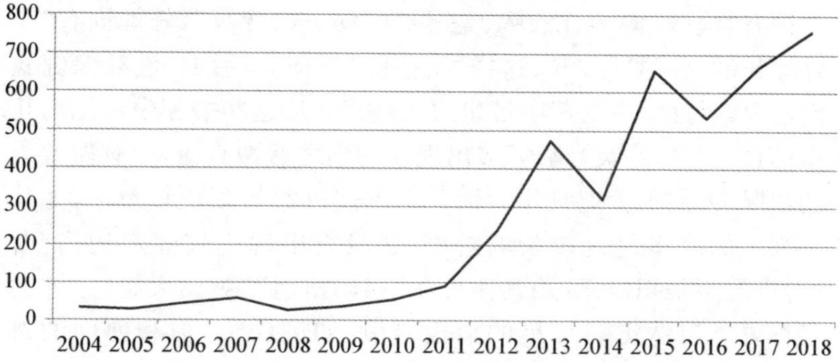

图 14-3 “(心灵)鸡汤”的历时分布

“心灵鸡汤”使用频率增高,“鸡汤”开始单独出现:2007 年是贴吧中第一次出现单独形式,其中例(30)仍然和“心灵”共现,例(31)出现在了四字格中,例(32)则完全单独出现。但是在这个时间段内,仍然是整体形式居多。

(27) 我们满怀欣悦地将这本《心灵鸡汤珍藏本》奉献在读者面前。(2006-10-15)

(28) 美国“原产”心灵鸡汤:True Love(真爱)(2005-7-23)

(29) 【心灵鸡汤】只有唯一的灵魂最适合我们(2006-12-6)

(30) 娶一个妻子是为了怕别人说闲话,找一个情人是为了给单调的生活加点味精,交一个红颜知己是想给空虚的心灵浇点鸡汤。(2007-4-10)

(31) 婚姻鸡汤:女人要学会,其实男人也要学会(转)(2007-7-3)

(32) 〔鸡汤〕让你受用一辈子的长寿秘诀(百度贴吧,2010-3-16)

在 2012 年之前,“(心灵)鸡汤”的搭配情况如下:前面出现的动词有“吸收、渴望、浇、喝、是、熬煮、煲、求、变身”，修饰词有“原汁原味的、美国‘原产’、这样的、一碗、一部80后的、滋补保健我们心灵最好的、一锅苦中带甜的、一份”。从这些搭配中可见出几点信息：(1)“(心灵)鸡汤”多出现在动词之后做宾语，少有做主语的情况，人们很少把它作为话题来陈述；(2)搭配比较单一，尤其是饰词部分多是比较长的短语，还没有出现比较固定的搭配；(3)搭配多是积极义，尤其体现在“鸡汤姐姐”“鸡汤大姐”这样的名称里。当然也有零星的消极语境，如例(33)，但和前面的例(10)和(11)类似，也是暗示了心灵鸡汤相对严肃作品不可避免的特点，消极态度并没有那么激烈。

(33) 深切同意黑格尔的评价，《论语》不过是类似心灵鸡汤的东西，很常见。(2010－03－18)

从2012年开始，使用频率上升，且更多地出现在消极语境当中。在这个时段，伴随着使用频率增高出现了多种效应：首先，“(心灵)鸡汤”多以单独形式出现，单独和整体的比例大概为2/1，和2004—2011年形成了鲜明对比。其次，“(心灵)鸡汤”出现了多功能用法，如“共时分析”一节所述，除了仍然居多的指称用法，还有陈述、修饰、元语言、构词等用法。我们来看一下“元语言”功能。

元语言功能反映了语言使用者对语言的自觉意识，说明语言使用者在一定程度上也算个语言学家。新兴词汇或创新用法尤其能体现出这一点，因为它们对听话者来说比较陌生，而且由于尚处于博弈过程中，导致它们的形式和意义流动不居，尤其是在(交互)主观维度上的摆动较大(如上述“毒鸡汤”即体现了这一点)。以“(心灵)鸡汤”为例，从2012年开始更多地出现在消极语境中，导致了褒义、贬义共存的局面，使得人们出现困惑。人们针对该词本身展开了讨论，如例(34－36)所示，“鸡汤”的元语言功能体现在,有的语言使用者在发问(例34),有的在为新兴词汇释义(例35),有的试图对抗“鸡汤”消极化的潮流(例36)。

(34) 弱弱地问一句“心灵鸡汤”是什么意思?是褒义何意?贬义何意?(2013-9-9)

(35) 鸡汤婊:就是那些喜欢在自拍照下面配一段与配图无关的心灵鸡吧汤的女生,非常之臭美,分享破十次就把自己当作网络红人。(2014-5-31)

(36) 另外,我真的不知道现在的人为什么听不得鸡汤,以前心灵鸡汤方面的书是最畅销的,自从有人开始提出反鸡汤之后,好像一夜之间鸡汤就成了一个贬义词,其实不喜欢鸡汤可以理解,但真的没必要那么深恶痛绝(2015-8-29)

14.3 “(心灵)鸡汤”的认知图景及历时演变

基于以上调查,我们构建出了“(心灵)鸡汤”的认知图景(表14-4)。《现代汉语词典》从第7版收录了“心灵鸡汤”,释义为“比喻给人精神方面提供教益和抚慰作用的话语或读物等。也说鸡汤。”(第1455页)。但是目前“鸡汤”的使用频率已经大大超过“心灵鸡汤”,因此或许释义应该放到“鸡汤”词条下,以反映这种不对称性。[1] 更需要注意的是,“(心灵)鸡汤”已越来越多地表示消极意义,可以从(交互)主观维度上表示说话者对这类读物具有精神麻醉而不具现实效用的抵制情绪。根据历史经验,一个词汇一旦消极化,就很难再恢复到原本的积极义或(和)中性义,因此我们认为这个消极化过程很难逆转。那么“(心灵)鸡汤”是如何

① 不过《现代汉语词典》似乎并无意于反映频率信息(见其“凡例”)。

发展到这一步的呢？

表 14-4 “(心灵)鸡汤”的认知图景

	认知图景
偏好搭配	可以说“心灵鸡汤”，但现在多说“鸡汤”； 人们可以“喝、灌、熬、炖、干、煲、浇、撒、煮”鸡汤； 可以“写、看、听、发、转、求、卖、分享”鸡汤； 可以“反、迷信、讨厌、摧毁、抵御、戒掉”鸡汤； 鸡汤有“真、纯、好、正能量”的鸡汤； 也有“毒、反、伪、垃圾、黑”的鸡汤； 可以说“一(这)碗、壶、锅”鸡汤； 也可以说“一(几)句、条、段、篇”或“一些、很多”鸡汤。 如今的鸡汤“泛滥、喝多、喝多了……” 鸡汤可以构成“鸡汤文、(心灵)鸡汤婊、鸡汤党、鸡汤粉、鸡汤王”等。
客观维度	每天一碗心灵鸡汤，帮你忘掉烦恼忧伤。(2007-7-15) 比喻给人精神方面提供教益和抚慰作用的话语或读物等。
主观维度	珍爱生活，远离鸡汤……(2013-12-3) 表达了说话者对这类读物具有精神麻醉而不具现实效用的抵制情绪。

鸡汤作为一道传统经典美食，距今已有近万年历史。它不仅美味可口，而且可以缓解感冒症状，[①]为此受到许多国家人民的喜爱。“鸡汤”多出现在操作语篇(procedural discourse)和叙事语篇(narrative discourse)中，前者说明如何做鸡汤(例 37)，后者则叙述和鸡汤有关的事件(例 38)。在叙事语篇中，经常关联于关心、爱护等积极语境。

(37) 锅再置炉上，倒入一大碗清鸡汤烧开，将余烫好的鸡丝与金针菇一同下入锅中，加入姜丝、料酒、白胡...(CCL

① 民间疗法，后虽得到科学证据，但仍存在争论。

当代\应用文\健康养生\大话养生)

(38) 有的医护人员煲来了鸡汤,送来了水果,问寒问暖。(当代\报刊\《人民日报》\《人民日报》1998 年\《人民日报》1998 年)

20 世纪 90 年代,励志演说家杰克·坎菲尔德出版了《心灵鸡汤》(*Chicken Soup for the Soul*),后成为系列丛书。作者基于“鸡汤”治百病的民间经验,使用隐喻法以“鸡汤”指代励志故事,但由于属于创新用法,故加修饰语“for the Soul”予以具体化。这套丛书被引进中国之后也成为畅销书,由于对“鸡汤”共同的认知或文化经验,故直译为“心灵鸡汤”。一开始“心灵鸡汤”专指这套原版丛书(例 39),后来与此类似的书籍也被称为“心灵鸡汤”(例 40),以至于经典著作《钢铁是怎样炼成的》也被归入这个类别(例 9)。进一步泛化的结果便是,只要是能给人精神带来慰藉的产品都可称之为“心灵鸡汤”,如例(41)中的春节联欢会和例(42)中的电影。但由于精神慰藉多以书籍文章为载体,所以“心灵鸡汤”在没有语境的情况下多默认为书籍或文章。

(39) 要知道,《心灵鸡汤Ⅰ》、《心灵鸡汤Ⅱ》和《心灵鸡汤Ⅲ》已深深地打动了世界上 6600 多万名读者。(当代\翻译作品\文学\心灵鸡汤)

(40) 我差不多编了四五套大型的图书,就是现在励志心灵鸡汤类的。(当代\口语\对话\创业者对话创业者)

(41) 然而,监狱方面并没有放弃“挽救与改造”的责任,通过制作“心灵鸡汤”去感化失落的灵魂,让囚犯们重新燃起对生活的希望。1 月 14 日,2004 年澳门监狱春节联欢会在灿烂的阳光下举行。(当代\报刊\新华社\新华社 2004 年 1 月份新闻报道)

(42) 一些著名评论人指其是一部"80后的心灵鸡汤"(指电影《PK.COM.CN》)(百度贴吧2008-3-19)

随着使用频率上升,出现了"鸡汤"的简略形式。尤其在网络上,人们看见"鸡汤"首先会想起隐喻用法,而非其本义。一个有趣的案例是:有一个贴吧叫"鸡汤吧",建于2014年10月,本来确实是讨论鸡汤的,但从2016年3月开始,心灵鸡汤与真鸡汤相混杂,发真鸡汤的帖子越来越零星,很快这块阵地就被心灵鸡汤霸占了(最后一篇讨论真鸡汤的出现于2016-10-24)。正是考虑到"鸡汤"的隐喻义已规约化,《现代汉语词典》系列在第7版(2016年)收录了"(心灵)鸡汤"。①

发展到这一步,"(心灵)鸡汤"还是以积极义为主,偶有消极用法也并没有那么严重。这个状态从2006年开始逐渐被打破了。2006年"十一"黄金假期期间,央视"百家讲坛"栏目播出"于丹《论语》心得";2007年春节期间,又播出了"于丹《庄子》心得"。在受到欢迎和好评的同时,网上也出现了很多批评的声音(并成为之后批评鸡汤的经典案例),从此"鸡汤"和"于丹"频频共现(例43-44)。于丹的走红让很多利益追逐者认识到了"煲鸡汤"的好处,尤其随着微博和微信的普及,鸡汤风格的文字或多媒体产品无处不在,也证明了鸡汤的市场之广泛和坚挺。物极必反。2014

① 与"鸡汤"命运迥然是"心灵书"一词。邹嘉彦、游汝杰编著的《全球华语新词语词典》(2010)收录了该词,释义为"能使人内心、精神和思想等得到宁静或疏解的书籍",还特别指出该词多用于内地和香港,但是我们通过BCC、CCL和语料库在线检索之后竟发现无一用例,最多在BCC微博子库里出现了"心灵书籍""心灵书摘"等少数用例。该词和"心灵鸡汤"的客观义具有异曲同工之妙,而且也是来自一本著名的同名书籍《心灵书》(托马斯·摩尔著),但它似乎渐渐退出了语言使用。原因可能出在:(1)"鸡汤"使用了隐喻,更为形象生动。(2)受益于《心灵鸡汤》丛书的畅销,人们接触该词的频率更高;而《心灵书》则相对比较严肃,受众没有那么广泛。(3)受益于网络尤其是各种通信平台(如QQ、贴吧、微博、微信等)的传播。

年，出现了反鸡汤的高潮，网络刮起一阵“反心灵鸡汤”旋风，网友编造出各种和传统心灵鸡汤风格迥异的段子，例如“是金子总会发光，但如果是石头，到哪里都不会发光的”，相关话题成为了微博上的热门话题。这也反映到了贴吧中，也是在2014年左右，出现了一批“反鸡汤”的贴吧，如毒鸡汤神教吧、毒鸡汤吧、反鸡汤吧、心灵毒鸡汤吧。这些事件都进一步导致了“鸡汤”使用频率的上升，以及更多地出现在了消极语境中。

(43) 有人说《于丹论语心得》是教授为我们做的心灵鸡汤，不错，还是罂粟果熬的。(2007-02-15)

(44) 于丹延续了此前“心灵鸡汤”的套数，把几千年前的道家经典《庄子》讲得很有启示意义，网上一片叫好，但是情况却在前天发生了变化。(2007-03-19)

一个词如果频繁出现在消极语境中，便可能吸收这种语义氛围，导致这个词本身也消极化，进而规约化到该词的义项之中。我们虽然不急于建议《现代汉语词典》立马对“鸡汤”词条进行修改，可以继续观察一段时间再定夺，但不能否认的是，“(心灵)鸡汤”在目前阶段确实自带一种消极性。

那么Chicken soup在英语中发展如何呢？《心灵鸡汤》系列丛书一时风靡，导致Chicken soup与for the soul频繁搭配(根据美国当代英语语料库，与Chicken soup搭配最多词汇就是soul)，但是并没有出现以Chicken soup转指Chicken soup for the soul的用法。此外，也有人对这类读物持抗拒态度，把它们视为“为傻瓜和无脑儿写的……肉麻的露骨的故事”，[①]但是也没有出现词义

① 参“市井词典”(Urban Dictionary)chicken soup词条：https://www.yourdictionary.com/chicken—soup。

的消极化。Chicken soup 倒是有其他修辞用法,[①]如例(45)表示"可以治愈各种疾病或解决各种问题的方法",例(46)表示"杂乱的糊状物",当然这些都是临时修辞用法,未见于传统语文词典中。

(45) Duct tape is the chicken soup of plumbing.
(强力胶带是水管的"鸡汤"。)

(46) His hand got caught in a meat grinder and turned into chicken soup.
(他的手被勾到绞肉机了被搅成了肉泥。)

总之,我们可以把"(心灵)鸡汤"的语义发展过程勾勒如下:一开始只有表示客观物的"鸡汤$_1$";后受英语翻译作品的影响,出现了"心灵鸡汤"一词(使用了隐喻法),刚开始只用于《心灵鸡汤》系列丛书,后宽泛地指代类似书籍,但都只出现在积极和中性语境中;之后"心灵鸡汤"简化为"鸡汤$_2$"(使用了转喻法),刚开始和"心灵鸡汤"用法大同小异,但后来出现在了消极语境中,处于规约化过程中。需要补充的是,"鸡汤$_1$"和"鸡汤$_2$"一直是并存使用的,并没有替代关系。

14.4 理论和方法论启示

我们通过基于网络语料库的方法,重现了"(心灵)鸡汤"的语义发展过程(尤其是其消极化过程),并从社会文化的角度做出了解释。本章有以下理论和方法论意义。

理论方面:

---

① https://www.yourdictionary.com/chicken-soup.

(1) 词义是什么又从哪里来？过去已经认识到词义不限于概念意义或理性意义，如 Leech(1981)区分了 7 种词义(理性意义、内涵意义、社会意义、情感意义、反映意义、搭配意义、主题意义)，周春林(2008)区分了三种词义(词汇义、语法义和附加义)，但是由于对意义抱有一种先验观或理性观，绝对地认为理性意义是词汇自带的属性，而其他意义则是从理性意义中引申出来或“附着”其上的。其实不管什么意义，都是从语言使用中涌现出来的，来自于语言使用中的关系模式(Fries 1961; Chater 2018: 107)。既然如此，语义就不是死的，而是变动不居的，是语言使用者在使用过程中协商或建构而成的，会与其已有的规约意义发生龃龉——这便是词汇语义学的涌现视角(Tao 2003)。

(2) 如何研究名词的意义？当前的研究过多关注动词意义(尤其是论元结构)，忽视了对名词意义的研究，只有生成词库理论比较重视名词意义(体现为物性角色)。名词除了动名词之外不涉及论元结构，因此对名词意义的研究应该放到(交互)主观意义或语义韵上(当然要以客观意义为前提)，要通过基于语料库的偏好搭配集调查进行挖掘。正如陶红印(2019)所言，语义韵律应该是词汇语义描写的有机构成部分。

(3) 这种(交互)主观意义可能规约化到名词之中吗？我们的答案是肯定的。邹韶华(1986)提出一个很有价值的问题：名词中的偏移意义究竟是必得在一定的格式中才能实现呢，还是词本身就有带这种意义的义项？这其实就一个规约化的问题。要回答这个问题需要我们从只关注词义从词库具体化为句法过程的静态研究中摆脱出来，更多地关注词义从句法规约到词库的动态过程。因为非理性意义并非只是“附着”在核心意义上，而是有可能随着语言使用规约化到词义本身，有时通过语境也很难取消这种意义。正如周春林(2006: 205－206)在讨论“零度搭配与偏离搭配的辩证关系”时所言：“词语的偏离搭配是语言系统中部分词语偶然的、个别的偏离现象，有的可能被使用该语言的社会成员所接受并进入到语言系统中去。……正如保罗所说：‘经常地重复使用这些不合常规的意义就会使这些个别意义和瞬间意义逐渐转化为一般的和习惯的意义。’”对于这种规约化的动因，可以从语用频率效应寻求解释（邹韶华 1988），也可以从文本之外的社会文化等寻求解释。

方法论方面：新兴词汇正处于动态演变中，传统语料库由于滞后性在反映这一点上显示出不足，因此需要我们基于实时更新的网络语料库进行调查描写。笔者在本章作出了一些尝试，但检索还是凭借了现成的搜索引擎（百度搜索引擎），在语料的呈现和筛选上时有不如意处，因此我们可以开发一些更好用的专门工具，以服务于语言研究的需要。

第 15 章　非典型事件句“王冕”句

在汉语界，动词“死”颇受注意，很大程度上源于“王冕死了父亲”这个经典例句（后简称“王冕”句）。围绕该句的文献汗牛充栋，多数讨论与“及物性”概念相关。传统语法以语义标准来判断及物性，如马建忠（1898/2010：143）、黎锦熙（1924/1992：23）二分为“内动字/词”和“外动字/词”，这样动词“死”便被分析为“内动”。后语义标准受到批评，形式/功能标准得到提倡（胡附、文炼 1955；朱德熙 1982；陆俭明 1991），“王冕”句被分析为主动宾结构，“死”被分析为及物动词。但这样做带来的后果是，与语义的冲突十分明显，因为“死”并非典型及物动词，“王冕”和“父亲”也并非施事-受事关系（丁声树等 1961/1999：35－36）。功能语法把及物性视为语义概念，着重分析小句（以上）层面的及物性，如系统功能语法支持者认为，“王冕”句属于“属有型关系过程”，“王冕”和“父亲”分别是“受影响者-载体”（Affected-Carrier）和“受影响者-被拥有者”（Affected-Possessed）（龙日金、彭宣维 2012：243；邓仁华 2015）；美国西海岸功能学派支持者基于 Hopper & Thompson（1980）提出具有共变（co-vary）性质的 10 条句法和语义参数，来判断“王冕”句的及物性高低，认为“王冕”和“父亲”属于“领有物-领有者”或“部分-整体”关系，是低及物句式的典型特征(张伯江 2002)。如今方兴未艾的构式语法则求之于构式压制,认为这种"及物动词带非常规宾语"的语用异化现象是整个句式压制的结果,因此不能局限于"死"在词汇层面的固有语义结构(即不及物动词),而应该考虑到它在句法层面受构式压制造成的论元拓展(任鹰 2009)。对"王冕"句的分析也可见出对动词"死"的处理,大致有三派观点:不论是词库中还是句法中,"死"都是不及物动词(主流观点);在"王冕"句中是及物动词,但因为是"临时职务",所以词库中还是不及物动词(王了一 1956);"死"在词库中是及物、不及物兼类(马莉 2003)。

遗憾的是,这些讨论或多或少都呈现出一种割裂,即没有把"王冕"句的及物性和概括动词"死"的及物性联系起来。下面我们将在基于使用的及物性概念(第 13.1 节)指导下,从四个方面调查"死"及物用法的规约度,并与"生、老、病"[①]作出比较,进而判断"死"及物用法的规约度;接着从客观、主观和交互主观三个维度挖掘"王冕"句的意义,指出汉语社群使用该句的动因为何;最后对牵涉的三个难题提出解构。

15.1 针对动词"死"的调查

15.1.1 共时分布

我们从"国家语委现代汉语语料库"下载了"死"的全部语料 2585 条,排除无效索引和非动词用法,剩余 1757 条索引(68.0%)。在这些索引之中,不及物句式"名词+动词"共有 798 条,占比 45.4%,是"死"的主要用法;及物句式"(名词+)动词+

① "老"的主要用法是修饰,在词典中被标为"形容词",但鉴于(1)形容词和动词在形态表现/句法分布及句法行为上有模糊之处,(2)有学者主张应把"老"的陈述用法处理为"形转动词"(李临定 1990),我们也把"老"暂时归为动词。

名词"共有 68 条,占比 3.9%。不及物句式可以再细分为三类:"受损者+死+死者""死+死者""处所+死+数目+死者",下面分述。[①]

表 15-1　动词"死"的句式分布

<table>
<tr><th colspan="2">句式</th><th colspan="2">频率/比例</th></tr>
<tr><td colspan="2">名词+动词</td><td colspan="2">798/45.4%</td></tr>
<tr><td rowspan="3">(名词+)动词+名词</td><td>受损者+死+死者</td><td rowspan="3">68/3.9%</td><td>29/1.7%</td></tr>
<tr><td>死+死者</td><td>20/1.1%</td></tr>
<tr><td>处所+死+数目+死者</td><td>19/1.15%</td></tr>
<tr><td colspan="2">其他</td><td colspan="2">891/50.7%</td></tr>
<tr><td colspan="2">总体</td><td colspan="2">1757/100%</td></tr>
</table>

15.1.1.1　"受损者+死+死者"

例句如下:

(1) 先生,我的女儿刚刚死了丈夫,想必这一点人情世故,你总该明白的吧!(于伶《满城风雨》)

(2) 龙校长,这孩子从小死了娘,在对过铁匠铺当学徒。(春潮、周杰《决裂》)

(3) 她十岁上死了母亲,十一岁上父亲带她来大寨逃荒。(孙谦《大寨英雄谱》)

① 当然也有一些介于两者之间,如"我家死了一口人哪"(吴丽嫦《莲子》)似乎解读为"受损者+死+死者"和"处所+死+数目+死者"都没什么问题。此外,我们排除了"死心""死机"这类隐喻用法。它们已经规约化为词汇词,被《现代汉语词典》收录。当然它们在现实中仍然存在句法用法,如"你知道我是死了心的"(郭沫若《南冠草》)"我当场就死了机"(蔡宗武《谁是我的情人》)。

这类句式最有名的是“王冕”句。该句式多用于表达家庭内亲人丧失，故“受损者”和“死者”具有亲属关系，“死者”位置主要是亲属称谓词，有“父亲、母亲/娘、老伴、婆姨、丈夫/男人”等。当该句式表示幼年丧亲时，句中多有“很小、n岁上”等表示年幼的时间副词。

15.1.1.2 “死＋死者”

例句如下：

(4) 死了人，无论贫富，葬礼大竞赛。(韩静霆《大出殡》)

(5) 该仪式的第一段叫做“接舅舅”，死了母亲后，要立即通知舅舅。(罗开玉《丧葬与中国文化》)

(6) 奶奶本来非常支持爷爷搞科研工作，现在因为死了乐乐，所以说出的话是带刺的。(张炜岗《弟弟的生日》)

(7) “你们看见死了那么多的人，倒了那么多的房子，就动了人道主义的心，掉下了怜悯的眼泪。(中杰英《在地震的废墟上》)

在只强调死亡事件时可使用该句式，具体又包括“死＋死者”和“死＋数目＋死者”：前者强调“死亡”事件本身，“死者”是次要信息，后者除事件外还增加了“数目”信息。该句式相对“受损者＋死＋死者”看似只是少了一个“受损者”，其实“死者”的信息状态也发生了变化，如例(5)中的“母亲”相对“王冕”句中的“父亲”变成了通指——当然也有少数定指的情况，如例(6)中的“乐乐”。

15.1.1.3 “处所＋死＋数目＋死者”

例句如下：

(8) 罗店镇上死了许多人，跛老人却没有(胡山源《嘉定义民别传》)

(9) 截至 7 月 10 日，本市因游泳发生溺水事故 26 起，死 28 人。(《北京日报》1983－8－6)

(10) 拿山头上的小碉堡来说吧，死了多少人？(吴源植《金色的群山》)

(11) 自从去年接连死了十六头猪，转转猪圈就成了他每个周末的例行事务。(张俊南《风，吹皱了心湖》)

相对“受损者＋死＋死者”，该句式有三点不同：(1)句首位置变成了“处所”(也有少量“时间”，如例(11)，故多被分析为存现句；(2)多出一个语义成分“数目”，导致“死者”成为不定指；(3)基于前两点不同，句式义变成了“某个地方损失了多少死者”，多出现在人为灾害(如溺水、车祸)、自然灾害(如地震、疾病)或战争背景下。

15.1.2　历时分布

我们从“国家语委古代汉语语料库”下载了“死”的全部语料 47396 条，进行了全样本分析。与这里相关的及物句式共有 93 条，[①]最早出自在汉朝(例 12)。如果该用法不太典型，那么至少可以追溯到唐朝，共有 4 条用例。这 4 条用例都未出现“受损者”；“死”后多加“没、尽、却”等成分；3 条属于“死＋数目＋死者”(例 13—15)，1 条属于“死＋死者”(例 16)。

(12) 汉军破城，食至多，然士自载不足以竟师，强者尽食畜产，羸者道死数千人。(汉《汉书》)

(13) 丁巳，诏曰：“慕容皝摧殄羯寇，乃云死没八万余人，将是

---

① 排除了与这里无关的及物用法，如“死”的“死＋目的”“死＋原因”、使动、意动等及物用法，“病”的“病＋原因”“病＋病名”、使动等及物用法，“老”的“老＋死者”“老＋脸”等及物用法。

其夭亡之始也。(隋唐五代《晋书》)

(14) 二月冰雪深,死尽万木身。(隋唐五代《全唐诗》)

(15) 烟叶葱茏苍麈尾,霜皮驳落紫龙鳞。欲知松老看尘壁,死却题诗几许人。(隋唐五代《全唐诗》)

(16) 东家小女不惜钱,买得鹦鹉独自怜。自从死却家中女,无人更共鹦鹉语。(隋唐五代《全唐诗》)

值得一提的是有名的"东门吴"典故。该典故描述了一个人失去了儿子但不悲伤的故事,后多以"东门吴"作为丧失亲人而胸怀旷达者的典型。该典故在春秋战国的《列子》和汉朝的《战国策》中都是"子死",但到了《昭明文选》的唐朝注文中却出现了"死子"和"子死"并存的用法。例句如下:

(17) 魏人有东门吴者,其子死而不忧。(春秋战国《列子》)

(18) 梁人有东门吴者,其子死而不忧。(汉《战国策》)

(19) 魏有东门吴,子死不忧。(魏晋六朝《昭明文选·卷十 纪行下》)

(20) 列子曰:魏有东门吴者,死子而不忧。(《昭明文选·卷二三 咏怀 哀伤 赠答》)①

宋朝也有5条用例,和唐朝用例的特点一样,仍然是以不出现"受损者"为多;2条属于"死+数目+死者",2条属于"死+死者"。例(22)代表着一个重要的时刻,因为:(1)出现了"受损者";(2)"却"等成分消失;(3)该例介于"死+死者"和"死+数目+死

---

① 例(19)和(20)出自唐朝李善注本的注文中,故归属于唐朝,具体可参:(梁)萧统编,(唐)李善、吕延济、刘良等注,《六臣注文选》(全三册),中华书局1987年版,第191+431页。

者”之间。据俞理明、吕建军(2011),“死+数目+死者”来自“死+数目”,由此又推衍出了“死+死者”。如果是这样的话,那例(22)就属于推衍的中间状态。例句如下:

(21) 曰:“死却爷,死却娘。”(宋《五灯会元》)
(22) 数日,其家果死一子。”(宋《朱子语类》)
(23) 只缘本路奏乞后时,不及于事,卒死五十万人。(宋《东坡文集》)
(24) 吐蕃以兵千人来,泥婆罗以七千骑来,玄策部分进战茶镈和罗城,三日破之,斩首三千级,溺水死万人。(宋《新唐书》)
(25) 太尉乂奉帝攻张方,方兵望见乘舆,皆退走,方遂大败,死才五千余人。(宋《资治通鉴》)

从元朝开始用例逐渐增多,元明共有51条,清到民初共有30条。这些例句的特点包括:已经没有“死”后加“却”等用例,而是以“了”为主(这和俞理明、吕建军2011的调查一致);“受损者”出现的比例上升,而且“受损者+死+死者”更多地分布在白话小说里,一定程度上反映了当时的口语情况;相对而言,“受损者”不出现的“死+数目+死者”则主要分布在《元史》《明史》这样的文言史书中。例句如下:

(26) 你三年前死了娘子儿,问这位鲁大哥借的那三十两银子,本利也该许多,今日问你要来了。(明《金瓶梅》)
(27) 那个哥哥道:“万三员外女儿万秀娘,死了夫婿,今日归来。(明《警世通言》)
(28) 河间之乐寿、交河疫,死六千五百余人。(元《元史》)
(29) 比如人家男人死了女人,也有再娶的,只是不把死的丢

过不提就是有情分了。(清《红楼梦》)

(30) 那和尚道:“寺门前孙豆腐,他死了妻子,已有半年。(清《风流悟》)

(31) 会天雨,我军溃围出,无马被创者死四百余人。(民初《清史稿下》)

15.1.3 句式交替

“死”的常规句式是“死者+死”,其他句式可视为由此替换而来。如例(32)所示,b 在 a 基础上把“死者”移位到动词后,是一个事件存现句;c 在 b 基础上又添加一个语义成分“受损者”;由于 c 并非常式,故无法替换为 d,否则会得出“王冕死了”的解读,而不是“王冕失去了某人”(这与“生”形成对比,参第 15.2.3 节);e 和 f 也无法接受,只能得出和 b、c 相逆的解读。

(32) a.	死者+死	父亲死了
b.	死+死者	死了父亲
c.	受损者+死+死者	王冕死了父亲。
d.	*受损者+死	*王冕死了
e.	*死+受损者	*死了王冕
f.	*死者+死+受损者	*父亲死了王冕。

15.1.4 认知语义

“死”为何能激活“受损者”呢? 这必须从社会关系来理解。以“王冕”句为例,“王冕”之所以可以被激活并得到凸显,原因在于,父亲之死虽然和王冕没有身体上的联系,但却因为两者属于父子关系,父亲之死对王冕的社会网络造成影响,导致其成为孤儿。如图 15-1 所示,父亲是这个局部社会网络的重要节点,其死亡对其他节点造成多重影响,包括使父母失去儿子(如果是独生子女，会使得父母无人抚养）、妻子成为寡妇、儿女成为孤儿等。其中对弱势群体儿女的影响无疑是最大的。[①] 尽管如此，“受损者”在“死”所激活的死亡认知图景中凸显度并不高（只占 15%），远远不如“死者（89%）”。[②]

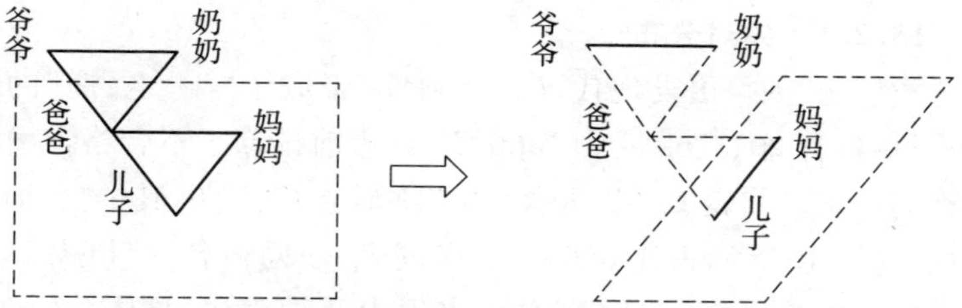

图 15－1　王冕所在的局部社会网络

15.2　与“生、老、病”之比较

“一种事物的特点，要跟别的事物比较才显出来。”（吕叔湘 1977/1992：31）之所以选择这三个词，是因为“生”是典型及物动词，“老、病”是典型不及物动词，与它们比较可以更准确地定位“死”及物用法的规约度。这种做法不是没有先例，如吕冀平（1955）指出，“李大可四十九岁时生了一个孩子”和“王冕七岁时

① 孟子曾在《孟子·梁惠王下》中说：“老而无妻曰鳏，老而无夫曰寡，老而无子曰独，幼而无父曰孤；此四者，天下之穷民而无告者。”然而，现有的语义角色尚无法概括这种关系，我们暂时把它们概括为“受影响节点-被删除中心节点”。我们甚至可以借用网络科学的术语，如节点、边距和连接度等来定义某人死亡造成的影响大小。比如，在社会网络中，父亲作为家庭的顶梁柱是一个中心节点，具有很高的连接度，其死亡等于某个中心节点被删除，对社会网络造成的影响很大。

② “死”所激活的认知图景可以分解为具体的认知要素，各有不同的凸显度，包括：“死者（89%）＞致死方式（30%）＞死因（20%）＞处所（20%）＞受损者（15%）＞时间（5%）＞数目（2%）＞目的（2%）＞次数（2%）”。

死了父亲""无论从哪一方面看都应该是相同的句式"(着重号为笔者所加)。王了一(1956)并不认同这一点,说"生"本来就是及物动词,而"死"本来是不及物动词,及物用法是从中引申出的"临时职务"。在我们看来,这正是一个及物用法规约度的问题。下面也从共时分布、历时分布、句式交替和认知语义四方面来看。

15.2.1 共时分布

我们从"国家语委现代汉语语料库"下载了"生、老、病"的全部语料,各有 2043、6236 和 1866 条,分析前排除了不合格索引和非动词用法。如表 15-2 所示,"生"还剩余 1765 条,其中"名词+动词"句式 152 条,占比 8.6%;"(名词+)动词+名词"句式 1077 条,占比 61.0%。可见"生"主要表现为及物用法,具体为"生育者+生+出生者"(例 33)。"老"剩余 113 条,不及物句式 69 条,占比 61.1%,及物句式 2 条,占比 1.8%;"病"剩余 259 条,不及物句式 159 条,占比 61.4%,及物句式 1 条,占比 0.4%。如例(34)和(35)所示,"老/病"的及物用法都是后加"器官"句式,但是分布极为有限。[①]

表 15-2 四个词的句式分布比较

	死	生	老	病
名词+动词	798/45.4%	152/8.6%	69/61.1%	159/61.4%
(名词+)动词+名词	68/3.9%	1077/61.0%	2/1.8%	1/0.4%
其他	891/50.7%	152/30.4%	42/37.2%	99/38.2%
合计	1757/100%	1765/100%	113/100%	259/100%

① 对于"病",一些用法词典中列有"名宾"用法,如"病了三个同学","三个同学"是"施事";还列有"存现"用法,如"家里病着一个人"(孟琮等 1999: 27)。但我们在语料库在线中没有发现 1 例这种用法。

(33) 而今，那又丑又胖的媳妇生了个小子，才硬实起来，才有了地位，不打了。(韩静霆《大出殡》)

(34) 陶耀是一个病了一条腿的、胖胖的老头子，他打开门时只穿着一件背心和一条短裤子。(周翼南《夏雨》)

(35) 你得意地建树你自己，你发芽，放苞，开花，结子，衰落，老去了牙齿，你白掉了头发，清风来处，你的家！(端木蕻良《科尔沁旗草原》)

15.2.2　历时分布

与“死”相比，“生”的及物用法不仅分布更多，而且早至先秦就已经出现了(如例 36)。“病＋器官”最早出现在汉朝，“器官”位置除了例(37)中的“足”之外，还有“心、耳、眼、肺”等。“老”及物用法最早出自隋唐，如例(38)表示某人老了，例(39)表示“身体器官衰退”。

(36) 父兮生我，母兮鞠我。(周《诗经》)

(37) 入而徐趋，至而自谢，曰：“老臣病足，曾不能疾走，不得见久矣。(汉《战国策　赵策四》)

(38) 一从翠辇无巡幸，老却蛾眉几许人。(隋唐五代・杜牧《洛中二首》)

(39) 都是俺妈，空老了一片皮，干的营生没个主意。(明《金瓶梅》)

15.2.3　句式交替

相对“死”来说，“生”的句式交替自由度更高。如例(40)所示，可以依据频率把 a 视为常规句式；b 和 c 视为 a 删除或省略了一个语义成分；d 不仅删除了一个语义成分，而且把“出生者”移位到了动词前，语序变化导致该句式比较受限或标记性高(例句见例41),如使用频率较低,“出生者”换为“女儿”会得出“生育”的解读,需要后加“时间/处所”才会得出“出生”的唯一解读(如“儿子/女儿生于北京/去年”),同样意思会用更明确的词语(如“出生、降生、诞生”等)来表达,等等;e、f不可接受。

(40) a. 生育者+生+出生者　　媳妇生了儿子
b. 生育者+生　　媳妇生了
c. 生+出生者　　生了儿子
d. 出生者+生　　儿子生了
e. *生+生育者　　*生了媳妇
f. *出生者+生+生育者　　*儿子生了媳妇

(41) 新的一定胜过旧的,年轻的胜过年老的,新的来了旧的滚开,<u>儿子生了</u>老子死去,否则它必将成为新生的绊脚石。(CCL网络语料)

至于“病”和“老”,句式交替相当受限。常规句式为“名词+动词”,勉强可以在其基础上添加一个“器官”,如“陶耀病了一条腿”“镇长司元礼老了容颜”,但是频率极低。“病”勉强可以把“主体”后移到动词之后,但一方面只限于不定指的名词,如“(班里)病了**两个同学**”,不能说“*(王冕)病了父亲”;另一方面频率极低。“老”则根本不能说“*老了父亲”或“*老了两个人”。

15.2.4 认知语义

与“死”相比,“生”也可以激活两个“主体”,但二者关系更为密切:“出生者”婴儿在“生育者”的子宫内发育大约10个月降生到这个世界。这决定了“生育者”凸显到动词前、“出生者”凸显到动词后是最自然的句式。“老”和“病”无法激活两个“主体”,只能激活一个“主体”,但却可以激活“器官”,因为“老/病”可以定位到具体的器官上。由此可见,四个词都可以激活不可让渡的领属关系，不过“生/死”激活的是亲属关系(kin)，“老/病”激活的是身体部分(body parts)。表面来看，身体部位似乎比亲属关系更为密切，但能激活不代表经常激活。据我们调查：“生”激活的“生育者”和“出生者”凸显度都很高(分比为 70%和 80%)，会分别占据主宾语位置；“死”激活的“死者”凸显度高(89%)，“受损者”凸显度低(15%)，因此很少会凸显到主语位置进而把“死者”排挤到宾语位置；“老/病”激活的“老/病者”凸显度高(80%和 86%)，会优先凸显到主语位置，“器官”凸显度低(都为 2%)，极少会凸显出来占据宾语位置。

15.3　“死”及物用法的规约度

综上，在句式交替自由度上，“死”低于“生”但高于“病、老”；在共时分布上，个例频率不高(仅占 5%)，类型频率上“死者”位置局限于亲属称谓(如“父亲、母亲/娘、老伴、婆姨、丈夫/男人”)——切记不能混同于隶属于事件存现句的“死＋死者”(如“死了人”)和存现句的“处所＋死＋数目＋死者”(如“罗店镇上死了许多人”)；在历时分布上，比较明确的用法可以追溯到元明，较为久远；在认知理据上基于抽象的社会关系之损失，“受损者”在“死”激活的认知图景中凸显度较低(15%)。综合判断，我们认为尚不能把“死”处理为及物动词。

尽管如此，我们并不能排斥它将来可能规约化。我们可以做一个大胆预测，把它的规约化过程描述如下：

$死_1$→死者＋$死_1$　　常规
↓　　↓
受损者＋$死_1$＋死者　　创新
↓　　↓
受损者＋$死_2$＋死者→$死_2$　　常规

动词“$死_1$”和“死者＋死”语义兼容，属于常规用法；利用汉语中的事件句对其语义成分和语序造成压制，构成创新的“受损者＋$死_1$＋死者”用法；随着使用越来越多样和广泛，该结构规约化为一个整体，从而催生出一个内含新语义结构的动词“$死_2$”。此时将造成两个结果：(1)可以不再采用构式压制或句式配价来解释该句式，而是为动词“死”再赋予一个意义，或者说把这种语义结构赋予动词“死”本身；(2)过去不论是把“受损者”者处理为由“死者”激活的配价成分(袁毓林 1994)，还是把“受损者”处理为话题，都不承认“受损者”和“死”之间有语义关系，但是如果“$死_2$”已经产生，那么就可以认为“受损者”与“死”也存在语义关系，因为我们可以把“$死_2$”释义为“因某人之死而失去”。

15.4 针对“王冕”句的意义再挖掘

15.4.1 句式意义的三个维度

句式意义可从三个维度进行挖掘，即客观维度、主观维度和交互主观维度：客观维度把语言视为指称工具，即一种交换事物信息的语言手段；主观维度指说话者在选词造句时不可避免地掺杂了其特定识解；交互主观维度则同时承认说话者和听话者的角色，思考说话者向听话者传递关于现实的描述或识解的意图为何(Boogaart & Reuneker 2017)。客观维度是哲学和语言学一直侧重的一个维度(体现为真值语义学)，主观维度在后来也受到越来越多的关注(体现为主观性的研究)，交互主观维度最近也受到重视。[①]

① “subjectivity”有“主观性”和“主体性”两种译法，相应地，“intersubjectivity”也有“交互主观性”和“主体间性”两种译法。鉴于语言学文献中多用“主观性”，我们也从众使用“主观性”和“交互主观性”。但要时刻明白，汉语中有所区别的“主体性”和“主观性”在英语中是一个形式，这样才能避免偏见。

当前的语言学研究越来越重视语言的互动性，有学者认为，认知语言学正在经历从传统的、以说话者为中心的概念化及解释机制，走向真正意义上的、对意义的互动式社会认知学阐释(Feyaerts et al. 2017：243)。Langacker(2008)提出的“当前话语空间模型”(Current Discourse Space Model)认为，意义是作为言谈者之间互动的一部分在交际中涌现出来的，即使一方言谈者不在场，也可以从互动视角来看待语言的输出和理解，因为正是一个或数个已知或未知言谈者的过去、当前和将来的假设、期望、态度、情绪和/或知识构成了语言的本质。为此 Langacker(2008：261)提出一种基于概念化主体的意义表达图式(图 15－2a)，不仅包括语言表达的“一般注意点”(MS)和上台的直接相关对象(IS)，更包括了说话者和听话者互动的说话场景(G)。

Verhagen(2005：7)在 Langacke 的基础上，提出改良后的“识解构型”(图 15－2b)，不仅包含了语言使用的客观维度和主观维度(体现为图中连接了说话场景(概念化主体，位于 S 层面)和

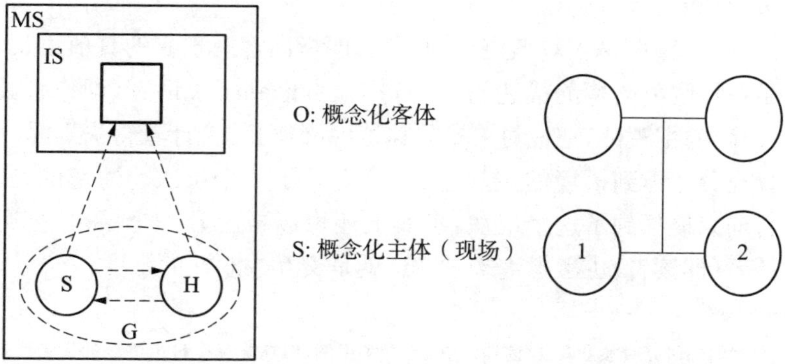

a. 语言表达意义的基本图式　　b. 识解构型及其基本要素

图 15－2　从 Langacker 到 Verhagen 的(交互)主观性

言辞描述内容(概念化客体,位于O层面)的竖线),还包括说话者和听话者之间的“认知协调”(cognitive coordination),后者就是语言使用者的共享视角——交互主观性(体现为图中连接说话者和听话者的横线)。在Verhagen看来,语言交流的目的是邀请他者“以一种特定的方式共同关注概念化客体,并以此更新共同的说话场景”。这意味着所使用的语言言辞会激活某些推论(inference),说话者据此邀请听话者改变其认知系统,从而相应地调整共同场景(common ground)。需要说明的是,在Verhagen的理论体系当中,该“推论”不是间接言语行为或置于“语义学之上”的语用含义,而是语言自身的系统效果(关于交互主观性的路径不限于Verhagen一种,可参考丁健2019;杨旭、王雅琪2022)。

从三个维度来看“王冕”句,[①]我们发现其意义并未挖掘殆尽。目前只发现了两层句义:

句义$_1$:“王冕的父亲死了。”

句义$_2$:“说话人认为事情有关得失并计较这种得失。”(沈家煊2009b)

句义$_1$归纳了较低层次的语义,即指向客观现实的真值语义,是一种脱离语境的描述语义。句义$_2$考虑到了说话者(即作者吴敬梓)的主观性,把他对王冕的移情因素概括为“计较得失”,是一种充分考虑到语境的主观意义,又上升了一个层次。遗憾的是,目前只概括到了这个层次,事实上还可以再上升一个层次,把听话者(即读者)也考虑进来——这就是交互主观性的维度。

---

① 我们的研究对象是取自《儒林外史》的真实用例,但在文献中讨论更多的是张汝舟(1952)改编后的“王冕死了父亲”,两者的不同在于:真实用例的主语“王冕”承前省略,还有“七岁上”来修饰,在功能上多提供原因、条件等背景信息(张伯江2002;石毓智2007)。当然,由于人们可能在其他年龄失去父亲,而且该句的关键点在“死”上,所以有时也引用改编后的用例。

15.4.2 “王冕”句的三维语义

试看如下例句：

(42) 王×(在王冕七岁上)死了。[①]

客观维度关心的是例(42)在何种条件下为真，也即王冕的父亲是否真的在王冕七岁时死了。但是一方面，根据王冕的传记资料，他并非幼年丧父，这只是作者的文学虚构；另一方面，即使该句符合事实，那么这种描述维度也无法提供该句的全部语义，因为这句话还可以说成：

(43) 王冕(的)父亲死了。
(44) 王冕父亲死了。
(45) 王冕死了父亲。

例(43—45)基于同样的客观现实，但体现出不同的主观性：例(43)以父亲为话题或出发点(starting point)，是从父亲的视角陈述事实，作者移情于父亲之死而非王冕之失。例(43)和例(42)相比，由“王×”变为领属结构“王冕(的)父亲”，话题所指未变，视角未变，但却是以儿子为参照引入或定位父亲，其中蕴含了说话者对父子关系的认定。张敏(1998：327)认为在名词定语领属结构中，当修饰语为专名时，作用是单指限定，中间不能去掉“的”。但在实际语言使用中确实有去掉“的”的情况，如“槐花父亲原是瘫在床上的”(阎连科《柳乡长》)。考虑到这种情况，我们标记为“王冕(的)父亲”。

例(44)在“王冕”和“父亲”之间稍有停顿，属于双名词结构，

---

① 由于王冕父亲之名不可考，故以“王×”表示。

该结构把主要话题明确为“王冕”，移情于父亲之死对王冕造成的影响，真实用例如下面的例(46)。这样，“王冕父亲死了”就有两种解读，一种是例(43)中的领属结构，一种是例(44)和(46)中的双名词结构。我们只有结合语篇才能做出判定，如“他/她父亲死了”，在例(47)中是领属结构，因为后面所说“丧礼”是围绕父亲的；例(48)中是双名词结构，因为后续“又没哥哥”是围绕“她”。

(46) 王德父亲死了，他当了家，而且作了父亲，(老舍《老张的哲学》)

(47) 他父亲死了，连个丧礼都没法办，真是痛心。(凤凰网 2019－05－21，http://v.ifeng.com/c/7mr8iVP0DFn)

(48) 她父亲死了，又没哥哥，母亲跟弟弟全靠她(陈瘦竹《职业》)

例(45)的话题亦是王冕，它与例(44)的不同之处在于主观性更强，其中含有“王冕因父亲去世而损失惨重”的语义(沈家煊 2000a)。颜景常(1956)早就注意到类似句式的主观性，他说，两句表达的理性认识是相同的，可是情绪上却有很大的差别，他把该句式的语义概括为“遭遇”(包括得与失)(1956：127)。刘探宙(2018：15)对此评论道：“可见句子的主观性，在我国这个时代的学者这儿已有明确的说法。”

主观维度考虑到了说话者因素，关注说话者如何识解客观现实，比如移情对象是什么、以什么为话题等，但无法解决说话者为什么要花费认知努力来输出语言表达的问题。此时需要把“听话者”考虑进来，追问作者吴敬梓把王冕失去父亲的信息传递给读者的意图何在。

联系图 15－2 来看，“王冕”句在 O 层面具有“王冕的父亲死了”的客观内容；在连接说话场景和言辞描述内容的竖线上，具有

“说话人认为事情有关得失并计较这种得失”的主观意义（即移情于王冕）；在 S 层面连接了说话者和听话者的横线即交互主观维度上，作者使用该句意在邀请读者推论出“王冕成为孤儿，童年很惨”（即移情于读者）[①]——这就是句义$_3$。这种推论义需要人们结合语境来得出，包括上下文语境的“七岁上”以及属于百科知识的“年幼丧父意味着成为孤儿”——这一点也是大人丧父较少使用“王冕”句式的原因。句义$_3$ 具有现实基础：王冕和父亲属于父子关系，父亲之死对王冕的社会网络造成影响，导致其成为孤儿；孤儿尚未成年，无人抚养，是社会上的弱势群体，所以人们得知某人“孤儿”身份后，不仅会产生怜悯之心，更会付诸行动，如资助上学、助养收养、捐赠款物等。可见王冕和父亲的及物性质既非物质，也非心理，而是社会的。

15.5　“王冕”句的使用动因

交互主观维度可以理解为以听话者为中心的设计原则（recipient design），也即说话者之所以在若干种表达方式中选择了一种，主要取决于对听话者的考虑。从这个维度我们得出三点发现：传递特定的消息，提高语言的论证力以及与读者实现共鸣。

15.5.1　传递特定的消息

如前所述，我们比较支持把“王冕”句视为非典型事件句（参第 13.2.4 节），它在信息结构上的特点包括：“死者”是定指的，多是“受损者”的亲人，而不是泛泛的亲人；“死者”可以成为整句的焦点，比如“王冕死了父亲”的焦点是“父亲”（不是“母亲”或“妻

---

① 传统的“移情”（empathy）概念在交互主观维度下显示出了不足。根据 Kuno（1987：206），移情是说话者对他在句中描述的参与到事件或状态中的人或物的一种认同。这个定义局限于说话者和句中人或物的关系，没有考虑到说话者和听话者可能存在的移情关系。后一种关系只有在交互主观性的观照下才能明确。

子”等其他亲人)；至于“父亲”的定指性，主要是基于百科知识得出的，听话者可以利用转喻思维确定这是“王冕的父亲”，这也就是陈平(1987：112)所说的：“所指对象与其他人物之间存在着不可分离的从属或连带关系，我们在认识周围世界万事万物的同时，也必然会注意到事物之间的这种关系，把有关这类的知识纳入我们的常识范畴。”

15.5.2 提高语言的论证力

Anscombre & Ducrot(1989)的“论证理论”认为，语言表达具有论证潜能，其恒定功能在于为某结论立证，而表达式的信息值却是易变的。换句话说，语言不具有告知性(informative)，而是具有论证性(argumentative)。人们总是试图通过语言影响别人的想法、态度甚至当下行为，对于听话者而言，就是找到说话者/作者想施加的影响是什么，然后决定同意还是不同意。

对于《儒林外史》第一回的论证性质，我们认为，作者以“王冕”句邀请读者得出“王冕成为孤儿，童年很惨”的推论，进而服务于更大的结论——王冕是“一个嵚崎磊落的人”。论证过程如下(括号外为说话者的论据，括号内为听话者的推论)：

论据$_1$：王冕七岁上死了父亲，只能弃学放牛(>推论$_1$：王冕童年很惨)>>论据$_2$：然而王冕孝敬母亲，苦学画画(>推论$_2$：然而王冕很孝敬，很勤奋)>>论据$_3$：成名之后不为利诱，终隐居于会稽山(>推论$_3$：而且，王冕很正直)>>>结论：王冕是一个嵚崎磊落的真君子。

那么“王冕”句式能否满足这个要求呢？颜景常(1956)早就注意到该句式包含的主观性，试看他举的例子：

(49) a. 少年的头发白了。b. 白了少年头。

(50) a. 客来了。 b. 来客了。

他说，两句表达的理性认识是相同的，可是情绪上却有很大的差别。他把该句式的语义概括为“遭遇”（包括得与失）（1956：127），后被李钻娘（1987：24）进一步概括为“以事件变化结果不可预见的方式让主语承受损失”。除了主观性，该句式还具有较高的交互主观性，以“王冕”句为例，其中规约性地含有“王冕成为孤儿，童年很惨”的推论义。

15.5.3　协同或与读者实现共鸣

“王冕”句也有协同或与读者实现共鸣的因素（协同的讨论见第 13.3.3 节）。如例(51)所示，“王冕”句之前及物用法出现了 10 次，包括动词“是、说、是、见、舍、求、同、出、姓、名”（加粗）；而不及物用法只出现了 4 次，包括动词“到手、看得破、说（后一个）、住”（下划线）：正是受到这种启动效应的影响，作者更容易采用“死”的及物用法。

(51) 这一首词，也**是**个老生常谈。不过**说**人生富贵功名，**是**身外之物；但世人一**见**了功名，便**舍**着性命去**求**他，及至到手之后，味**同**嚼蜡。自古及今，那一个是看得破的！虽然如此说，元朝末年，也曾**出**了一个嵚崎磊落的人。这人**姓**王**名**冕，在诸暨县乡村里住。七岁上**死**了父亲，他母亲做些针指，供给他到村学堂里去读书。（吴敬梓《儒林外史》）

15.6　“王冕”句难题的解构

刘探宙（2018：2－3）把“王冕”句难题总结为三条：一，不及物动词不能带宾语，“死”作为不及物动词带宾语了；二，“父亲死了”（真值语义）应被编码为“父亲死了”（语言形式），“王冕”句“形义错配”；三，“王冕”和“父亲”具有领属关系，似乎打破了“*领属不能分裂*”的常规表达。

历史上诞生过很多难题，有的被后人解决了，有的至今无解，有的后来发现根本不是难题（甚至是伪命题）。所以我们在解决一个问题之前，首先要怀疑的是问题本身，如果难题不成为难题，那么它就被解构了。金立鑫（2018）有一段话发人深省：

> 我们相信，语言的句法规则应该是简单的，很多所谓老大难难题或许是因为我们观察对象的视角选择得不好，或者参照坐标不好，一旦视角或坐标对了，一些原本杂乱无序的现象立刻会变得简单、整齐、清晰起来。

从这个视角来审视上述难题，会发现里面有许多标签（下划线标出）和规定性陈述（斜体标出）。这些概念是语言学家归纳的经验产物，无疑会受到语言学家占有材料多寡以及所认可理论（不论是无意识的还是有意识的）的影响。其中最重要的是频率效应（可见频率效应不仅适应于语言使用者，也适用于语言学家）：语言学家容易注意到高频用法，而忽视低频或链接度较低的用法。这导致的结果是，所谓“语法”其实掺杂了语言学家的主观认定，甚至依赖于他们认为人们应该怎么做（即规定性）的想法（Kretzschmar 2015：34、92）。笔者将从这个层面对“王冕”难题提出解构。

难题一以经典范畴观来看待及物性范畴，对动词的语义结构持静态观，排斥其发生变化甚至转换的可能，这样自然导向认为“死”先验地属于一价和（或）不及物动词。陶红印（2000）对此早有批评，认为过去的很多研究忽略了语言的动态本质，导致对动词语义结构的研究以静态研究方法为主，从而出现了不少研究上的缺陷，包括把动词语义结构看成静止不变或泾渭分明，脱离实际的言谈和篇章语料以及缺乏历时观念等。

难题二对语义的认识存在局限，即把语义等同于真值语义，忽视了（交互）主观性也是语义的一部分（甚至更为重要）。这种认识局限在面对真值语义相同但形式多样时必然导向“形义错配”的错误结论。在对“王冕”句长达 70 年的争论中，我们已经从真值语义中脱离出来，去探讨其主观意义的不同，这是极大的进步。但是我们现在也应该重视句子的交互主观意义，因为语言从本质上讲具有互动性。把三个维度结合起来，我们或许可以对与“父亲死了”（真值语义）匹配的多种形式做出合理解释。总之，“王冕”句的持续争论暴露了限于客观命题内容的真值条件之不足，正如 Lyons（1995：339－342）所言：语言学的语义学原则上应涵盖所有存在于具体自然语言的词汇和语法结构中的意义，无论能否对其进行真值分析。

难题三认定领属关系只能表示为“王冕的父亲死了”这样的领属结构，但事实上双名词结构“王冕父亲死了”和及物结构“王冕死了父亲”同样体现了领属关系。但是把这三类句式统一在一起的并非领属关系，而是客观维度的句式意义。这是因为领属关系过于含混或抽象，如果凡是两个名词之间有此关系的句式都归入其下，必然导致句式多种多样、交替纷繁复杂。可能正是为此，自郭继懋（1990）之后诸多学者提出领属关系在解读“王冕”句上没有那么关键（张翼 2013：88；刘探宙 2018：27－28）。我们认为如果把领属关系再做下位分类，这个概念还是非常有用的，例如可以把上述句式概括为“领有者失去从属者”。总之，不能把领属关系和领属结构等同起来，这样“领属不能分裂”的难题也就被解构了。

笔者斗胆提出上述解构，并非否认“王冕”句的研究价值。事实上，围绕“王冕”句的许多细微问题尚未弄清楚，只有从历史、社会、认知等多方位的角度全面审视，才能更接近“王冕”句的使用动因和生成机制。

第16章　双动词结构“吃饱饭/喝醉酒”句

有学者认为，双动词带宾语有一条规则：当后动词或结果补语的语义指向施事时不能再带宾语，如果坚持要带宾语，则倾向于使用动词拷贝结构，如“小王写腻了”后面不能再加“作业”，须要说成“小王写作业写腻了”（马真、陆俭明 1997；李讷、石毓智 1997）。[①] 从这一“规律”出发，“吃饱饭/喝醉酒”被视为“异数”。比如有学者指出，“吃饱饭/喝醉酒”不符合双动词的配价结构公式（郭锐 1995：183）；还有学者认为这种例外是少数甚至唯一（石毓智 2000b、2003、2018；施春宏 2005），如石毓智在 2000 年的文章中说“根据对大量语料的调查，我们发现了两个特例”（2000b：29），在 2018 的文章又说“迄今为止我们只发现了两个案例”（2018：133）。李临定（1986：189）则指出，它们的宾语仅限于“饭/酒”，不具有类推性，如下：

---

① 当结果补语指向受事时，带宾语是非常自然的，如“吃坏肚子”“喝完咖啡”。这类双动词更容易发生词汇化，《现代汉语词典》中收录的双动词复合词大都是这一类。英语也如此，只有“吃坏/喝完”这样的语义关系才有可能词汇化，如 break（“打碎”）、kill（“杀死”）、fix（“修好”）、burn（“烧焦/晒伤”）等（董秀芳 2011：205；施春宏 2018：42）。

(1) 吃饱了饭：？吃饱了米饭/？吃饱了面条

(2) 喝醉了酒：＊喝醉了茅台/＊喝醉了二锅头(李临定 1986：189)

这种唯一性必然导向“词汇化”的解释，即“吃饱饭/喝醉酒”已经词汇化为惯用语，可以不受句法规律的支配，因此并不算真正的例外。如果已经词汇化了，那么“饭/酒”就是可有可无的羡余成分，出现与否并不影响整体的信息传达。

事实上，已有很多调查指出“吃饱饭/喝醉酒”并非唯一例外(如佚名 2012；武跃 2015；崔山佳 2015)，但是对于把它们视为词汇现象还是句法现象仍有争议。石毓智在 2000 年的文章中说：“我们也可以根据已往动补短语发展规律预测，随着‘吃饱饭’这种用法的逐渐增加，它们将来也会发展成一种范式，最后会取代现存的动补短语带宾语的规律。”(2000：30)但在 2018 年的文章中仍然坚持了原有的看法。施春宏(2018：122)也认为这些新生的现象是受频率效应类推产生的，但是范围还十分有限，比如不能说“＊吃傻了假药”“＊喝胖了营养品”“＊帮累了他一个大忙”等(需要用拷贝结构)，因此“还不具有规则内的系统通行性”。也有学者认为“吃饱饭/喝醉酒”是句法结构(佚名 2012；崔山佳 2015：314－328)，如崔认为“吃饱饭/喝醉酒”“与语法规律还是直接发生关系的”，不能像施春宏(2008)把它们处理为“特例(个人的、临时的用法)”或例外，而是“显性语法现象”。

至于其生成过程，多认为是在“吃饭/喝酒”中间分别添加“饱/醉”得到的(郭锐 1995；石毓智 2000b、2003；施春宏 2005；吴为善 2010；董秀芳 2011：205－206)。但是从历时上来看还存在“饱吃饭”的组合，如果是这样，为何不说“吃饱饭”是“饱”“吃”调换顺序得来的？另外，“饱/醉”也能与“饭/酒”搭配构成“饱饭/醉酒”，为什么不是在前面添加“吃/喝”得到的？其实不管何种做法，基本思路都是还原式的，即试图通过前动词和后动词的句法、语义属性加总出整体的句法、语义属性，但却忽视了“吃饱”不等于“吃”，也不等于“饱”，而是涌现出了新的句法、语义属性。我们认为只有采取整体路径才能解决这个问题。

事实上，对于双动词结构的生成机制，文献中多取还原路径(reductionism)，即尝试根据前后动词的语义结构，计算或预测出整体的语义结构(如袁毓林 2001)。很多学者意识到还原路径之不足，倡导以整体路径(holism)弥补之。如施春宏(2005)基于还原路径提出了“界线原则”，但也指出：“动结式的论元结构不是底层动词论元结构的简单加合，还需要通过某些整合规则来安排底层提升上来的论元。”(2005：7)在认知语言学尤其是构式语法方兴未艾的背景下，整体路径更得到凸显(石毓智 2018；文旭、姜灿中 2019)，以至还原路径遭到一定冷落。我们认为两种路径各有贡献，只有采取综合路径(synthetism)，才能更深入全面地认识双动词结构。

下面首先以“老奶奶哭瞎了眼睛”为例回顾一下围绕双动词结构的还原、整体之争，接着取还原路径分析双动词结构的微观语义结构——微观语义结构指双动词中两个动词与语义成分的各种关系(相对宏观语义结构而言)，最后取整体路径讨论“吃饱饭/喝醉酒”问题。

16.1 还原与整体之争

双动词结构是如何生成的？文献中众说纷纭，但基本可概括为还原、整体之争。下面以“老奶奶哭瞎了眼睛”为例看一下这两派的争论。

16.1.1 还原路径

还原路径崇尚分析，试图从前动词和(或)后动词投射或预测出双动词的句法语义属性。由于对双动词结构中心认定的不同，具体又有两种做法，如下：

(3) 老奶奶哭了十瞎了眼睛＝老奶奶哭瞎了眼睛
(4) 老奶奶瞎了眼睛十哭＝老奶奶哭瞎了眼睛

在例(3)看来，“老奶奶哭瞎了眼睛”由“老奶奶哭了”和“瞎了眼睛”拼接而成，前者是非作格句(“老奶奶哭了”无法替换为“哭了老奶奶”)，后者是非宾格句(可以说“眼睛瞎了”，也可以说“瞎了眼睛”)。该做法默认了两个动词都是中心，把“瞎了眼睛”整个视为“补语”，即“动结式的补语成分本身又是一个述宾短语”(吴为善 2010：7)。在例(4)看来，“老奶奶瞎了眼睛”具有使动意义(即使动句)，在此基础上添加表示致使方式的动词“哭”生成整句。该做法把后动词视为句法中心，类似结构属于和自动格局对立的使动格局(任鹰 2001)。

16.1.2　整体路径

整体路径把双动词(结构)视为构式，含有无法从前后动词推导出的句法语义属性(如论元结构、使动意义等)。也有两种做法：

(5) 老奶奶哭了→老奶奶哭瞎了→老奶奶哭瞎了眼睛
(6) 哭十瞎→哭瞎→老奶奶哭瞎了眼睛

在例(5)看来，致使者“老奶奶”由前动词“哭”单独提供，添加表示结果的后动词“瞎”之后，被致使者“眼睛”由整个句式(构式)单独提供(赵琪 2008)。该做法把双动词结构视为论元结构构式，把前动词视为结构中心，进而探讨该动词与整个句式的互动关系。在例(6)看来，双动词“哭瞎”是一个“使动及物动词”，具有复合词性质，而整个结构的论元表达则源于及物构式和复合动词之融合。从语义上来看，“哭瞎”编码了方式“哭”和结果“瞎”两个简单事件，而“老奶奶哭瞎了眼睛”则编码了从“老奶奶”到“眼睛”的力量传递及因此产生的状态变化，因为严重的哭泣累及眼睛可能导致其受损（文旭、姜灿中 2019）。该做法试图解决例（5）违反语义一致原则和构式压制泛化等问题，把双动词视为复合动词（前后动词只是分别提供了方式和结果的线索），把双动词结构视为复杂述谓构式，从而消解了寻找句法中心的问题。

上述观点可概括为表 16－1，它们在有无结构中心（若有则孰为中心）和双动词（结构）是否属于构式上形成分立。

表 16－1　围绕“老奶奶哭瞎了眼睛”的四种观点

<table>
<tr><td>四种观点</td><td>第一种</td><td>第二种</td><td>第三种</td><td>第四种</td></tr>
<tr><td rowspan="2">结构中心</td><td colspan="3">有中心</td><td rowspan="2">无中心</td></tr>
<tr><td>双中心</td><td>后动词</td><td>前动词</td></tr>
<tr><td rowspan="2">是否构式</td><td colspan="2" rowspan="2">非构式</td><td>整体是论元结构构式</td><td>双动词是复合动词
整体是复杂述谓构式</td></tr>
<tr><td colspan="2">构式</td></tr>
</table>

16.2　双动词结构的还原分析

16.2.1　双动词结构的微观语义结构

吕叔湘（1986）系统探讨了双动词结构的语义结构多样性，说这是“汉语句法的灵活与节约的一种表现”。对于不含“把/被”字句的双动词结构，吕文总结有八类语义结构，概述如下（例句及说明全部引自原文）：

（7）小刘爬上车身，拉紧帆布篷，拴牢绳子。（第一类）

(8) a. 踢球，踢球，一个月踢坏了三双鞋。

b. 小姑娘睡花了眼出去，风摇的树枝儿，错认了人。（第二类）

(9) 你真是吃糨糊吃迷了心了。（第三类）

(10) 别理他，他是喝醉了酒发酒疯。（第四类）

(11) 我的伤已经好了，再闲就闲疯了。（第五类）

(12) 地已经下饱和了，雨不再渗进去。（第六类）

(13) 这个字写错了。（第七类）

(14) 这种酒喝不醉的。（第八类）

前四个例句是双论元，后四个例句是单论元。例(7)可以描述为“小刘拉帆布篷，帆布篷紧了”，“小刘”和“帆布篷”是“拉”的施事和受事，“帆布篷”和“紧”存在主谓关系；例(8a)可以描述为“(某人)踢(球)，鞋子坏了”，例(8b)可以描述为“小姑娘睡觉，眼睛花了”，前动词要不宾语没出现要不就是不及物动词，而双动词结构的宾语则与后动词存在主谓关系；例(9)可以描述为“你吃(糨糊)，迷了心了”，与例(8a)相比，“迷”和“心”是动宾关系；例(10)可以描述为“他喝酒，他醉了”；例(11)可以描述为“我闲，我疯了”，“我”是“闲”的施事，“我”和“疯”存在主谓关系；例(12)可以描述为“地因下(雨)而饱和了”，“地”不是“下”的施事或受事；例(13)可以描述为“写字，字错了”，“字”是“写”的受事，“字”和“错”主谓关系；例(14)可以描述为“(人)喝酒，(人)醉不了”，“酒”虽也是“喝”的受事，但和“醉”没有主谓关系。①

例(8)和(9)其实可合为一类，因为“坏了三双鞋”也可视为动

① 可以看出，吕文的描述以前动词为句法中心，因此只关注前动词和两个名词的语义关系(使用了“施事”“受事”等术语)，而对后动词则只关注和两个名词的句法关系(使用了“主谓关系”“动宾关系”等术语)。

宾，或者“心迷了”也可视为主谓。另外，还可以补充一些语义结构类型，如下：

(15) 人参吃死人无罪，黄连治好病无功。
(16) 红菱湖冻死了两头耕牛。
(17) 枕头都哭湿了。
(18) 爱情故事哭晕了我。

例(15)是文献中所称的“倒置动结式”，前动词的施事“人”出现在了宾语位置，受事“人参”出现在了主语位置，故称“倒置”。这一类和上述第八类有关，因为可以给例(14)补出“喝”的施事“人”(“这种酒喝不醉人的”)，这样也就成了“倒置动结式”。例(16)的“红菱湖”可以省去不说，“冻死了两头牛”和第六类有关，只不过把“死”的施事置于了宾语位置。例(17)和第二类或第三类有关，只不过省略了致使者，并把被致使者提到主语位置。例(18)中的“爱情故事”和“哭”“晕”均没有施事或受事关系，整个表达可以表述为“爱情故事使我哭了，进而使我晕了”。

上述十一类或十二类之间存在交替关系(alternation)，如果把这种交替关系考虑进去，那么整个分类系统将变得更为简洁。如表16－2所示，可以归为5大类12小类(仍然不考虑“把/被”字句)，分叙如下：

表16－2 双动词结构的微观语义结构类型及其交替关系

	常规句式	替换句式$_1$	替换句式$_2$
A	a. 牛冻死了	b. 冻死了两头牛	c. 红菱湖冻死了两头牛
B	a. 我哭晕了	b. 爱情故事哭晕了我	
C	a. 太阳晒疼了他的头	b. 他的头(被)晒疼了	

续　表

	常规句式	替换句式$_1$	替换句式$_2$
D	a. 我哭湿了枕头	b. 枕头都哭湿了	
E	a. 人喝醉了酒	b. 酒喝醉了人	c. 这种酒喝不醉的

A 类:“牛”只和“死”存在语义关系(“牛死了”),“冻”是“死”的具体方式(正因“冻”包含了低温的致因,所以致使者可以不出现)。从 a 到 b 使用了汉语中常用的事件存现结构((event) presentative structure),类似于“死人了、下雨了”这类例句;c 则为 b 添加了一个话题。

B 类:“我”和“哭”“晕”均存在语义关系(“我哭了”“我晕了”)。从 a 到 b 使用了汉语中常见的使动结构,即“爱情故事”使我“哭”了,进而使我“晕”了。

C 类:“晒”和“太阳”“头”均存在语义关系(“太阳晒他的头”),“疼”和“头”存在语义关系(“头疼”),和“太阳”勉强有使动关系(“太阳使他的头疼”)。从 a 到 b 省略了致使者,其中“被”字可有可无。

D 类:“哭”和“我”存在语义关系(“我哭了”),和“枕头”勉强存在处所关系(“在枕头上哭”);“湿”和“枕头”存在语义关系(“枕头湿了”)。从 a 到 b 省略了致使者。

E 类:“喝”和“人”“酒”存在语义关系(“人喝酒”),“醉”和“人”存在语义关系(“人醉了”),和“酒”存在使动关系(“酒醉了人”)。从 a 到 b 使用了使动结构,但与 B 类的(a→b)不同的是,只有“醉”体现使动意义(“酒醉了人”或“酒使人醉了”);从 b 到 c 则省略了被致使者“人”。

16.2.2　双动词结构和使动意义

双动词结构和使动意义密切相关,需要明确是,哪些结构具有使动意义,以及使动意义体现在哪个动词上(只考虑两个语义成分的情况,省略一个语义成分的可由此推出)。

表 16-3 双动词结构使动意义的还原分析

	例句	使动	体现字词	双动词结构	及物性高低
A(c)	红菱湖冻死了两头耕牛	×	无	不及物+不及物	2
B(b)	爱情故事哭晕了我	√	哭+晕	不及物(使动)+不及物(使动)	4
C(a)	太阳晒疼了他的头	√	疼	及物+不及物(使动)	6
D(a)	我哭湿了枕头	√	湿	不及物+不及物(使动)	3
E(a)	人喝醉了酒	×	无	及物+不及物	5
E(b)	酒喝醉了人	√	醉	及物(倒置)+不及物(使动)	5

如表 16-3 所示,除 A(c)、E(a)外,其余句式皆有使动意义。在体现成分上,B(b)体现在两个动词上,这两个动词单独无法造出合法句子(如"*爱情故事哭了我""*爱情故事晕了我");C(a)、D(a)和 E(b)体现在后动词上(不及物且使动),但 C(a)的"太阳"和"头"可通过"晒"发生直接联系(及物),D(a)中的"我"则无法通过"哭"与"枕头"发生直接联系(不及物),E(b)中"酒"与"人"可以发生直接联系(及物),但发生了倒置。这些异同导致它们的及物性相异,如果按照及物性从高到低的"及物>及物(倒置)>不及物(使动)>不及物"序列为之打分的话(分别为 4 分到 1 分),那么 C(a)的及物性最高(6 分),这也是最为典型的双动词结构;E(a)、E(b)次之(5 分);接下来是 B(b)、D(a)和 A(c),分别是 4 分、3 分和 2 分。

最后,可以把双动词结构的层级总结如图 16-1:双动词结构可以区分为单论元和双论元,双论元又可以区分为非使动和使动两类,A(a)—E(c)之间存在交替关系。

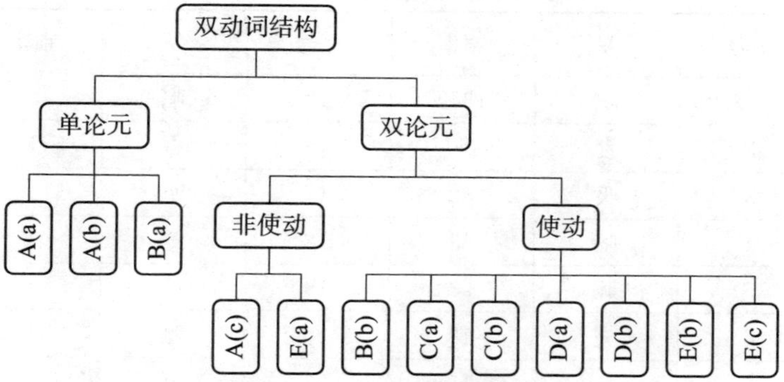

图 16-1　双动词结构的层级

16.3　双动词结构的整体分析:"吃饱饭/喝醉酒"

下面我们以整体路径讨论"吃饱饭/喝醉酒"问题,分两部分:首先调查"V 饱/醉 N"(特指"饱/醉"语义指向施事的结构)的分布情况,然后基于认知图景理论描述"吃饱饭/喝醉酒"的生成过程,并结合更多例子对相关结构做出定性。

16.3.1　"V 饱/醉 N"的分布情况

16.3.1.1　V 的情况

我们基于 BCC 多领域子库作了穷尽检索,得到了表 16-4 和表 16-5 的结果:"V 饱 N"中的 V 共有 28 个(类型频率),总共有 1741 条索引(个例频率),频率最高的是"吃",较高的还有"食、吸、喝、睡、充、蘸、看、赚、浸"等;"V 醉 N"中的 V 共有 6 个,共有 2082 条索引,频率最高的是"喝",其余 5 个为"饮、吃、听、看、抽"。可以看出,这些动词的分布非常不均衡,如图 16-2 所示,它们都是从第一个词(即"吃/喝")之后就急剧下降,有一半的动词只有 1—2 条索引,这种分布模式符合二八分布或幂律分布。

表 16-4 “V 饱 N”中 V 的分布

序号	V	频率	序号	V	频率
1	吃	1367	15	唱	1
2	食	111	16	吞	1
3	吸	82	17	听	1
4	喝	63	18	蹭	1
5	睡	23	19	读	1
6	充	18	20	晒	1
7	蘸	18	21	开	1
8	看	14	22	刮	1
9	赚	10	23	加	1
10	浸	10	24	做	1
11	捞	4	25	吮	1
12	受	3	26	踢	1
13	饮	2	27	尝	1
14	沾	2	28	嗑	1
			合计	28	1741

表 16-5 “V 醉 N”中 V 的分布

序号	V	频率
1	喝	1934
2	饮	110
3	吃	32
4	听	3
5	看	2
6	抽	1
合计	6	2082

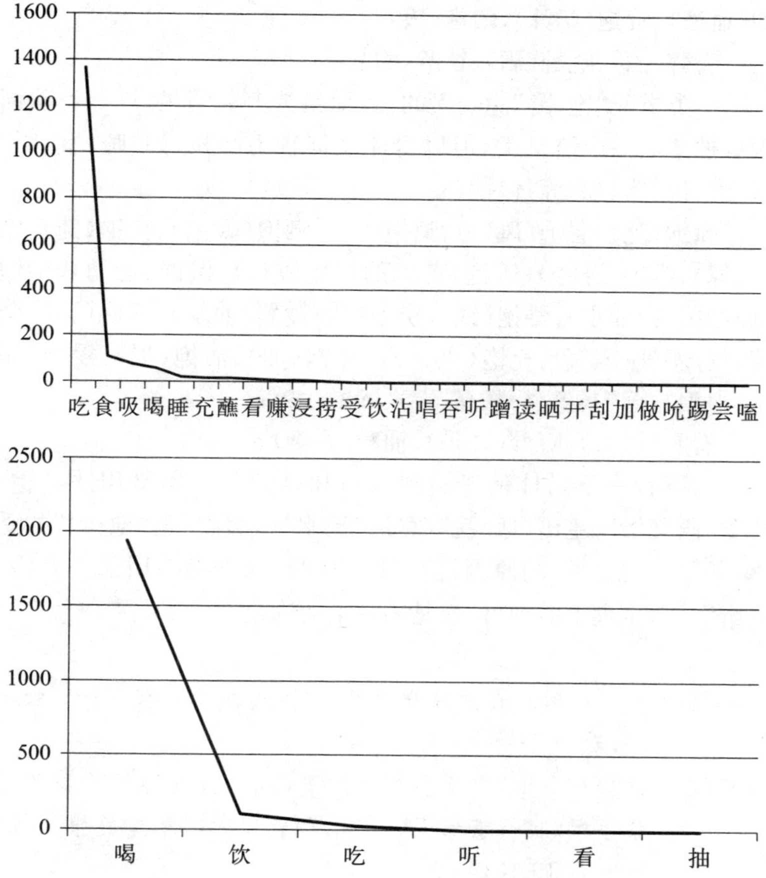

图 16－2　“V 饱/醉 N”中 V 的频率分布折线图

这些用例可以分为两类，一类是搭配“饱/醉”本义的，V 有“食、喝、吸、饮、吞、吮、蹭”等，或具体或一般都表示吃喝动作，宾语加的是食品（食物或饮料），包括（为方便读者理解，暂时括注了宾语，后面会专门讨论宾语的情况）：

吃饱（饭）、食饱（宵夜）、喝饱（老酒）、吸饱（血）、饮饱（水）、吞

饱(血液)、吮饱(奶汁)、蹭饱(饭);

喝醉(酒)、吃醉(酒)、饮醉(酒)。[①]

一类搭配“饱/醉”隐喻义的,表示精神上的满足,这一类动词很难抽象出一个语义类,但以身体动词较为凸显,如“睡、看、唱、听、尝、谈、骂、抽”等,包括:

睡饱(觉)、看饱(风景)、唱饱(歌)、晒饱(太阳)、嗑饱(药)、踢饱(球)、尝饱(滋味)、听饱(各家的飞短流长)、做饱(运动)、刮饱(民脂民膏/油水)、赚饱(钱)、捞饱(钱/钞票/油水)、开饱(会)、受饱(气/恶气/闲气)、充饱(电、气)、加饱(油)、沾饱(墨)、浸饱(墨汁/血泪)、蘸饱(墨/粉浆/靛青)、读饱(书);

看醉(风景)、听醉(音乐)、抽醉(香烟)。

可以看一下具体例子。例(19)和(20)属于本义用法,“饱/醉”的语义指向主语“他/我”,宾语“池水/葡萄酒”是“饱/喝”的受事,是导致“饱/醉”的原因;例(21)和(22)属于隐喻用法,“看饱/看醉”并非生理上的饱醉,而是精神上的满足。

(19) 有庆那时正在池塘旁躺着,他刚喝饱了池水,……(余华《活着》)

(20) 假如有一天,我倒在葡萄园里,就当我喝醉了葡萄酒长眠不醒,我将感到无上荣幸和欣慰。(《福建日报》2008年9月19日)

(21) 铁门后面,那藏宝的石穴中,四位“贵宾”,该已看饱了那满室珍玉了吧?(柳残阳《断肠花》)

(22) 我恋着莎士比亚的情歌,或看醉古代希腊的雕刻,在梦里,我游着雅典与伦敦,却像红莲绿柳的那片江浙。(老舍《慈母》)

---

① “食饱、饮醉”多见于方言,如粤语。

16.3.1.2　N 的情况

N 的情况必须结合 V 来看。一般来说，单个 V 的个例频率高，N 的类型/个例频率也高，反之亦然。极端的例子，像 V 个例频率只有 1 例的，N 也只有 1 类 1 例，如“V 饱 N”中自“唱”之后、“V 醉 N”中的“抽”，都只搭配了 1 类 1 例宾语（见前面的括注）。“V 饱 N”频率较高的动词如“吃、食、吸、喝”之后的 N 类型/个例频率都比较高，如“食饱”后有“饭”（75 例）“屎”（17 例）“宵夜”（7 例）“早餐”（3 例）“饭食、午饭、下午茶、饺子”（均 1 例）等，“喝饱”后有“水”（27 例）“老酒”（9 例）“酒”（3 例）“奶、牛奶、血”（均 2 例）“果汁、凉水、红茶、酸奶”（均 1 例）等，“吸饱”后有“水”（26 例）“血”（25 例）“水分、蜜”（均 4 例）“鲜血、露水”（均 2 例）“食物、春雨”（均 1 例）等。“V 醉 N”中频率较高的动词如“喝、吃”之后的 N 类型/个例频率也比较高，如“吃醉”后有“酒”（27 例）“胭脂、老酒”（均 1 例）等。

我们着重看一下“吃饱/喝醉”后 N 的情况。如表 16－6 所示（限于篇幅，仅列 10 个），“吃饱”后的宾语特别丰富，有泛泛的“饭/东西”，也有较为具体的“早餐、午饭、晚餐、晚饭、宵夜”等，还有特别具体的“奶、草、老酒、火锅”等，共计有 78 种宾语。“喝醉”后的宾语则比较受限，除了泛泛的“酒”，其余均为具体酒名，共计只有 7 种宾语。两者的共同点是：“吃饱饭/喝醉酒”是使用频率最高的组合，而且要远远高于其他组合；其他宾语虽然类型比较丰富，但是使用频率极低，“吃饱”中排名第二的“吃饱早餐”才 11 例，还不及“吃饱饭”的零头，“喝醉”除“酒”之外的其他宾语都仅有 1—2 例。

表 16－6　“吃饱/喝醉”的宾语分布情况

“吃饱”的宾语	频率	“喝醉”的宾语	频率
饭	1111	酒	1923
早餐	22	啤酒	2

续 表

“吃饱”的宾语	频率	“喝醉”的宾语	频率
奶	19	葡萄酒	2
东西	18	烧酒	2
午饭	16	威士忌	2
晚餐	15	白兰地	2
晚饭	14	香槟酒	1
屎	11		
老酒	10		
草	10		
宵夜	9		
火锅	6		

16.3.2 “吃饱饭/喝醉酒”的生成

认知图景理论在对待双动词结构时，也基本采用了还原路径，比如卢英顺(2017：65)说：“在探讨V和C认知图景的相互作用时，有必要深入考察哪些认知要素在映射时受到压制以及受到压制的原因。”但在我们看来，双动词结构同时牵涉词法和句法，故在还原路径之外还需要结合整体路径，即一方面把双动词视为在线生成的复合词，整体会被解读为“方式＋结果”(太田辰夫1958/2003：32、192；高名凯1948/1986：242)；[①]，另一方面，在双动词复合的基础上来看双动词整体与其他语义成分的互动关系，

① 太田辰夫(1958/2003：32、192)把双动词视为“复合词”或“复合动词”。高名凯(1948/1986：242)也说，双动词“是两个合用的成分，然而实际上只能看作一个词，一个具有动词功能的词。”方光焘(1962/1986：241)则特别指出，可以把“吃饱、喝醉”视为词。

不排斥它会产生与前动词和后动词不同的语义结构。这样，双动词结构的生成可以分为两个层面，分述如下。

16.3.2.1　“吃饱/喝醉”的生成

词汇学对复合词的研究多从结构关系出发，认知图景理论转而主张从语义关系出发（卢英顺 2017：144）。我们秉持形式与意义相结合的精神，认为双动词已经规约化为“方式＋结果”构式，只要是语义与之兼容或一致的词，都有进入该构式相应槽位的潜势（参 Goldberg 1995：50）。对于“吃、饱、喝、醉”四个词，有12种组合关系：

吃饱、吃喝、吃醉、饱吃、饱喝、饱醉、喝吃、喝饱、喝醉、醉吃、醉饱、醉喝。

其中只有“吃饱、吃醉、喝饱、喝醉”的组合与双动词语义兼容，可以得出“吃/喝”方式造成“饱/醉”结果的解读。其余组合要不显得奇怪（如“饱醉、喝吃、醉吃、醉喝”），要不就只能得出其他解读（如“吃喝、饱吃、饱喝、醉饱”）。这样，它们进入双动词之后，两个词临时合成一个复合词，把两个简单事件整合为一个复杂事件。

这种创新的复合词如果使用广泛，也可能词汇化，如“改善、扩大、提高”等都已被语文词典收录为词。那么“吃饱/喝醉”的词汇化程度如何呢？这个可以通过基于平衡语料库的搭配强度（collocation strength）计算来界定。我们从“中研院现代汉语平衡语料库”提取了“词$_{12}$频”（A）“词$_1$频”（B）“词$_2$频”（C）和语料库总词频（D＝11245330），按照公式LOG((A/D)/((B/D)*(C/D)),2)计算了“吃饱/喝醉”的互信息值（Mutual Information，简称MI），此外为方便比较，还测量了其他“X饱”“吃X”“X醉”“喝X”的MI，结果如表16-7所示（限于篇幅只列了前15个搭配）：“吃饱/喝醉”的MI分别为10.33和10.42，相近且都排在第6位。鉴于它们的MI比某些已被语文词典收录的词还要高（以底纹表示），可见它们的词汇化程度较高（尤其是“吃饱”）。

表 16－7 “吃饱/喝醉”与相关词语的搭配强度①

搭配	词$_1$	词$_2$	词$_{12}$频	词$_1$频	词$_2$频	MI	搭配	词$_1$	词$_2$	词$_{12}$频	词$_1$频	词$_2$频	MI
温饱	温	饱	37	79	105	16.61	麻醉	麻	醉	113	60	108	17.58
充饱	充	饱	6	33	105	14.25	陶醉	陶	醉	74	49	108	17.26
吃亏	吃	亏	97	4660	71	11.69	沈醉	沈	醉	29	79	108	16.22
吃饭	吃	饭	498	4660	450	11.38	沉醉	沉	醉	26	91	108	14.86
吃素	吃	素	41	4660	66	10.55	烂醉	烂	醉	6	159	108	11.94
吃饱	吃	饱	56	4660	105	10.33	喝醉	喝	醉	24	1823	108	10.42
吃惊	吃	惊	80	4660	181	10.06	喝茫	喝	茫	1	1823	8	9.59
吃完	吃	完	180	4660	445	9.93	喝完	喝	完	50	1823	445	9.44
吃力	吃	力	95	4660	443	9.02	吸醉	吸	醉	1	212	108	8.94
吃紧	吃	紧	50	4660	257	8.87	心醉	心	醉	10	4955	108	7.72
吃醋	吃	醋	10	4660	55	8.78	喝掉	喝	掉	9	1823	316	7.46

① “中研院现代汉语平衡语料库”来自中国台湾，其中有些说法或写法大陆不太常见，其中“沈醉”即“沉醉”，如“香醇的烟台葡萄酒使我不禁沈醉其中”；“喝茫”表“喝醉”，如“第一次喝茫是在大学迎新的时候”。

续　表

搭配	词$_1$	词$_2$	词$_{12}$频	词$_1$频	词$_2$频	MI	搭配	词$_1$	词$_2$	词$_{12}$频	词$_1$频	词$_2$频	MI
吃斋	吃	斋	1	4660	9	8.07	喝干	喝	干	7	1823	320	7.08
吃食	吃	食	29	4660	325	7.75	喝水	喝	水	37	1823	2708	6.40
吃苦	吃	苦	45	4660	756	7.17	自醉	自	醉	2	3367	108	5.95
吃香	吃	香	16	4660	333	6.86	喝光	喝	光	8	1823	1142	5.43

16.3.2.2 “吃饱饭/喝醉酒”的生成

双动词生成之后，**整体**可以激活相关认知图景及其要素，其类型可能与前动词和后动词各自激活的认知要素相似，其数量一般不出前动词和后动词激活的认知要素之和(卢英顺 2017：62)。如“吃饱”可以激活“吃饱者(64%)>食物(20%)>肚子(10%)”等认知要素(括号内为凸显度)，“喝醉”可以激活“喝醉者(86%)>酒(35%)”等认知要素。与前动词和后动词各自激活的认知要素相比，“吃饱者/喝醉者”不同于“吃/喝”“饱/醉”激活的“吃者/喝者”“饱者/醉者”，而是两者的整合；“食物/酒”的语义角色则变为了“原因”。[①] 由此可见，双动词所在句式涌现出了新的语义结构，属于原因做宾语的非常规动宾结构，尤其是“食物/酒”语义角色的变化，造成“吃饱者+吃饱+食物”“喝醉者+喝醉+酒”可以“倒置”(参任鹰 2001)。

这些认知要素经过两次凸显生成具体句子。如例(23)和例(24)所示，“吃饱/喝醉”各自出现最多的句式是“吃饱者+吃饱”(例 23a)和“喝醉者+喝醉”(例 24a)，分别占到了 47%和 59%，属于最典型句式；次之为“吃饱者+吃饱+食物”(例 23b)和“喝醉者+喝醉+酒”(例 24b)，分别占到了 15%和 30%，属于较典型句式；“吃饱”还构成了“吃饱者+吃饱+肚子”，占到 8%，属于次典型句式。此外便是扩展句式，都不太常见。由此可见，“吃饱饭/喝醉酒”在“吃饱/喝醉”构成的句式中较为常见。

(23) **典型句式**

a. 月容站了起来：“我吃饱了！”(张恨水《夜深沉》)——吃饱者+吃饱(47%)：

---

① “食物/酒”做“吃/喝”的宾语没什么问题，需要补充的是，它们还可以做“饱/醉”的宾语表示原因，如“饱饭后，他们换上了粗布衣，围着炉火祛寒。”(阿蛮《卿本佳人》)、“醉过酒的人都有这样的同感”(《中国青年报》1989 年 8 月 15 日)。如此来看，“吃饱/喝醉”激活的“食物/酒”语义角色只是相对“吃/喝”发生了变化。

b. ……偏就是我百吃不厌，每天都是吃饱了水梨，才去上工。（林清玄《雪梨的滋味》）——吃饱者＋吃饱＋食物（15%）

c. 近两年来，她吃饱了肚子，穿暖了衫，别的不懂，也懂得了丈夫本事不小。（高晓生《陈奂生转业》）——吃饱者＋吃饱＋肚子（8%）

扩展句式

d. 打个比方，一个人吃饭，总不能以为是最后一口馒头吃饱的吧。（《人民日报》1995 年 1 月 2 日）——食物＋吃饱＋吃饱者（省略）

e. 如今是活干好了，饭吃饱了，场也赶了，亲戚走了，人有精神了。（《人民日报》1982 年 6 月 5 日）——食物＋吃饱

f. 虽说煎蛋嫩得让人吸溜不及，各式生冷色拉令我腻歪打怵，但起码面包牛奶吃饱肚子不成问题。（《作家文摘》1995 年）——食物＋吃饱＋肚子

g. 肚子吃饱了，人们就开始注重"穿"。（《人民日报》1994 年 4 月 23 日）——肚子＋吃饱

h. 我在死亡的边缘时极力要活、要活、要活下去，我肚子吃饱了却想死。（张贤亮《绿化树》）——吃饱者＋肚子＋吃饱

(24) **典型句式**

a. 隔很久，她说："我喝醉了。"（亦舒《香雪海》）——喝醉者＋喝醉（59%）

b. 宝宝，这个叔叔喝醉酒了。（施亮《无影人》）——喝醉者＋喝醉＋酒（30%）

扩展句式

c. 他说："别把那香槟当冷开水喝，它一样会喝醉人的。"（琼瑶《一帘幽梦》）——酒＋喝醉＋喝醉者

16.4 小结

事实上,类似结构并不限于"V饱/醉N"。吕叔湘(1986)和任鹰(2001)在文中便举了其他例子(见下面例25—30)。鉴于例句未给出来源,我们通过BCC语料库进行了验证:除了"写累"找不到后加宾语的用例(但可以找到拷贝结构"她写东西写累了"),其他均能找到真实用例(例31—36)。对于"答对了三道题"和"记错了门牌号码",吕叔湘指出补语的语义指向有两解,既可以说"我答对了",也可以说"三道题对了"。

(25) 大家吃腻了剩菜/吃腻了大鱼大肉。
(26) 写累了论文。
(27) 唱够了卡拉OK。(以上来自任鹰2001)
(28) 这个时候我已经睡醒了一觉。
(29) 我答对了三道题。
(30) 他记错了门牌号码。(以上来自吕叔湘1986)
(31) 我要尝尝生命的另一方面,可以说是生命的素淡方面吧,我已吃腻了山珍海味。(老舍《樱海集》)
(32) 凡生,听烦了昆虫学家们的演讲,且不觉得捷克学者奇怪的表现如何有趣。(米兰·昆德拉《缓慢》)
(33) 但等下露斯姑娘在春光里唱够了曲,抱够了囡囡跑进房里时……(萧乾《昙》)
(34) 人们睡醒一觉睁眼看见王琦瑶的窗口……(王安忆《长恨歌》)
(35) 你只需要答对十四道题就算通过。(伍绮诗《无声告白》)
(36) 但是那个号码没有人听,我几乎以为记错了号码。(亦舒《星之碎片》)

尽管类似结构的普遍性仍有待调查，但如此多的“例外”明显不能再笼统地用“词汇化”或“惯用语”来解释。我们以整体路径看待此类结构，发现它们不过是非常规动宾结构的特例，特殊就特殊在其中的“动词”是在线生成的双动词；双动词的词汇化规约度不一，搭配非常规宾语的能产性也不一。对于“吃饱/喝醉”而言，调查表明其词汇化程度已经很高，完全可以视为动词；在它们构成的句式中，不及物用法仍然占主导地位（分别为 47%和 59%），但后加原因宾语的及物用法也不少（分别为 15%和 30%），其中“吃饱者＋吃饱＋食物”的个例频率较低（15%），但类型频率很高（78 种宾语）；“喝醉者＋喝醉＋酒”的个例频率较高（30%），但类型频率不高（7 种宾语）。由于类型频率促进抽象句式的能产性及规约化（Bybee 2010：95），所以“吃饱者＋吃饱＋食物”相对更偏向语法。如若把它们处理为语法，宾语“食物”就不是羡余成分，而是作为焦点提供了有用的信息，如例（7b）若删掉“水梨”，那么提供的信息就是不足的。当然我们也不能忽视，在这两类句式的内部，“吃饱饭/喝醉酒”的组合频率最高，且要远远高于其他组合，这也难怪有学者会把它们视为“惯用语”。

这一章的启示为：在语言研究中，还原和整体路径并非水火不容，而是可以综合在一起。正如沈家煊（1999c：6）所言：“分析和综合结合起来才能对语法现象作出完整的解释。”这一章在回顾双动词结构还原、整合之争的基础上，兼采两种路径：通过还原路径详细分析前后动词与语义成分的关系，总结出了双动词结构的微观语义结构类型及其交替关系，并分析了双动词结构的使动意义来源；通过整体路径把双动词视为复合词，把使动意义的产生归结为使动句，同时不排斥双动词可能词汇化，使动意义可能规约化到词项之中。两相比较，还原路径有利于我们发现双动词结构内部的异质性，而整体路径则便于我们对句式生成过程做出更合乎实际的描写和解释。

第 17 章　“同”字句的句法、语义特点

在“和”类虚词(如“跟、和、与、同”)中,“同”是使用频率相对较高和兼属词类最多的,[①]但专题探讨的文章并不多,多是附在“跟”后面一笔带过(如刘月华等 2001;张谊生 1996、1997),甚至断言两者的语义和用法完全相同(《现代汉语虚词例释》1982 版第 417 页)。但基于语料库的用法模式调查已经否定了这一点:一方面“同”和其他“和”类虚词存在互补分布;另一方面,内部存在不同用法的转化趋势(李艳娇、杨尔弘 2014;龚君冉 2008)。有些著作倒是对“同”作了比较详细的描写,但各家的归纳并不一致,如在《现代汉语词典》(第 7 版)中单列出来的形容词和副词用法都被《现代汉语八百词》(1999)归到了动词标记下。此外,马贝加(1993、2014)和于江(1996)从历时角度对“同”的语法化作了描写,可是他们并未从认知视角对“同”的语义引申机制作出解释。

---

① 根据《现代汉语常用词表》(草案),“同”的频序号是 99,比“和”(373)和“跟”(434)的频率都要高(《词表》遗漏了“与”,但考虑到“与”的书面语体风格,其频率应该不会高于“同”)。对于“同”的词类归属,各家概括不一,但动词、形容词、副词、介词、连词和名词都有涉及。据统计,它是《现代汉语词典》(第 6 版)中兼属词类最多(六类)的两个词之一(参第 6.1 节),且与基于《牛津高阶英语词典》(第 7 版)统计的唯一一个兼六类词 like(王仁强 2014)具有语义相似性。

除了以上问题，“和”类虚词的介连区分问题仍然存在，试看下面的例子：

(1) 他发觉自己已经同女儿一起沉沦到最为人不齿的末流，于是他的举止近来变得自卑、谦恭(普鲁斯特《追忆似水年华》)

张谊生(1996)认为，如果 V(“沉沦”)是个“零涉短语”(即 N_1 和 N_2 都不充当该短语的关涉对象，但都是该短语的陈述对象)，那么“同”必然是个连词。但是该句中“同”之前出现了状语，又说明它是个介词。这样的矛盾该如何解决?

有鉴于此，这一章拟在已有研究成果的基础上，详细描写“同”的句法、语义特点，利用认知图景理论对相关问题作出解释，最后就认知图景理论应用到虚词作出初步探讨。

17.1 “同”及所在结构的句法特点

“同”作为虚词经常出现在“(NP_1＋)同＋NP_2＋VP”和“NP_1＋同＋NP_2”结构中，作为述词[①]经常出现在“同＋NP”结构中，作为副词经常出现在“同＋V”结构中。下面按照使用频率由高到低依次描写。

17.1.1 “(NP_1＋)同＋NP_2＋VP”

在这个结构中，“同”发挥介引功能，引进动作涉及的其他参与客体。“同＋NP_2”作 VP 的状语，起着修饰 VP 的功能。例如：

(2) 孙庆平主动同他促膝谈心，耐心做疏导工作，按照政策合理地解决了这个“老大难”案件。(《河北日报》1985-8-7)

① “同＋NP”中的“同”既可能是动词，也可能是形容词，我们暂以述词统称之。

(3)《辞海》认为，西皮系“明末清初秦腔经湖北襄阳传到武昌、汉口一带，同当地民间曲调结合演变而成。”(《北京晚报》1990－7－12)

(4) 这种气阀门同蝶阀相比，一是体积大、分量重，一个通径为1000毫米的电动闸阀约2.5吨(《河北日报》1984－1－28)

在“(NP_1＋)同＋NP_2＋VP”的基础上拓展出两种用法，分别是“的”字句“同＋NP_2＋的＋NP”和“把”字句“(NP_0＋)把＋NP_1＋同＋NP_2＋VP”。“的”字句如：

(5) 天津队在同解放军队的比赛中，开场打得沉闷，快攻不够顺手(《天津日报》1987－11－27)

(6) 从此，开始了同宋庆龄的友谊。(《北京日报》1983－6－3)

出现在NP位置的词多是事件名词，如“比赛、合作、往来、会见、会谈、协作、交谈、沟通、联系”，亦可出现在原结构的VP位置，因此是动名兼类词。当然也有纯粹的名词，如“友谊、关系、条件”等。“把”字句如：

(7) 你姚文元把海瑞的平冤狱、退田同现实类比，请问你是什么存心？(《人民日报》1979－1－6)

(8) 这篇黑文极其阴险地把吴晗写《海瑞罢官》同我国一九六一年遭受自然灾害遇到经济困难的境况无端地联系起来(《人民日报》1979－1－6)

(9) 所以，不能把上级负责人个人同上级划等号，不能把个人的东西都当作必须坚决奉行的东西。(《解放军报》1980－12－17)

在“把”字句中，两个参与客体都必须出现，“把”使得两个客体之间主从分明，加强了动作的不对称性；同时由于“把”字句“配价增殖”现象（卢英顺 2003），凸显出一个动作发出主体 NP_0，如例（7）中的“姚文元”和例（8）中的“这篇黑文”，这是非把字句不存在的现象。当然这个主体的出现不是强制的，如例（9）带有祈使语气，主语“你（们）”没有出现。

17.1.2 “NP_1＋同＋NP_2”

在这个结构中，“同”起连接功能，表示两个参与客体之间的并列关系。出现在 NP 位置上的一般是名词（或短语），也有少量动词（或短语）。[①] 该结构在句法功能上可以做主语、宾语和定语，做谓语的极为少见。举例说明：

（10）坚持改革开放同坚持四项基本原则，构成了党的基本路线的两个基本点，它们相互贯通、相互依存。（江泽民《在毛泽东诞辰一百周年纪念大会上的讲话》）

（11）最后人人都走了，只剩下我同你。（亦舒《我们不是天使》）

（12）熬到春青读出头，阿昌同他老婆的日子就该好过了。（微博）

（13）使刊物暂时化为战场，热闹一通，是办报人的一种极普通办法，近来我更加“世故”，天气又这么热，当然不会去流汗同翻筋斗的。（鲁迅《伪自由书·后记》）。

在例（10）中，尽管“同”两边是述宾结构，但它们却是整个句子的主语，具有指称性。另外，“构成”暗示了两者之间的对等关系，因此可以互换而不影响整个句子的语义。在例（11）中，并列

① 赵元任（1979：352）认为，“跟、和、同”从来不连接动词性词语或小句。

结构（“我同你”）出现在VP（“剩下”）之后，构成“VP＋NP_1＋同＋NP_2”结构，因此不可能存在介连区分问题。在例（12）中，借助“的”标记作“日子”的定语，由于“日子”同属于夫妻二人，因此“同”属于连词无疑。例（13）勉强算是作谓语的例子，但也不是十分典型，因为前面已经出现了动词“去”。

17.1.3 “同＋NP”

NP位置多是光杆名词，也有“一个＋N”的“数量-名”短语，如“同一个梦想”。当“一个”省略为“一”时，即和“同”合为一词“同一”，表示“共同的一个或一种”（《现代汉语词典》第1314页）。“同＋NP”多作定语，如“同时代人”；作谓语次之，如“他和我同组”；有少量做主宾语的情况，如：

（14）同姓名，是一个正在悄然形成的公害，它威胁着命名者本人的利益（《北京晚报》1990－12－30）

也有少量的“（与/和＋）NP＋同”结构，例如：

（15）他特别强调我之良知与圣人同，人人都有为圣贤的先天条件，勉励人们树立自信心。（BCC语料库“科技文献”）

那么该结构中的“同”是动词还是形容词呢？《现代汉语词典》和《现代汉语八百词》的观点并不一致。这要结合NP的语义特点来作出判断：如果NP表示客体之一，那么“同”就是动词，如“款式同前”；如果NP表示比较基点，那么“同”就是形容词，如“同款衬衣”。

17.1.4 “同＋V”

“同”修饰V一起作谓语或定语。例如：

(16) 他们终于同挖一条渠,同修一眼井,受到群众好评。(《河北日报》1986-7-3)

(17) 年迈的父母双双离世,老伴在香港和岳母同住,唯一的独生女儿遥居美国。(《文汇报》1981-2-5)

(18) "老庄,你同晨曦同是天秤座来客吧。"老庄沉默,双手可是没停止过操作,照样调酒半晌(亦舒《天秤座事故》)

(19) 对这位……,而且曾经长期与我同忧患、共奋斗的老战友,我愿用这篇短文(《解放军报》1980-1-9)

作谓语时,主语必然涉及至少两个(组)客体,可以是集合形式(如例(16)中的"他们"),也可以是分列形式。分列形式可以是一主一次(如例(17)中的"老伴"和"岳母"),也可以是并列关系(如例(18)中的"你同晨曦")。例(19)做定语的例子,其中"忧患"是名词,容易把"同"理解为动词或形容词,但有两点可以确定这里的"同"是副词:"忧患"在这里表陈述功能,是"经历忧患"的意思;它与"共奋斗"形成对举,"共"是副词,"同"也就是副词。

17.2 "同"及所在结构的语义特点

有关"同"的语义特点可以从两方面进行探讨,一是它本身的语义特点,二是所在结构的语义特点。由于"同"大多作虚词,所以我们只讨论"(NP_1+)同+NP_2+VP"和"NP_1+同+NP_2"的情况。

17.2.1 "同"本身的语义特点

过去把虚词"同"的语义归纳为"伴随"(介词)和"表示并列关系"(连词)。按照这种区分,如果"同"是介词,那么 NP_1 为主 NP_2 为从;如果是连词,二者的关系对等,互换位置而不影响语义。但是有时候两者很难区分,为此有学者提出了各种分化方法,但总能找到反例，如例(1)。再看一则例子：

(20) 献策赶快同客人互相施礼，寒暄几句，陪着他们一起向大殿走去。(姚雪垠《李自成》)

张谊生(1996)说，凡句中出现相互标记的，该句所表示一般都是对等义，其中的“和”类虚词应是连词。但是在这个例子中，尽管出现了“互相”标记，但“同”和 NP_1 之间有其他成分(“赶快”)，又说明“同”是介词。“和”类虚词都存在这个难题，如“你跟他一块儿走”中的“跟”可以是连词，也可以是介词(赵元任 1979：351)。事实上，介连区分的语义基础是参与客体之间的主从(介词)和对等关系(连词)，形式上必须结合更多的因素(如语用层面的重音、信息焦点等)来确定；而在词汇层面上，我们只要把“同”的语法意义概括为“表示引进其他参与客体”就足够了(具体有哪些参与行为见下一节)。

17.2.2 “同”所在结构的语义特点

“同”所在结构涉及的动词包括交互动词、融合动词和比较动词三类，它们都有至少两个(组)客体参与的特点，可统称为“多主体参与动词”，简称“参与动词”。

17.2.2.1 *交互动词*

交互动词表示“语义上要由两个方面的人或物同时参与才能实现或实施”(张谊生 1997)，动词如“比赛、交锋、交涉、交火、会谈、握手、协定、干杯、合作、配合”等，动词性短语如“交换意见、签订合同、举行婚礼”等。如果动词缺乏交互特征，可以借助“相互、互相、彼此”等相互标记来实现。举例说明：

(21) 华主席今天在飞机舷梯旁同西亚德总统紧紧握手，对他再次访问我国表示热烈欢迎。(《天津日报》1978－4－15)

(22) 你知道吗，我的孩子，我有点儿爱上你了？不过不会长久的。因为狼同狗同居是不会长久太平的。(梅里美《卡门》)

(23) 自此乡勇同官兵互相推诿，索性由教徒自由来往。(蔡东藩《清史演义》)

在例(21)和例(22)中，“握手”和“同居”都具有交互特征，但例(21)在“华主席”和“同……”之间插入了其他成分，因此“同”是介词；而在例(22)中，一方面“狼”和“同狗”之间并没有其他成分，另一方面两者之间并未强调主从，去掉“同”字语义未变，所以“同”是连词。在例(23)中，“推诿”不具有交互性，借助“互相”实现为一个具有交互性的动词短语。

17.2.2.2 融合动词

融合动词表示在空间或抽象层面上合为一体，典型的融合动词是“融合、结合、汇合、交叉、构成”等，由于实体隐喻的作用(Lakoff & Johnson 1980)，可以进一步拓展到抽象领域。举例说明：

(24) 这种细胞同癌细胞融合就会产生有抗体的细胞，这种抗体仅附着在最初取自某个人的特定的癌(《天津日报》1984 - 7 - 21)

(25) 李小龙在截拳道里就把他的哲学思想同武术融合为一(《文汇报》2003 - 7 - 25)

例(24)表示两种细胞的空间融合，是客观可见的(当然要通过显微镜)；例(25)表示思想和武术的抽象融合，是“只可意会不可言传”的融合。这两个例子中的融合都有主从之分：例(24)表达的是“这种细胞”产生了“有抗体的细胞”，例(25)表达的是把哲学思想融入了武术，因此两例中的“同”都是介词。

17.2.2.3 比较动词

比较动词是与比较相关的动词，可以是比较动作本身，如“比、相比、比较、类比、相比美”；也可以是比较的结果，可以从“相关度”和“相似度”两个维度进行比较。当动词不具有比较的语义特征时，要加“一样、一般、同等”等比较标记。举例说明：

(26) 而有人说醉白池是李太白醉酒于此，故名，其实醉白池筑于清代顺治年间，同李太白毫不相干(《新民晚报》1986－12－30)

(27) 墨西哥在经济发展水平和工资收入等方面同美国和加拿大存在巨大差异(《解放日报》1992－7－16)

(28) 曾有张紫砚诗讽明嘉宗嗜好鸡枞菌，驿骑送菌同唐玄宗驿骑送荔枝一样荒唐。(《新民晚报》1991－6－27)

例(26)比较的是“醉太白池”和“李太白”的相关度；除了“毫不相干”外，类似词/语还有“无关、有关、有牵连、分不开、关系密切、有密切联系”等。例(27)比较的是两个国家在经济发展水平等方面的相似度；除了“存在巨大差异”，类似词/语还有“相符、一样、一致、不同、相仿、对立、吻合、有差距、存在差异、很不相称、如出一辙、有相通之处”等。例(28)中的“荒唐”不具有比较特征，加比较标记“一样”来表达涉及客体之间的关系。

17.3 从认知图景看“同”的词义演变

在解释“同”的句法、语义特点之前，必须理顺“同”的词义演变，因为虚词“同”是从实词语法化而来，这个过程孕育了“同”字句的形式、意义特点。《古代汉语词典》的“同”字词条列有 14 个义项，其中较为常用的有以下 6 个：

(29) 聚集，会合：嗟我农夫，我稼既同，上入执宫功。（《诗经·豳风·七月》）

(30) 偕同：同我妇子，馌彼南亩。（《诗经·豳风·七月》）

(31) 一齐，一起：同行十二年，不知木兰是女郎。（佚名《木兰辞》）

(32) 相同，一样：布帛长短同，则贾相若。（贾，即“价”）（孟子《孟子·滕文公上》）

(33) 和谐：是谓大同。（《礼记·礼运》）

(34) 参与：不知三军之事而同三军之政者，则军士惑矣。（《孙子·谋攻篇》）

如果要理清这些意义之间的联系，必须要回到“同”的原初认知图景。“同”的甲骨文字形为ㅂ，上部为覆盖之形，下部为“口”，以一口代众口，表示众口汇聚。可见“同”的原初认知图景可以描述为至少两个（组）参与客体汇聚一堂（CS_0）。这正是“同”的本意：“合会也。”（《说文解字》）（如例 29）基于 CS_0，如果客体之间的伴随关系得到凸显（CS_1），就引申出了“偕同”的意思（例 30）。当“同”从空间领域映射到时间领域表示时间一致（CS_2），就引申出了“一齐，一起”的意思（例 31），其中涉及隐喻的认知手段。此外，多个客体“聚集”因有“相同”之处（CS_3，例 32），空间距离近也说明其间的关系“和谐”（CS_4，例 33），而部分相对整体又是“参与”的关系（CS_5，例 34），其中都涉及转喻的认知手段。

虚词“同”是从表示“偕同”的“同”引申而出的，如下：

(35) 每候山樱发，时同海燕归。（王维《送钱少府还蓝田》）

(36) 朝与城阙别，暮同麋鹿归。（马戴《山中寄姚合员外》）

(37) 顾云，大顺中制同羊昭业等十人修史。（王定保《唐摭言》卷 12）

(38) 便当质之朋友，同其商量。（黎靖德编《朱子语类》）

(39) 待看椿同桂，洗馥迈燕山。（佚名《水调歌》）

(40) 知县叫取长枷，且把武松同这婆子枷了，收在监内。（施耐庵《水浒全传》第27回）

例(35)和(36)的句式相同，VP也相同（都是“归”），可以表示为“客体$_1$＋同（偕同）＋客体$_2$＋[位移]”。“同”的性质需结合更大的语境来判断，在例(35)中和实词“候”对举说明是实词，在例(36)中和虚词“与”对举说明是虚词。在例(37)和(38)中，VP不再局限于位移义，扩展到其他多人参与的动作（“修史”和“商量”），说明“同”的介词用法已趋成熟。在例(39)和(40)中，“同”进一步虚化，表现在后面没有VP成分，“同”前后的两个成分可以互换顺序而不影响语义，说明“同”已经引申出典型的连词用法。此时的“同”已不再具有上述种种实义，它基于CS_1能够激活至少两个（组）参与客体的语义属性，发展出了引进其他参与客体的语法意义，能够激活“客体$_1$＋同＋客体$_2$”这一构式。至此，我们可以将“同”不同意义的引申关系图示如下：

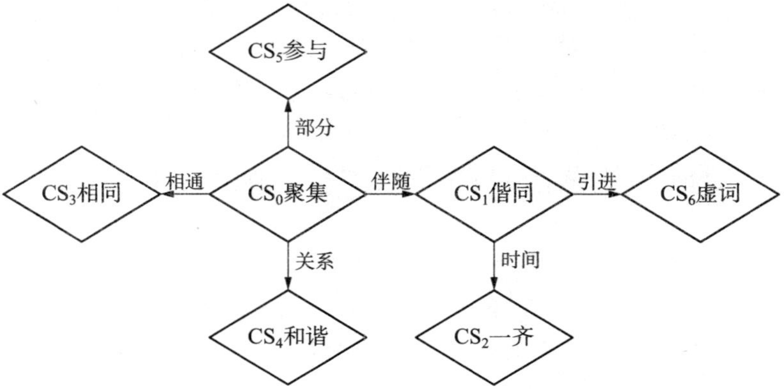

图17-1 “同”不同意义的引申关系图

其中“$CS_0 \rightarrow CS_1 \rightarrow CS_6$”是“同”的语法化路径，它渐从 CS_0 的具体动作“聚集”虚化为 CS_1 的伴随关系“偕同”，进而虚化为 CS_6 的较为抽象的语法意义。由于“同”频繁出现在“客体$_1$＋同（偕同）＋客体$_2$＋[位移]”这一句式中，导致受话者一听到“同”即含有一种“客体$_2$”随之出现的句法期待，同时随着[位移]位置的动词趋于多样，“同”由实词虚化为介词，而“客体$_1$＋同＋客体$_2$”这一构式也逐渐固化。在“同”的语法化进程当中，“至少两个（组）客体参与”的特点一以贯之，但虚化之后不再具有“聚集”或“偕同”义，而是单纯表示多个客体之间的参与关系。这种参与关系是一种拓扑性质，其中的任一零件都不可或缺，打个比方来说就是：“同”好比杆秤上的提纽，起着连接“客体$_1$”（实物）和“客体$_2$”（秤锤）的支点作用，左右虽有平衡和不平衡之分（即介连区分），但失去了三个零件中的任意一个，这个基本的框架便不复存在。

总之，“同”可以激活“客体$_1$＋同＋客体$_2$”这一参与构式，其形式为三个零件“客体$_1$”、“同”和“客体$_2$”的序列组配，其意义是“至少两个（组）客体**共同参与**某种行为”。这种共时存在是历时使用的产物，是基于认知图景演化（“$CS_0 \rightarrow CS_1 \rightarrow CS_6$”）的结果。

17.4 “同”及所在结构的认知图景解释

在一个以动词为核心的句子中，动词框架决定着整个句子的句法和语义特点，因此必须结合动词的认知图景才能对“同”的句法、语义特点作出完整的解释。

出现在“同”字句中的动词包括交互、融合和比较三类，它们的认知图景可以概括为：至少两个（组）客体进行相应的动作。可见它们有一个共同点，即必须有至少两个（组）客体参与。以交互动词“握手”为例，它的认知图景可以这样描述：在某种场合一方主动握另一方的手或两方同时握手。该认知图景涉及的认知要素有至少两个握手者、握手的方式、伴随握手的其他问候行为、实施握手行为的时间、场合等。在这些潜在的语义成分当中，至少两个握手者较为凸显（第一次凸显），可能映射为句子层面的主宾语，也可能由虚词引进映射为短语层面的宾语，进而整个短语映射为句子层面的状语（第二次凸显）。试看下面的例子：

(41) * *我握手。（自拟）
(42) *我上去握手了多年不见的兄弟！（自拟）
(43) 在观众的欢笑声中，二人握手。（高炜宾《心脏停止跳动以后》）
(44) 两人走上舷梯，机械师同他俩握手致意。（候成路《手术延期进行》）

例(41)很难接受，因为握手必须涉及至少两个参与客体；例(42)的可接受度增加，因为它表达的内容和“握手”的认知图景所激活的认知要素相一致，尽管由于“握手”的不及物性显得很不自然。当然有些动词不受及物性的限制，如“配合、融合、结合、比、相比、类比”，其中一个（组）参与客体可以映射为宾语，如例(24)就可以转换为“这种细胞融合癌细胞就会产生有抗体的细胞……”。再看例(43)，“至少两个握手者”这一语义要素以集合名词“二人”的形式出现于主语位置；在例(44)中，“机械师”是主动握手者，被动握手者“他俩”由虚词“同”引进以“同他俩”做“握手”的状语。

此外，“同”所激活的非中心认知图景至少有一个方面和中心认知图景兼容。如前所述，虚词“同”可以激活“客体$_1$＋同＋客体$_2$”这一表示参与义的构式，在形式和语义上满足了第二次凸显，从而使得例(44)可以被接受。如果不满足上述两个条件，那么句子就很难接受，试看：

(45) * 两人走上舷梯，机械师同他俩举起了手。

(46) * 两人走上舷梯，机械师对他俩握手致意。

例(45)中的“举起了手”是机械师独自完成的动作，因此和“同”激活的参与构式发生了抵牾，删去“同他俩”即可成为合法句子。在例(46)中，“握手致意”具有交互性，但“对”激活的却是一个表示动作方向的“主体$_1$＋对＋主体$_2$/客体(＋VP)”的构式，因此两者不兼容。

17.5 余论

卢英顺(2015)指出，介词也能在某种程度上激活相应的认知图景，例如，“通过”就可以激活“方法”或“手段”这一要素。但是在认知图景的理论构建及其应用中(卢英顺 2017)，有关虚词的研究少之又少，是为缺憾。

对于虚词在意识中的存在方式，阿恩海姆(1998：321)提问道：

> 我们知道，那些再现“房屋”“斗争”，甚至再现事物对象之间的某种关系(如比××大一些，或包含其中)的意象，是比较容易进入意识的；但是，那些不具有实在的关系或不具有明确意象的连接词如“如果、因为、像、虽然、不是……就是”等，又怎么样呢？

他认为，思维意象不像弗洛伊德所谓“梦的艺术”是通过呈现各种事件(事实)暗示出因果关系的，因为在思维中，如果这种因果关系不具备某种形状的话，那么它就无法存在。那么这种抽象的意象是如何体现的呢？他说，“既然它们是一种理性的关系，就最好用高度抽象的和拓扑学[①]的形状去再现。”以 with 或 of 与 against 的区别为例，前者是一种稳定的依附，后者则是一种明显的对立（阿恩海姆 1998：321－323）。可是何谓依附？何谓对立？这种表述让人摸不着头脑。

这一章的研究表明，只有结合构式和语法化才能展示出虚词的拓扑性质。首先，虚词的拓扑性蕴含于所在构式。认知图景是“人们对现实世界常规的、或者说比较恒定的认知经验”（卢英顺 2017：5），构式作为形式-意义配对体已被自动化为一种神经动觉程序（neuromotor routines），自然也能被某些词语所激活。而在虚词和实词之间，由于虚词一般不能单独成句，在句中起着枢纽的作用，所以相对实词更容易激活相应的构式。其次，构式不是先验的，是从使用中涌现出来的，因此必须结合语法化才能得到更完全的解释。一方面，虚词几乎都是从实词虚化而来的，其背后是认知图景的演化或更替；另一方面，在虚词内部，介词一般比连词的意义更为具体，而在介词内部，over（Lakoff 1987：419－440）、on（Goddard 2002）的认知图景相对于 of 又更为具体一些。把语法化看成一种渐进的演化史，我们就能从中找到构式的形式、意义来源。

总之，认知图景理论在应用到虚词时，要采用一种异时（heterochronic）[②]视角，既要从共时维度归纳出虚词所能激活的构式，也要结合语法化从历时维度找到构式的形式、意义来源。

---

① 在拓扑学中，几何图形或空间可以连续改变形状，但一些性质仍能保持不变，它考虑的是物体间的位置关系而不是它们的形状和大小。以“欧拉定理”为例，不管一个凸多面体是何种样式，它的顶点数 v、棱数 e 和面数 f 总有这样的关系：$f+v-e=2$。

② “异时”是在复杂理论背景下从生物学引入的一个概念，指的是“处于时间线之时点的语言事件同时也可能是更长时段的语言变化的一部分”（Lemke 2002：80，转引自 Larsen-Freeman 2008：53）。这种观念把共时和历时有机地结合在了一起，和“泛时”（panchronique）概念（陈保亚 1991）有相通之处。

参考文献

阿恩海姆(1998)《视觉思维——审美直觉心理学》,四川人民出版社。

安华林(2005)从两种词表看名、动、形兼类的处理,《语言教学与研究》第4期。

北京大学中文系1955、1957级语言班编(1982)《现代汉语虚词例释》,商务印书馆。

曹逢甫(2005)《汉语的句子与子句结构》,北京语言大学出版社。

陈保亚(1991)论语言研究的泛时观念,《思想战线》第1期。

陈蓓(2009)现代汉语单音节兼类词研究——基于《现代汉语词典》的定量统计分析,《华中师范大学研究生学报》第3期。

陈昌来(1998)现代汉语不及物动词的配价考察,《语言研究》第2期。

陈昌来(2000)《现代汉语句子》,华东师范大学出版社。

陈满华(2020)变换、转换语法与构式语法的非转换观,《外语教学》第5期。

陈平(1987)释汉语中与名词性成分相关的四组概念,《中国语文》第2期。

陈平(1994)试论汉语中三种句子成分与语义成分的配位原则,《中国语文》第3期。

陈瑞国(1994)词典标注词性浅谈,《理论学习月刊》第9期。

陈望道(1932/1997)《修辞学发凡》,上海教育出版社。

陈振宇(2016)《汉语的小句与句子》,复旦大学出版社。

陈振宇(2017)《汉语的指称与命题》,上海人民出版社。

程荣(1999)汉语辞书中词性标注引发的相关问题,《中国语文》第3期。

崔山佳(2015)《汉语语法历时与共时比较研究》,语文出版社。
戴浩一(2007)中文构词与句法的概念结构,《华语文教学研究》第1期。
单宝顺(2011)《现代汉语处所宾语研究》,中国社会科学出版社。
邓仁华(2015)汉语存在句的系统功能语法研究,《现代外语》第1期。
丁健(2019)语言的"交互主观性"——内涵、类型与假说,《当代语言学》第3期。
丁声树等(1961)《现代汉语语法讲话》,商务印书馆。
董秀芳(1999)从谓词到体词的转化谈汉语词典标注词性的必要性,《辞书研究》第1期。
董秀芳(2011)《词汇化:汉语双音词的衍生和发展》,商务印书馆。
董志南(2016)解读2015之自然语言处理篇:持续探索,稳中前行,网址:http://www.infoq.com/cn/articles/2015-Review-NLP。
段天婷(2019)基于用法的非双宾动词的双宾构式准入机制的构式场研究,复旦大学博士学位论文。
范晓(1989)"施事宾语"句,《世界汉语教学》第1期。
范晓(1998)《汉语的句子类型》,书海出版社。
范晓(2003)说语义成分,《汉语学习》第1期。
方光焘(1956/1986)汉语词类研究中的几个根本问题(提纲),《方光焘语言学论文集》,江苏教育出版社。
方光焘(1962/1986)论现代汉语语法研究中的几个原则性问题,《方光焘语言学论文集》,江苏教育出版社。
方梅(2011)修辞的转类与语法的转类,《当代修辞学》第1期。
方清明(2007)《对外汉语教材词性标注问题研究》,《暨南大学华文学院学报》第2期。
方清明(2010)《现代汉语词典》"动、名兼类"计量考察,《辞书研究》第4期。
方绪军、李翠(2016)主语位置上"NP的VP"与前提陈述的联系,载徐阳春、刘小川主编《汉语句式问题探讨——汉语句式国际学术研讨会论文集》,中国社会科学出版社。
冯胜利(2001)论汉语"词"的多维性,《当代语言学》第3期。
冯志纯(2007)由"词性"的误释、误用所想到的,《四川理工学院学报(社会科学版)》第6期。

高航(2009)认知语法视角下的汉语兼类问题考察,《汉语学习》第2期。
高航(2013)"N的V"结构的认知语法考察:基于语料库的研究,《外文研究》第4期。
高航、张凤(2008)词类的构式语法视角,《天津外国语大学学报》第3期。
高名凯(1948/1986)《汉语语法论》,商务印书馆。
高顺全(2004)《三个平面的语法研究》,学林出版社。
高顺全(2009)也谈"王冕死了父亲"的生成方式,《现代中国语研究》第11期。
龚君冉(2008)现代汉语普通话"和"类虚词的分布考察,《对外汉语研究》第1期。
古川裕(2007)词法和句法之间的互动及其接口——以"可怕/怕人"和"好吃/难吃"等词语为例,载徐杰、钟奇主编《汉语词汇、句法、语音的相互关联:第二届肯特岗国际汉语语言学圆桌会议论文集》,北京语言大学出版社。
郭继懋(1990)领主属宾句,《中国语文》第1期。
郭锐(1995)述结式的配价结合与成分的整合,载沈阳、郑定欧主编《现代汉语配价语法研究》,北京大学出版社。
郭锐(1999)语文词典的词性标注问题,《中国语文》第2期。
郭锐(2000)表述功能的转化和"的"字的作用,《当代语言学》第1期。
郭锐(2002)《现代汉语词类研究》,商务印书馆。
郭锐(2011)朱德熙先生的汉语词类研究,《汉语学习》第5期。
郭锐(2015)《现代汉语词典》(第6版)对词类标注的修订,《中国辞书学报》第1期。
韩蕾(2010)试析事件名词的词类地位,《宁夏大学学报(人文社会科学版)》第1期。
韩蕾(2015)汉语事件名词与动词兼类分析,《语言研究集刊》第1期。
贺蒙(2014)《现代汉语词典》(第6版)兼类词例证问题研究,四川外国语大学硕士学位论文。
侯瑞芬(2017)《现代汉语词典》词类标注的修订及反思,《辞书研究》第4期。
胡附、文炼(1955)动词及物与不及物的区分,载胡附、文炼主编《现代汉语语法探索》,东方书店。

胡佳敏、郝艳琴、潘婕(2012)对外汉语教材中兼类词词性标注问题的调查研究,《神州》第 11 期。
胡静书(2015)论《现代汉语词典》(第 6 版)词性标注与例句不一致问题,《现代语文(学术综合版)》第 6 期。
胡明扬(1996)《词类问题考察》,北京语言文化大学出版社。
胡裕树(1982)试论汉语句首的名词性成分,《语言教学与研究》第 4 期。
胡裕树(1995)《现代汉语》(重订本),上海教育出版社。
黄昌宁、姜自霞、李玉梅(2009)形容词直接修饰动词的"a+v"结构歧义,《中国语文》第 1 期。
黄和斌(2014)质疑"两个问题"与"一个难题"——对布氏向心结构观的认识,《外国语》第 4 期。
黄建华(1998)改进双语词典的翻译,《辞书研究》第 2 期。
黄文龙(1998)古代词类观与古诗词炼字法,《西北师大学报(社会科学版)》第 6 期。
江蓝生(2000)《近代汉语探源》,商务印书馆。
江蓝生(2013)《现代汉语词典》第 6 版概述,《辞书研究》第 2 期。
姜文振(2009)语文词典词类标注的一致性原则,《肇庆学院学报》第 4 期。
姜自霞、丁崇明、侯燕(2011)《现代汉语词典》(第 5 版)中的双音节动名兼类词,《辞书研究》第 3 期。
金立鑫(2018)普通话"NP 的 VP"的类型学分析,2018 语言的描写与解释——纪念著名语言学家胡裕树先生 100 周年诞辰学术研讨会(复旦大学,2018 年 8 月 26—7 日)论文。
金立鑫、王红卫(2014)动词分类和施格、通格及施语、通语,《外语教学与研究》第 1 期。
黎锦熙(1924/1992)《新著国语文法》,商务印书馆。
李尔钢(2006)兼类词的义项设置和词性标注问题,《辞书研究》第 3 期。
李金兰(2006)现代汉语身体动词的认知研究,华东师范大学博士学位论文。
李开(2013)规范化维度下的与时俱进——学习《现代汉语词典》第 6 版,《语文研究》第 2 期。
李临定(1983)宾语使用情况考察,《语文研究》第 2 期。
李临定(1986)《现代汉语句型》,商务印书馆。

李临定(1990)动词分类研究说略,《中国语文》第4期。
李琳(2013)对外汉语教材词汇研究——基于两套对外汉语教材双音节动词的考察,苏州大学硕士学位论文。
李讷、石毓智(1997)汉语动词拷贝结构的演化过程,《国外语言学》第3期。
李向农、陈蓓(2015)现代汉语兼类词相关成因探析,《湖北社会科学》第1期。
李晓琪(1997)外国学生现代汉语常用词词典编纂散论,《世界汉语教学》第3期。
李艳娇、杨尔弘(2014)基于语料库的"和、与、同、跟"使用分布考察,《语言教学与研究》第3期。
李钻娘(1987)出现式与消失式动词的存在句,《语文研究》第3期。
林杏光(1990)《汉语句型》,中国国际广播出版社。
刘大为(2010)从语法构式到修辞构式(上、下),《当代修辞学》第3/4期。
刘丹青(1995)语义优先还是语用优先——汉语语法学体系建设断想,《语文研究》第2期。
刘美君(2019)动词与构式的互动——从放置动词说起,中国社会科学院语言研究所讲座(中国社会科学院,2019年11月4日)论文。
刘探宙(2018)《说"王冕死了父亲"句》,学林出版社。
刘晓林(2007)也谈"王冕死了父亲"的生成方式,《中国语文》第5期。
刘月华、潘文娱、故韡(2001)《实用现代汉语语法》(增订本),商务印书馆。
龙煌汕(2013)对外汉语教材中兼类词词性标注问题考察——以《发展汉语》为例,载北京大学对外汉语教育学院研究生主编《北京地区对外汉语教学研究生论坛论文集》。
龙日金、彭宣维(2012)《现代汉语及物性研究》,北京大学出版社。
卢英顺(1999)汉语中的动词和形容词宜合为一类,《烟台师范学院学报》第2期。
卢英顺(2003)把字句的配价及相关问题,《语言科学》第2期。
卢英顺(2005)认知图景与句法、语义成分,《复旦学报(社会科学版)》第3期。
卢英顺(2008)关于认知图景的几个问题,《语言科学》第6期。
卢英顺(2014)《语汇、语法研究十大认识问题》,学林出版社。

卢英顺(2015)认知图景之间的相互作用,《语言研究集刊》第 2 期。
卢英顺(2016a)关于"句式"研究的一点理论思考——以"放置"类动词为例,《中国语文法研究》第 1 期。
卢英顺(2016b)从认知图景看不及物动词带宾语问题——兼谈对外汉语教学中的相关问题,《汉语学习》第 3 期。
卢英顺(2017)《认知图景:理论建构及其运用》,学林出版社。
卢英顺(2020a)新句式观与对外汉语动词教学,《对外汉语研究》第 2 期。
卢英顺(2020b)话题:汉语句子结构的一种基本成分,《语言研究集刊》第 1 期。
陆丙甫(1987)从心理学角度看句型问题,载中国社会科学院语言研究所现代汉语研究室主编《句型和动词》,语文出版社。
陆丙甫(2005)语序优势的认知解释:论可别度对语序的普遍影响(上、下),《当代语言学》第 1/2 期。
陆丙甫(2012)汉、英主要"事件名词"语义特征,《当代语言学》第 1 期。
陆丙甫(2016)人类空间、时间感知对人类语言结构的普遍影响——语义距离象似性跟可别度领先象似性及其引申,《Chinese as a Second Language Research》第 2 期。
陆丙甫、应学凤(2019)人类信息处理能力限度对语言结构的基本制约,《语言教学与研究》第 3 期。
陆丙甫、应学凤、张国华(2015)状态补语是汉语的显赫句法成分,《中国语文》第 3 期。
陆俭明(1991)现代汉语不及物动词之管见,载《中国语文》杂志社主编《语法研究和探索》(五),语文出版社。
陆俭明(1994)关于词的兼类问题,《中国语文》第 1 期。
陆俭明(2005)对外汉语教学与汉语本体研究的关系,《语言文字应用》第 1 期。
陆俭明(2007)从量词"位"的用法变异谈起——中国语言学发展之路的一点想法,《语言科学》第 6 期。
陆俭明(2013)《现代汉语语法研究教程》(第四版),北京大学出版社。
陆俭明(2016a)从语法构式到修辞构式再到语法构式,《当代修辞学》第 1 期。
陆俭明(2016b)句类、句型、句模、句式、表达格式与构式——兼说"构式—语块”分析法,《汉语学习》第1期。
陆镜光(2006)论小句在汉语语法中的地位,《汉语学报》第3期。
陆宗达(1955)汉语的词的分类,载《中国语文》杂志社主编《汉语的词类问题》,中华书局。
罗宾斯(1997)《简明语言学史》,中国社会科学出版社。
罗仁地、潘露莉(2005)焦点结构的类型及其对汉语词序的影响,载徐烈炯、潘海华主编《焦点结构和意义的研究》,外语教学与研究出版社。
吕冀平(1955)主语和宾语的问题,《语文学习》第7期。
吕建军(2009)现代汉语不及物动词带宾语的认知研究,四川大学博士学位论文。
吕叔湘(1946/1984)从主语宾语的分别谈国语句子的分析,载《汉语语法论文集》,商务印书馆。
吕叔湘(1955)关于汉语词类的一些原则性问题,《中国语文》杂志社主编《汉语的词类问题》,中华书局。
吕叔湘(1977/1992)通过对比研究语法,《语言教学与研究》第2期。
吕叔湘(1979)《汉语语法分析问题》,商务印书馆。
吕叔湘(1986)汉语句法的灵活性,《中国语文》第1期。
吕叔湘(1987)句型和动词学术讨论会开幕词,载中国社会科学院语言研究所现代汉语研究室主编《句型和动词》,语文出版社。
吕叔湘(1989)未晚斋语文漫谈·词类活用,《中国语文》第5期。
吕叔湘(1999)《现代汉语八百词》(增订本),商务印书馆。
吕叔湘、朱德熙(1951/2002)《语法修辞讲话》,辽宁教育出版社。
马贝加(1993)介词“同”的产生,《中国语文》第2期。
马贝加(2014)《汉语动词语法化》,中华书局。
马宏基(2008)对外汉语教材中兼类词的标注问题,《科学决策》第10期。
马建忠(1898/2010)《马氏文通》,商务印书馆。
马莉(2003)从论元角度看“王冕死了父亲”,《外语教学》第3期。
马楠(2009)词典词性标注的单位问题,《辞书研究》第3期。
马真、陆俭明(1997)形容词作结果补语情况考察(一、二、三),《汉语学习》第1/4/6期。
孟琮、郑怀德、孟庆海等(1999)《汉语动词用法词典》,商务印书馆。

孟凯(2016)从形名兼类词配例的功能凸显看《现代汉语词典》第6版的系统照应,《辞书研究》第1期。
莫彭龄(2004)词汇的"词"、语法的"词"和修辞的"词",《语言教学与研究》第6期。
莫彭龄、单青(1985)三大类实词句法功能的统计分析,《南京师大学报(社会科学版)》第3期。
潘彦彩(2011)《现代汉语词典》(第5版)词性标注指瑕,《语文知识》第1期。
朴德俊(2019)双音节形容词的使动化过程,载戴耀晶主编《语言的描写与解释——胡裕树先生诞辰90周年纪念文集》,复旦大学出版社。
戚晓杰(2015)词汇词和语法词——汉语词类划分问题症结之所在,《汉语学报》第3期。
屈承熹(2005)《汉语认知功能语法》,黑龙江人民出版社。
任鹰(2000)"吃食堂"与语法转喻,《中国社会科学院研究生院学报》第3期。
任鹰(2001)主宾可换位动结式述语结构分析,《中国语文》第4期。
任鹰(2008)"这本书的出版"分析中的几个疑点——从"'这本书的出版'与向心结构理论难题"说起,《当代语言学》第4期。
任鹰(2009)"领属"与"存现":从概念的关联到构式的关联——也从"王冕死了父亲"的生成方式说起,《世界汉语教学》第3期。
邵敬敏、罗晓英(2005)语法本体研究与对外汉语语法教学,《华文教学与研究》第3期。
沈家煊(1995)"有界"与"无界",《中国语文》第5期。
沈家煊(1997)形容词句法功能的标记模式,《中国语文》第4期。
沈家煊(1999/2015)《不对称和标记论》,商务印书馆。
沈家煊(1999a)转指和转喻,《当代语言学》第1期。
沈家煊(1999b)"在"字句和"给"字句,《中国语文》第2期。
沈家煊(1999c)语法研究的分析和综合,《外语教学与研究》第2期。
沈家煊(2000a)句式和配价,《中国语文》第4期。
沈家煊(2000b)说"偷"和"抢",《语言教学与研究》第1期。
沈家煊(2009a)我看汉语的词类,《语言科学》第1期。
沈家煊(2009b)"计量得失"和"计较得失"——再论"王冕死了父亲"的句式意义和生成方式,《语言教学与研究》第5期。

沈家煊(2012)怎样对比才有说服力——以英汉名动对比为例,《现代外语》第1期。
沈家煊(2015)形式类的分与合,《现代外语》第1期。
沈园(2000)逻辑判断基本类型及其在语言中的反映,《当代语言学》第3期。
施春宏(2004)汉语句式的标记度及基本语序问题,《汉语学习》第2期。
施春宏(2005)动结式论元结构的整合过程及相关问题,《世界汉语教学》第1期。
施春宏(2008)《汉语动结式的句法语义研究》,北京语言大学出版社。
施春宏(2016)互动构式语法的基本理念及其研究路径,《当代修辞学》第2期。
施春宏(2018)《形式和意义互动的句式系统研究》,商务印书馆。
施关淦(1988)现代汉语里的向心结构和离心结构,《中国语文》第4期。
石定栩(2007)向心结构与离心结构新探,《外语教学与研究》第4期。
石毓智(2000a)汉语的有标记和无标记句式,载《中国语文》杂志社主编《语法研究和探索》(十),商务印书馆。
石毓智(2000b)如何看待语法规则的"例外"——从"吃饱饭"、"喝醉酒"现象谈起,《汉语学习》第6期。
石毓智(2002)论语言的基本语序对其语法系统的影响——兼论现代汉语句子组织信息的原则形成的历史动因,《外国语》第1期。
石毓智(2003)语法的规律与例外,《语言科学》第3期。
石毓智(2004)汉语的领有动词与完成体的表达,《语言研究》第2期。
石毓智(2007)语言学假设中的证据问题——论"王冕死了父亲"之类句子产生的历史条件,《语言科学》第4期。
石毓智(2018)构式与规则——英汉动补结构的语法共性,《外国语言与文化》第2期。
史存直(1983)也谈句型,《华东师范大学学报(哲学社会科学版)》第4期。
史有为(1991)词类:语言学的困惑——相对性词类模式试探,载《中国语文》杂志社主编《语法研究和探索》(五),语文出版社。
司富珍(2004)中心语理论和汉语的DeP,《当代语言学》第1期。
司富珍(2006)中心语理论和"布龙菲尔德难题"—兼答周国光,《当代语言学》第1期。

宋文辉(2018)《主语和话题》,学林出版社。
宋作艳(2011)生成词库理论的最新发展,《语言学论丛》第 2 期。
宋作艳(2018)压制现象研究:关键问题与最新趋势,《语言研究集刊》第 3 期。
苏宝荣(2002)汉语语文辞书的词性标注及其对释义的影响,《辞书研究》第 2 期。
苏宝荣(2007)词的非常规功能义释义模式探析,《江苏大学学报(社会科学版)》第 3 期。
苏丹洁、陆俭明(2010)"构式—语块"句法分析法和教学法,《世界汉语教学》第 4 期。
苏新春(2001)关于《现代汉语词典》词汇计量研究的思考,《世界汉语教学》第 4 期。
孙佳莹、陈振宇(2021)"同盟"范畴研究成果与问题,《语言研究集刊》第 1 期。
孙天琦(2019)《现代汉语非核心论元实现模式及允准机制研究》,中西书局。
孙志农(2008)词汇意义与构式意义的互动关系研究,上海外国语大学博士学位论文。
太田辰夫(2003)《中国语历史文法(修订译本)》,北京大学出版社。
谭景春(1997)致使动词及其相关句型,载《中国语文》杂志社主编《语法研究和探索》(八),商务印书馆。
谭景春(2012)词典释义中的语义归纳与语法分析——谈《现代汉语词典》第 6 版条目修订,《中国语文》第 6 期。
陶红印(1999)试论语体分类的语法学意义,《当代语言学》第 3 期。
陶红印(2000)从"吃"看动词论元结构的动态特征,《语言研究》第 3 期。
陶红印(2013)基于语言运用的语法研究:历史、现状与趋势,载王志洁、陈东东主编《语言学》,中国人民大学出版社。
陶红印(2019)基于用法的语义及语义变化研究,北京大学中国语言学研究中心博雅语言学讲座系列(北京大学,2019 年 5 月 16 日)论文。
汪锦绣(2013)《现代汉语词典》(第 6 版)双音节形名兼类词释义研究,《集宁师范学院学报》第 4 期。
王博(2014)《现代汉语词典》(第 5 版)兼类形容词研究,黑龙江大学硕士学位论文。
王灿龙(2010)动词“租”的论元的语义角色及其句法表现,载《中国语文》杂志社主编《语法研究和探索》(十五),商务印书馆。
王冬梅(2001)现代汉语动名互转的认知研究,中国社会科学院研究生院博士学位论文。
王冬梅(2004)动词转指名词的类型及相关解释,《汉语学习》第4期。
王弘宇(2001)教材中词性标注的针对性原则,《语言教学与研究》第5期。
王弘宇(2013)对外汉语教材词类标注的考察角度与处理原则,《语言教学与研究》第5期。
王红旗(2015)向心结构可以与其中心语属于不同形式类,《语文研究》第1期。
王晖(2006)《现代汉语词典》(第5版)词类标注得失刍议,《东方论坛(青岛大学学报)》第3期。
王惠(1997)从及物性系统看现代汉语的句式,《语言学论丛》第1期。
王惠(2004)《现代汉语名词词义组合分析》,北京大学出版社。
王惠静、文旭(2017)及物性研究:回顾与思考,《西安外国语大学学报》第1期。
王了一(1956)主语的定义及其在汉语中的应用,《语文学习》第1期。
王力(1943/1985)《中国现代语法》,商务印书馆。
王力(1955)汉语的词类,载《中国语文》杂志社主编《汉语的词类问题》,中华书局。
王启龙(1995)带宾形容词的统计分析,《语言教学与研究》第2期。
王仁强(2005)汉英词典词类标注与译义的对称性研究——兼评《ABC汉英大词典》的词类标注与译义,载中国辞书学会双语词典专业委员会主编《中国辞书学会双语词典专业委员会第6届年会暨学术研讨会论文专辑》。
王仁强(2006)《认知视角的汉英词典词类标注实证研究》,上海译文出版社。
王仁强(2009)语法隐喻与汉语词典自指义项的设立——一项基于语料库的研究,《外国语文》第1期。
王仁强(2010)现代汉语词类体系效度研究——以《现代汉语词典》(第5版)词类体系为例,《外语教学与研究》第5期。

王仁强(2013)现代汉语兼类问题研究——兼评索绪尔语言学思想的重要价值,《外国语文》第1期。

王仁强(2014)现代英语兼类现状研究——以《牛津高阶英语词典》(第7版)为例,《外国语》第4期。

王仁强、陈和敏(2014)基于语料库的动词与构式关系研究——以sneeze及物动词用法的规约化为例,《外语教学与研究》第1期。

王仁强、黄昌宁(2017)从双层词类范畴化理论看现代汉语自指词项的兼类问题,《外国语文》第1期。

王仁强、康晶(2017)复杂适应系统语言观视角的当代英语过去分词词化研究——以《牛津高阶英语词典》(第8版)为例,《英语研究》第1期。

王仁强、王端(2016)《牛津高阶英语词典》(第8版)动名兼类词条表征策略研究,《外国语文》第2期。

王仁强、杨旭(2017)"出版"的词类问题与向心结构之争——一项基于双层词类范畴化理论的研究,《汉语学报》第4期。

王仁强、章宜华(2006)汉英词典词类标注对译义准确性的影响调查,《现代外语》第2期。

王仁强、周瑜(2015)现代汉语兼类与词频的相关性研究——兼评"简略原则"的效度,《外国语文》第2期。

王晓辉(2018)习语构式的动态浮现——由程度评价构式"X没说的"说开去,《语言教学与研究》第4期。

王寅(2009)构式压制、词汇压制和惯性压制,《外语与外语教学》第12期。

王寅(2009)语言体验观及其对英语教学的指导意义——十八论语言的体验性,《中国外语》第6期。

王寅(2014)指称之争新解读:转喻论,《外语教学与研究》第5期。

温锁林、刘开瑛(1998)汉语名、动、形兼类词的两种鉴别方法,《语文研究》第1期。

温颖(1987)试谈动词的及物、不及物与相关施事、受事名词的划界问题,载中国社会科学院语言研究所现代汉语研究室主编《句型和动词》,语文出版社。

文炼、胡附(1954)谈词的分类,《中国语文》第2期。

文旭、姜灿中(2019)基于层级观和互动观的汉语动结构式句法语义界面分析，《外语教学》第 4 期。

吴怀成（2011）试论词类的本质、划分及动词的指称化，《东方语言学》第 2 期。

吴甜田（2014）对外汉语教材《汉语教程》（修订本）生词释义研究，《语言应用研究》第 7 期。

吴为善（2010）自致使义动结构式"NP＋VR"考察，《汉语学习》第 6 期。

吴义诚、李艳芝（2014）语言及物性的构式研究，《外国语》第 3 期。

吴长安（2006）"这本书的出版"与向心结构理论难题，《当代语言学》第 3 期。

武跃（2015）现代汉语中"吃饱饭""喝醉酒"动补结构探析，《现代语文》第 3 期。

现代汉语常用词表课题组编（2008）《现代汉语常用词表》（草案），商务印书馆。

项梦冰（1991）论"这本书的出版"中"出版"的词性——对汉语动词、形容词"名物化"问题的再认识，《天津师大学报（社会科学版）》第 4 期。

谢晓明、王宇波（2009）管控动宾超常搭配的若干句法因素，《语文研究》第 2 期。

邢福义（1995）小句中枢说，《中国语文》第 6 期。

邢福义（1999）汉语语法研究的展望，载马庆株主编《语法研究入门》，商务印书馆。

邢福义（2001）说"句管控"，《方言》第 2 期。

邢福义（2015）《现代汉语词典》的词性标注与现代汉语语法研究，《中国辞书学报》第 1 期。

徐汉英（2015）《现代汉语词典》（第 6 版）双音节动名兼类词研究，南昌大学硕士学位论文。

徐烈炯（2002）汉语是话语概念结构化语言吗？《中国语文》第 5 期。

徐烈炯、刘丹青（1998/2018）《话题的结构与功能》（增订本），上海教育出版社。

徐艳华（2007）《汉语实词语法功能考察及词类体系构建》，中国社会科学出版社。

徐阳春、刘超宇、陈鑫（2017）汉语"N 的 V"问题之症结与出路——兼论向心结构理论的先天不足，《当代语言学》第 2 期。

严敏芬、李健雪(2018)《基于用法的构式语法研究》,苏州大学出版社。
颜景常(1956)从意义与形式的关系上看汉语动句的主语和宾语,载《中国语文》杂志社主编《汉语的主语宾语问题》,中华书局。
杨同用、何彦杰(2010)动名兼类的词义引申类型、功能与释义,《辞书研究》第 2 期。
杨旭(2015)"出版"的词类标注问题实证研究,中国辞书学会第十一届年会暨学术研讨会会议(广东外语外贸大学,2015 年 11 月 21 日至 22 日)论文。
杨旭、王雅琪(2022)交互主观性的三种研究范式,《外语学刊》第 4 期。
杨旭(待刊)动词"睡"的三种及物用法研究,《新疆大学学报(人文社会科学版)》。
姚小平(1999)《汉文经纬》与《马氏文通》——《马氏交通》历史功绩重议,《当代语言学》第 2 期。
佚名(2012)"吃饱饭"和"喝醉酒"商榷,http://www.doc88.com/p-990521411214.html。
尹洪波(2016)《现代汉语词典》词类标注变化的统计与评析,《中国社会科学院研究生院学报》第 3 期。
雍和明(2003)《交际词典学》,上海辞书出版社。
于江(1996)近代汉语"和"类虚词的历史考察,《中国语文》第 6 期。
俞理明、吕建军(2011)"王冕死了父亲"句的历史考察,《中国语文》第 1 期。
俞士汶等(2003)《现代汉语语法信息词典详解》(第二版),清华大学出版社。
袁伟(2006)现代汉语词典标注词性之比较与批评,苏州大学硕士学位论文。
袁毓林(1992)现代汉语名词的配价研究,《中国社会科学》第 3 期。
袁毓林(1994)一价名词的认知研究,《中国语文》第 4 期。
袁毓林(2001)述结式配价的控制—还原分析,《中国语文》第 5 期。
袁毓林(2004)论元结构和句式结构互动的动因、机制和条件——表达精细化对动词配价和句式构造的影响,《语言研究》第 4 期。
袁毓林(2010a)《汉语词类的认知研究和模糊划分》,上海教育出版社。
袁毓林(2010b)《汉语配价语法研究》,商务印书馆。
詹卫东(2004)论元结构与句式变换,《中国语文》第 3 期。
张伯江(1989)施事宾语句的主要类型,《汉语学习》第 1 期。

张伯江(1999)现代汉语的双及物结构式,《中国语文》第3期。
张伯江(2002)“死”的论元结构和相关句式,载《中国语文》杂志社主编《语法研究和探索》(十一),商务印书馆。
张伯江(2007)语体差异和语法规律,《当代修辞学》第2期。
张伯江(2009/2016)《从施受关系到句式语义》,学林出版社。
张伯江(2011)汉语的句法结构和语用结构,《汉语学习》第2期。
张伯江、方梅(1996)《汉语功能语法研究》,江西教育出版社。
张博(2004)现代汉语同形同音词与多义词的区分原则和方法,《语言教学与研究》第4期。
张敏(1998)《认知语言学与汉语名词短语》,中国社会科学出版社。
张韧(2009)关于词类本质的一个动态认知视角,《当代语言学》第3期。
张汝舟(1952)谈谈“句子”构造,《语文教学》第8期。
张谊生(1996)交互类短语与连介兼类词的分化,《中国语文》第5期。
张谊生(1997)交互动词的配价研究,《语言研究》第1期。
张谊生(2014)试论一价动词和形容词在事件存现句中的构式分布,载《中国语文》杂志社主编《语法研究和探索》(十六),商务印书馆。
张翼(2011)《认知语法和构式语法在论元结构问题上的互补性》,《外国语》第1期。
张翼(2013)《论元异构现象新探》,外语教学与研究出版社。
张云秋(2004)《现代汉语受事宾语句研究》,学林出版社。
赵大明(1999)汉语语文词典标注词性的难点,《辞书研究》第1期。
赵琪(2008)作用于自身的英汉动结式的论元实现,《山东外语教学》第6期。
赵元任(1979)《汉语口语语法》,商务印书馆。
赵元任(1992)汉语词的概念及其结构和节奏,载袁毓林主编《中国现代语言学的开拓和发展 赵元任语言学论文选》,清华大学出版社。
郑定欧(2001)说“描写充分性”——以汉语动词“穿”为例,《中国语言学报》第10期。
中国社会科学院语言研究所词典编辑室(2016)《现代汉语词典》(第7版),商务印书馆。
周春林(2008)《词语语义 语法偏离搭配研究》,云南人民出版社。
周国光(2007)“NP+的+VP”结构和相关难题的破解,《汉语学报》第3期。

周国光(2016)《向心结构难题专题研究》,广东高等教育出版社。
周荐(2007)兼类词的多性项与多义词的多义项之关系试说——《现代汉语词典》第5版"V+N"式双字词词性标注等问题解读,《燕赵学术》第1期。
周荐(2011)汉语字词典字条义项的词性标注问题,《吉林大学社会科学学报》第2期。
周士宏(2016)《汉语句子的信息结构研究》,北京师范大学出版社。
周小涛(2015)认知语法视域下的构式论元实现——以致使移动构式与动词的互动融合为例,《西安外国语大学学报》第2期。
周晓康(1999)现代汉语物质过程小句的及物性系统,《当代语言学》第3期。
朱德熙(1982)《语法讲义》,商务印书馆。
朱德熙(1983)自指和转指——汉语名词化标记"的、者、所、之"的语法功能和语义功能,《方言》第1期。
朱德熙(1984)关于向心结构的定义,《中国语文》第6期。
朱德熙(1985)《语法答问》,商务印书馆。
朱德熙、卢甲文、马真(1961)关于动词形容词"名物化"的问题,《北京大学学报(哲学社会科学版)》第4期。
朱军(2009)论元结构的互动性与层次性,《宁夏大学学报(人文社会科学版)》第5期。
朱晓亚(2001)《现代汉语句模研究》,北京大学出版社。
庄会彬(2016)应区分汉语中的"句法词",《中国社会科学报》2016-05-03[2019-10-04]。http://sscp.cssn.cn/xkpd/yyx_20148/201605/t20160503_2992054.html。
邹嘉彦、游汝杰(2010)《全球华语新词语词典》,商务印书馆。
邹韶华(1986)名词在特定环境中的语义偏移现象,《中国语文》第4期。
邹韶华(2001)《语用频率效应研究》,商务印书馆。
邹韶华(2007)中性词语义偏移的类型与成因,《外语学刊》第6期。
左思民(1992)汉语句长的制约因素,《汉语学习》第3期。
Anscombre, J. & O. Ducrot 1989 Argumentativity and informativity. In M. Meyer (ed.) *From Metaphysics to Rhetoric*. Dordrecht: Kluwer: 71-87.
Baddeley, A. 2010 Working Memory. *Current Biology* 20(4): 136-140.

Barcelona, A. 2000 *Metaphor and Metonymy at the Crossroads: A Cognitive Perspective*. Berlin: Mouton de Gruyter.

Beckner, C. et al. 2009 Language is a Complex Adaptive System: Position Paper. *Language Learning* 59(s1): 1－26.

Bloomfield, L. 1926. A set of postulates for the science of language. *Language* 3: 153－164.

Bloomfield, L. 1933 *Language*. London: George Allen & Unwin. 中文版：袁家骅等译(1980)《语言论》,商务印书馆。

Boas, H. C. 2003 *A Constructional Approach to Resultatives*. Stanford: CSLI. Publications.

Boas, H. C. 2008 Determining the structure of lexical entries and grammatical constructions in Construction Grammar. *Annual Review of Cognitive Linguistics* 6(1): 113－144.

Boogaart, R. & A. Reuneker 2017 Intersubjectivity and grammar. In B. Dancygier (ed.) *The Cambridge Handbook of Cognitive Linguistics*. Cambridge: Cambridge University Press: 188－206.

Braine, M. D. S. & M. Bowerman 1976 Children's First Word Combinations. *Monographs of the Society for Research in Child Development* 41 (1): 1－104.

Bybee, J. 2010 *Language, Usage and Cognition*. Cambridge: Cambridge University Press.

Cappelle, B. 2006 Particle placement and the case for "allostructions". *Constructions* (Special Volume) 1: 1－28.

Chafe, W. 1994 *Discourse, Consciousness, and Time: The Flow and Displacement of Conscious Experience in Speaking and Writing*. Chicago: University of Chicago Press.

Chater, N. 2018 *The Mind is Flat: The Illusion of Mental Depth and the Improvised Mind*. London: Allen Lane.

Christiansen, M. H. & N. Chater 2016 The Now-or-Never bottleneck: a fundamental constraint on language. *Behavioral and Brain Sciences* 39: 1－52.

Clément, R. J. G., et al. 2013 Collective cognition in humans: groups outperform their best members in a sentence reconstruction task. *PLoS One* 8(10): e77943.

Coughlin, D. A. 1996. Deriving Part of Speech Probabilities from a Machine-Readable Dictionary. In *Proceedings of the Second International Conference on New Methods in Natural Processing*. Ankara, Turkey: 37 - 44.

Croft, W. 1991 *Syntactic Categories and Grammatical Relations: The Cognitive Organization of Information*. Chicago and London: The University of London Press.

Croft, W. 1998 The structure of events and the structure of language. In M. Tomasello (ed) *The New Psychology of Language: Cognitive and Functional Approaches to Language Structure* (vol. 1). Mahwah: Lawrence Erlbaum Associates: 63 - 86.

Croft, W. 2000 Parts of speech as typological universals and as language particular categories In P. M. Vogel & B. Comrie (eds.) *Empirical Approaches to Language Typology*: 65 - 102.

Croft, W. 2003 Lexical rules vs. constructions: a false dichotomy. In H. Cuyckens et al. (eds.) *Motivation in Language: Studies in honour of Günter Radden*. Amsterdam/Philadelphia: John Benjamins: 49 - 68.

Diessel, H. 2007 Frequency effects in language acquisition, language use, and diachronic change. *New Ideas in Psychology* 25(2): 108 - 127.

Diessel, H. 2015 Usage-based construction grammar. In E. Dabrowska & D. Divjak (eds.) *Handbook of Cognitive Linguistics*. Berlin: Mouton de Gruyter: 295 - 321. 中文版:李聪、施春宏译(2018)基于用法的构式语法,《国际汉语学报》第1期。

Diessel, H. 2016 Frequency and lexical specificity: A critical review. In H. Behrens & S. Pfander (eds) *Experience Counts: Frequency Effects in Language*. Berlin: Mouton de Gruyter: 209 - 237.

Diessel, H. 2019 *The Grammar Network: How Linguistic Structure is Shaped by Language Use*. Cambridge: Cambridge University Press.

Dowty, D. 1991 Thematic proto-roles and argument selection. *Language* 67(3): 547 - 619.

Evans, V. & M. Green 2006 *Cognitive linguistics: An introduction.* Edinburgh University Press.

Ferretti, T. R. et al. 2001 Integrating verbs, situation schemas, and thematic role concepts. *Journal of Memory and Language* 44: 516 - 547.

Feyaerts, K., G. Brone & S. Goldin-Meadow 2017 Multimodality in interaction. In B. Dancygier (ed.) *The Cambridge Handbook of Cognitive Linguistics*. Cambridge: Cambridge University Press: 135 - 156.

Fries, C. C. 1961 The Bloomfield "School". In C. Mohrmann, A. Sommerfelt & J. Whatmough (eds.), *Trends in European and American Linguistics* 1930 - 1960. Utrecht: Spectum. 中文版:赵世开译(1962)布龙菲尔德"学派",《国外语言学》第 Z1 期。

Givón, T. 1971 Historical syntax and synchronic morphology: an archaeologist's field trip. In *Papers from the 7th Meeting of the Chicago Linguistic Society*: 394 - 415.

Givón, T. 1995 *Functionalism and Grammar*. Amsterdam: John Benjamins Publishing Company.

Goddard, C. 2002 On and On: Verbal Explications for a Polysemic Network. *Cognitive Linguistics* 13(3): 277 - 294.

Goldberg, A. E. 1995 *Constructions: A Construction Grammar Approach to Argument Structure*. Chicago: University of Chicago Press.

Goldberg, A. E. 2006 *Construction at Work: The Nature of Generalization in Language*. Oxford: Oxford University Press.

Goldberg, A. E. 2019 *Explain Me This: Creativity, Competition, and the Partial Productivity of Constructions*. Princeton: Princeton University Press.

Green, C. 2017 Usage-Based Linguistics and the Magic Number Four. *Cognitive Linguistics* 28(2): 209 - 237.

Gross, M. 1994 Constructing lexicon grammars. In B. T. S. Atkins & A. Zampolli (eds.) *Computational Approaches to the Lexicon*. Oxford: Oxford University Press: 213 - 258.

Gundel, J. K. 1985 Shared knowledge and topicality. *Journal of Pragmatics* 9(1): 83 - 107.

Haiman, J. 1985 Natural Syntax. Cambridge: Cambridge University Press.

Halliday, M. A. K. 1967/1968 *Notes on transitivity and theme in English*. Journal of Linguistics 3(1)/3(2)/4(2): 37 - 81/199 - 244/179 - 215.

Hanks, P. 2013 *Lexical Analysis: Norms and Exploitations*. Cambridge MA: The MIT Press.

Harris, Z. S. 1946 From morpheme to utterance. *Language* 22(3): 161 - 183.

Hawkins, J. A. 2004 *Efficiency and Complexity in Grammars*. Oxford: Oxford University Press.

Herbst, T. 2014 The valency approach to argument structure constructions. In T. Herbst, H. Schmid & S. Faulhaber (eds.) *Constructions-Collocations-Patterns*. Berlin: Mouton de Gruyter: 167 - 216.

Hopper, P. & S. A. T. Thompson 2008 Projectability and clause combining in interaction. In R. Laury (ed). *Crosslinguistic studies of clause combining: The multifunctionality of conjunctions*. Amsterdam: John Benjamins: 99 - 123.

Hopper, P. 1987 Emergent grammar. *Berkeley Linguistics Society* 13: 139 - 157.

Hopper, P. 1998 Emergent grammar. In M. Tomasello (ed.) *The New Psychology of Language: Cognitive and Functional Approaches to Language Structure* (vol. 1). Mahwah, NJ: Lawrence Erlbaum Associates: 155 - 175.

Hopper, P. J. & S. A. Thompson 1980 Transitivity in Grammar and Discourse. *Language* 56(2): 251 - 299.

Hunstion, S. & G. Francis 2000 *Pattern Grammar: A Corpus-driven*

Approach to the Lexical Grammar of English. Amsterdam: John Benjamins.

Ilson, R. 1985 *Dictionary, Lexicography and Language Learning*. Oxford: Pergamon Press Ltd..

Jespersen, O. 1924 *The Philosophy of Grammar*. London: G. Allen & Unwin.

Jurafsky, D. & J. H. Martin 2009 *Speech and Language Processing: An Introduction to Natural Language Processing, Computational Linguistics and Speech Recognition* (2th ed.). New York: Pearson Education Inc.

Keller, R. 1994 *On Language Change: The Invisible Hand in Language*. London: Routledge.

Koch, R. 1997 *The 80/20 Principle*. London: Nicholas Brealey Publishing. 中文版:冯斌译(2014)《80/20 法则》,中信出版社。

Kretzschmar, W. A., Jr. 2015 *Language and Complex Systems*. Cambridge: Cambridge University Press.

Kuno, S. 1987 *Functional Syntax: Anaphora, Discourse, and Empath*. Chicago: University of Chicago Press.

Lakoff, G. & M. Johnson 1980 *Metaphors We Live by*. Chicago: University of Chicago Press.

Lakoff, G. 1987 *Women, Fire and Dangerous Things: What Categories Reveal about the Mind*. Chicago: University of Chicago Press.

Langacker, R. W. 1991 *Foundations of Cognitive Grammar, Volume* Ⅱ: *Descriptive Application*. Stanford: Stanford University Press.

Langacker, R. W. 2000 A dynamic usage-based mode. In M. Barlow & S. Kemmer (eds) *Usage-based Models of Language*. Stanford: CSLI Publications: 1 - 63.

Langacker, R. W. 2008 *Cognitive Grammar: A Basic Introduction*. Oxford: Oxford University Press.

Langacker, R. W. 2009 Constructions and constructional meaning. In V. Evans & S. Pourcel (eds.) *New Directions in Cognitive Linguistics*.

Amsterdam: John Benjamins: 225 - 267.

LaPolla, R. J. 1990 *Grammatical Realizations in Chinese: Synchronic and Diachronic Considerations*. Berkeley, CA: University of California.

LaPolla, R. J. 1995 Pragmatic relations and word order in Chinese. In P. Downing & M. Noonan (eds.) *Word Order in Discourse*. Amsterdanm/Philadelphia: John Benjamins Publishing Company: 297 - 329. 中文版:奝卫东译(2004)语用关系与汉语的词序,《语言学论丛》第 2 期。

Larsen-Freeman, D. 2011 A complexity theory approach to second language development/acquisition. In A. Dwight (ed.) *Alternative Approaches to Second Language Acquisition*. London and New York: Routledge.

Leech, G. 1981 *Semantics: The Study of Meaning* (2nd edition). London: Penguin. 中文版:李瑞华等译(1987)《语义学》,上海外语教育出版社。

Liu, M. & J. Chang 2019 From caused motion to spatial configuration: placement verbs in Mandarin. *Language and Linguistics* 20(2): 180 - 224.

Lyons, J. 1995 *Linguistic Semantics: An Introduction*. Cambridge: Cambridge University Press.

Mcrae, K., T. R. Ferretti & L. Amyote 1997 Thematic roles as verb-specific concepts. *Language and Cognitive Processes* 12(2): 137 - 176.

Miller, G. A. 1956 The magical number seven, plus or minus 2: some limits on our capacity for processing information. *Psychological Review* 63(2): 81 - 97.

Panther, K. U. & G. Radden 1999 *Metonymy in Language and Thought*. Amsterdam/Philadelphia: John Benjamins.

Perek, F. 2015 *Argument Structure in Usage-based Construction Grammar*. Amsterdam: John Benjamins.

Pickering, M. J. & S. Garrod 2004 Towards a mechanistic psychology of dialogue. *Behavioural and Brain Sciences* 27(2): 169 - 225.

Pickering, M. J. & S. Garrod 2006 Alignment as the basis for successful communication. *Research on Language and Communication* 4(2 - 3): 203 - 88.

Pickering, W. A. 2016 Natural languages as complex adaptive systems. *Estudos Linguísticos* 45(1): 180 - 191.

Rissanen, M. 2000 *Syntax*. In R. Lass (ed.) *The Cambridge History of the English Language, Vol. 3: 1476 - 1776*. Cambridge: Cambridge University Press: 187 - 331.

Schmid, H. 2015 A blueprint of the cntrenchment-and-conventionalization model. *Yearbook of the German Cognitive Linguistics Association* 3(1): 1 - 27.

Schmid, H. 2020 *The Dynamics of the Linguistic System: Usage, Conventionalization and Entrenchment*. Oxford: Oxford University Press.

Schmidt, R. 1990 The role of consciousness in second language learning. *Applied Linguistics* 11 (2): 129 - 158.

Shi, X. et al. 2015 Radical Embedding: Delving Deeper to Chinese Radicals. In Proceedings of the 53rd Annual Meeting of the Association for Computational Linguistics and the 7th International Joint Conference on Natural Language Processing (Short Papers): 594 - 598.

Stefanowitsch, A. 2011 Argument Structure: Item-Based or Distributed?. *Zeitschrif für Anglistik und Amerikanistik* 59(4): 369 - 386.

Sun, C. et al. 1997 Hippocampal neurons represent events as transferable units of experience. *Nat Neurosci* 23(5): 651 - 663.

Tao, H. 2003 Toward an emergent view of lexical semantics. *Language and Linguistics* 4(4): 837 - 856.

Thompson, S. A. & E. Couper-Kuhlen 2005 The clause as a locus of grammar and interaction. *Discourse Studies* 7(4 - 5): 481 - 505.

Thompson, S. A. & P. J. Hopper 2001 Transitivity, clause structure, and argument structure: evidence from conversation. In J. L. Bybee & P. J. Hopper (eds.) *Frequency and the Emergence of Linguistic Structure*. Amsterdam: Benjamins: 27 - 60.

Thompson, S. A. 1978 Modern English from a typological point of view: Some implications of the function of word order. *Linguistische Berichte*

54：19－35.

Tomasello，M. 1992 *First Verbs：A Case Study of Early Grammatical Development*. Cambridge，UK：Cambridge University Press.

Traugott，E. C. & G. G. Trousdale 2013 *Constructionalization and Constructional Change*. Oxford：Oxford University Press.

Verhagen，A. 2005 *Constructions of Intersubjectivity：Discourse，Syntax，and Cognition*. Oxford：Oxford University Press.

Wang，R. & C. Huang 2015 The two-level word class categorization model in analytic languages and its implications for pos tagging in modern Chinese corpora. Paper presented at the 29th Pacific Asia Conference on Language，Information and Computation，30 Octorber-1 November，Shanghai Jiao Tong University. http://anthology.aclweb.org/Y/Y15/Y15-1001.pdf

Wang，R. 2014 Two-level word class categorization in analytic languages：A comparative study of multiple class membership in Modern Chinese and Modern English. Paper presented at the 36th Annual Conference of the German Linguistic Society，5－7 March，University of Marburg.

Yang，Y. 2008 Typological interpretation of differences between Chinese and English in grammatical metaphor. *Language Sciences* 30(4)：450－478.

后　记

这本书是对硕博学习的一个汇总，从目录可以看出，我这段时间主要关注了词类和句式两个议题。本书部分内容已经发表，见于《语言研究集刊》《语言教学与研究》《汉语学习》《辞书研究》等刊物，部分章节是与他人合作的，包括王仁强（第 4.5 节、第 6 章）、付敏（第 9 章）、李姝姝（第 11 章）和牛瑶（第 8.3.1.1 节）；部分内容来自硕士论文《〈现代汉语词典〉（第 6 版）兼类词表征策略研究》和博士论文《非典型身体行为动词及其句式研究》。

首先要感谢我读研期间的导师王仁强教授和卢英顺教授。如果把语言学比作殿堂，那么王老师就是我“登堂”的引路人，卢老师则是我“入室”的引路人。他们教会我用批判性思维来看待问题，在七年的读研过程中，要不是他们耳提面命，谆谆教诲，我很难取得至少能出一本专著这样的成果。还要感谢罗仁地（Randy J. LaPolla）教授，我于 2019 年到新加坡南洋理工大学访学半年，结识了罗老师，后来一直参与罗老师发起的读书会活动，学习到很多。另外要感谢责任编辑杜鹏老师，她工作认真负责，使得本书减少了不少错讹。最后要感谢我的家人朋友，他们是我前进的最大动力，没有他们我根本不会走到现在。

这项研究是武汉大学自主科研项目(人文社会科学)研究成果,得到“中央高校基本科研业务费专项资金”资助,特此鸣谢!

杨旭

2022年3月于武汉大学

图书在版编目(CIP)数据

词类与句式/杨旭著. —上海:上海三联书店,2022.11
ISBN 978-7-5426-7759-4

Ⅰ.①词… Ⅱ.①杨… Ⅲ.①汉语-词类-研究②汉语-句法-研究 Ⅳ.①H146

中国版本图书馆 CIP 数据核字(2022)第 117241 号

词类与句式

著　　者 / 杨　旭

责任编辑 / 杜　鹃
装帧设计 / 一本好书
监　　制 / 姚　军
责任校对 / 王凌霄

出版发行 / 上海三联书店
(200030)中国上海市漕溪北路 331 号 A 座 6 楼
邮　　箱 / sdxsanlian@sina.com
邮购电话 / 021-22895540
印　　刷 / 上海惠敦印务科技有限公司

版　　次 / 2022 年 11 月第 1 版
印　　次 / 2022 年 11 月第 1 次印刷
开　　本 / 890mm × 1240mm　1/32
字　　数 / 220 千字
印　　张 / 10.25
书　　号 / ISBN 978-7-5426-7759-4/H・116
定　　价 / 68.00 元

敬启读者,如发现本书有印装质量问题,请与印刷厂联系 021-63779028